MARK AGUIRRE

# Etiopía

## Una civilización en la encrucijada

MARK AGUIRRE

# ETIOPÍA

## Una civilización en la encrucijada

El Viejo Topo

Edición propiedad de Ediciones de Intervención Cultural/El Viejo Topo
Diseño: Miguel R. Cabot
ISBN: 978-84-10328-01-3
Depósito Legal: B 8327-2024
*Impreso en España*

# Índice

# Introducción

Etiopía es un caso único en África. Nunca ha sido colonizada y ha sido cuna de una civilización capaz de mantener una vida propia durante dos mil años, llegando hasta nuestros días. Ubicada en el Cuerno de África, en un territorio estratégico situado entre el río Nilo y el mar Rojo, ha formado parte de la historia desde que esta dio sus primeros pasos. Abisinia, como llamaban a Etiopía los primeros historiadores, fue pionera en adoptar el arado, se hizo cristiana antes que Europa y ha sido el único país en África que ha tenido señores de tipo feudal. Lo interesante es que a pesar de esta cercanía cultural ha sido vista, al menos en la literatura europea, como un lugar remoto, extraño y primitivo, posiblemente por ser africana.

Todavía en el siglo XIX escritores europeos en sus visitas se sienten transportados a una época biblica o a los tiempos medievales, como si hubiesen viajado en una nave del tiempo. Estos autores presentaban una Etiopía brutal por sus castigos corporales y su resistencia a abandonar la esclavitud. Producto del orientalismo proponían "civilizarla" para que adoptara sus valores liberales, ciegos ellos mismos a sus acciones brutales colonizadoras. Los italianos lo intentaron, pero no tuvieron éxito. Fueron derrotados en 1896 en Adua y durante cuarenta años desistieron, hasta que el régimen fascista de Benito Mussolini lo volviera a intentar, fracasando de nuevo. Antes, en el siglo XIII, en la época de las cruzadas, cuando Europa empieza a salir de sus fronteras, se había creado el mito de Prester John, un rey blanco que gobierna un reino africano, lleno de unicornios y pigmeos, que vive en palacios de oro y piedras preciosas, una tierra que lo tenía todo. Un mito que se mantendría entre caballeros andantes hasta la llegada de los portugueses tres siglos después. Fueron ellos, jesuitas y soldados llegados para proteger las rutas comerciales portuguesas de los turcos, los que empezaron a recopilar información sobre sus idiomas, culturas, historia y geografía abriendo un conocimiento del país más acorde con los hechos. Uno de ellos, el Padre Pedro Páez, llegó hasta las fuentes del Nilo Azul, cerca del lago Tana.

Abisinia había aparecido ya en la literatura en una época muy temprana, en textos de viajeros griegos y egipcios durante los primeros siglos de nuestra era. Lo que resaltaban era su religiosidad. En el Antiguo Testamento, en la corte del rey Zedekiah un funcionario de origen etíope es ya reconocido por su comportamiento de alto nivel moral. El historiador Diodurus Siculus, en el siglo I a.C, dice estar asombrado "por la piedad de la gente de Etiopía". Si llegó a Etiopía lo hizo desde Meroe, una ciudad nubia a las orillas del Nilo en lo que es hoy Sudán. Diodurus creía que los etíopes podían ser los primeros en instituir la adoración religiosa, en celebrar solemnes asambleas rituales y hacer sacrificios en honor de dioses. Eso no era así, pero Etiopía empieza a verse como un pueblo excepcional. Acabará creyéndoselo cuando en los albores del primer milenio sus emperadores decidan que su pueblo ha sido elegido por Dios. Esta excepcionalidad estaba tan presente, que en 1974, cuando el Emperador Haile Selassie es derribado por una Revolución seguía legitimándose por descender del Rey Salomón y la Reina de Saba. La prueba de ser un pueblo elegido residía en Axum, donde supuestamente se guardaba el Arca de la Alianza dada a Moises por Jehová en el Monte Sinaí.

La formación de un Imperio en Axum había sido el factor principal que había mantenido unido un territorio extremadamente heterogéneo, una diversidad que sigue siendo uno de los rasgos de la Etiopía actual. En el Cuerno de África había más de cien grupos étnicos importantes y se hablaban doscientos idiomas diferentes, pero estos grupos no tienen el mismo peso y poder dentro de la estructura política existente. El Estado imperial nació en el siglo I en las montañas del norte del altiplano, donde amharas y tigriños predominan hoy, expandiéndose hacia el sur. Pero su expansión fue un proceso lento, a veces contradictorio. La colonización de la orilla norte del lago Turkana, donde el río Omo desemboca, línea fronteriza al sur con Kenia, tuvo lugar en una fecha tan reciente como es el principio del siglo XX.

La formación del Imperio se hizo a través de un proceso de colonización interna mediante la expansión religiosa, la asimilación cultural, el sometimiento de reyes y emires locales y la conquista militar de territorio al sur, donde etnias sin estado vivían muchas veces cuidando sus rebaños. Fue un proceso contradictorio porque estas etnias pastoriles también se movieron con sus rebaños hacia las zonas altas del norte. Éxodos migratorios que han hecho de los oromos la etnia más númerosa de Etiopía por encima de los amharas, la etnia históricamente dominante en el altiplano.

Este proceso muchas veces violento –buscaba esclavos y marfil para financiar las armas que necesitaba la conquista del sur– creó un resentimiento étnico entre diferentes etnias y entre éstas y el Estado, que hasta el día de hoy sigue vivo. En este largo proceso colonizador del sur, Etiopía acabó siendo un mosaico de pueblos étnicos con distintas lenguas y tradiciones culturales que se han influenciado unos a otros a través de redes comerciales; y un Imperio que supo mantener muchas veces con guerras contra poderes externos a su "civilización" unida. La victoria en Adua del emperador Menelik II contra los italianos fue uno de esos eventos de construcción nacional interétnica que elevó a Etiopía al altar del orgullo africano. El Emperador Haile Selassie sacó todavía en tiempos de la descolonización réditos de la hazaña y convirtió Addís Abeba en la capital de África, como sede de lo que, con el tiempo, ha llegado a ser la Unión Africana.

El Imperio feudal supo existir hasta bien entrado el siglo XX, integrando la compleja diversidad étnica existente apoyándose en la fuerza de la "espada", la legitimación de los sacerdotes y la asimilación cultural y económica de las elites de etnias sometidas. Su derrocamiento revolucionario en 1974 tras su fracaso modernizador –fue incapaz de acabar con los ingresos feudales de las élites que asfixiaban a las clases populares– rompió esta estructura de dominación del centro de las provincias periféricas. La revolución trajo a escena la reivindicación por las etnias de la autodeterminación con derecho a la separación. El Estado fue desestructurado y empezó un período de reestructuración –había un movimiento panetíope– que todavía continúa. Ha habido desde entonces tres régimenes diferentes, uno centralista y otro federal; el tercero está en proceso de formación, que puede acabar en la desintegración del viejo estado y la aparición de otros nuevos constituidos sobre bases étnicas. De hecho ya ha ocurrido en Eritrea, donde la caída de Haile Selassie abrió un exitoso proceso de lucha armada por la independencia en 1994, dejando a Etiopía sin salida al mar.

Junto a este proceso en curso de reacomodo étnico dentro o fuera del Estado, se ha producido desde principios de siglo un vigoroso crecimiento económico. Etiopía durante años ha crecido a tasas increíblemente altas, acompañado de un boom demográfico. En el año 2000 Etiopía tenía 60 millones de habitantes, en el año 2023 se calcula que la población sobrepasa los 110 millones. Etiopía es hoy el segundo país más poblado de África, después de Nigeria. El resultado ha sido una creciente urbanización, el área metropolitana de Addís Abeba puede haber llegado a los 10 millones, en una civilización que no había conocido las ciudades hasta el siglo XX. La urbanización (el conflicto sobre el suelo y sus usos) está creando nuevos conflictos que son tamizados por el legado étnico, generando un enfrentamiento entre etnias. Esta población joven está más educada que las anteriores y sus aspiraciones han cambiado. La industrialización ha llegado a ser un objetivo de los gobiernos posrevolucionarios que buscan un lugar para Etiopía en el nuevo orden geopolítico. Los valores de la vieja sociedad tradicional que cautivaban a antropólogos se están disolviendo, haciendo las sociedades más complejas y cada vez más difíciles de gobernar.

A todo ello hay que añadir que el Cuerno de África posee una increíble variedad de nichos ecológicos con actividades económicas diferentes, interconectadas por redes comerciales y mercados que han contribuido a integrar las diferentes culturas en una misma civilización. Es interesante tener en cuenta estas diferencias ecológicas, porque han creado organizaciones sociales diferentes. Las zonas altas están llenas de barreras que entorpecen la movilidad y aíslan a poblaciones de campesinos mayoritariamente cristianos que cultivan con arados y producen grano. El territorio favorece la resistencia de poderes locales, dificultando la unificación política. Posiblemente esa sea una de las razones que ha hecho de la expansión imperial un proceso lento y del emperador muchas veces un rey de reyes. Las zonas bajas, donde sociedades pastoriles o campesinos que no conocen el arado y cultivan mediante la tala y quema del bosque, musulmanes o animistas muchas veces, se han organizado siguiendo sus tradiciones y costumbres a veces ajenas a un Estado. Son sociedades que han acabado siendo colonizadas primero por la expansión del Imperio hacia el sur, y después por el despojo de su territorio por parte de los gobiernos postrevolucionarios desarrollistas, para entregárselo al agronegocio, desatando conflictos que acaban muchas veces en enfrentamientos étnicos por el territorio.

Esta diversidad ecológica entre las zonas altas y bajas las diferencia enormemente. Las bajas sufren sequías periódicas –cada vez más seguidas debido al cambio climático– muchas veces extremas, mientras que en el altiplano las lluvias son tan abundantes que alimentan al Nilo con un caudal suficiente para abastecer de agua a Sudán y Egipto. Una paradoja climática con enormes consecuencias económicas y sociales que hablan de la complejidad y diversidad de Etiopía. Los monzones, al chocar con el altiplano, producen una prolongada estación de lluvias (marzo-septiembre) que la cuenca hidrográfica recolecta en el Nilo Azul u otros afluentes del Nilo que desembocan en Sudán en el Nilo Blanco, dejando a Afar y Somalia sin agua, condenándoles a depender de la ayuda humanitaria para sobrevivir. El único río importante que del altiplano se dirige al mar Rojo, el Awash, acaba antes de lograrlo en el lago Abbe. Solamente en los últimos años Etiopía ha estado en condiciones de usar el agua del Nilo en su propio provecho con la construcción de la Gran Presa del Renacimiento, una de las más grandes de África. Su construcción, a pesar de estar diseñada para producir electricidad necesaria para la industrialización, ha provocado una crisis con Egipto al sentir este su seguridad amenazada.

Este libro empezó a ser escrito en Etiopía, donde el autor residió y viajó por el país durante tres años. Es un libro que combina el viaje, el reportaje, la historia y el ensayo. Le tocó al autor una época (2017-2020) de rebeliones y protestas de jóvenes oromos, de conflictos étnicos –a veces extremadamente violentos– sobre el territorio, y de una urbanización y aceleración económica sin precedentes que estaba colvulsionando a Etiopía. Se trató de un asombroso tiempo de cambio que acabó mal. El lector lo vivirá en las dos primeras partes del libro. La primera, escrita sobre las zonas bajas y periféricas donde la frontera económica se está expandiendo con un impacto devastador. A algunas sociedades pastoriles que habían sido capaces de adaptarse a los cambios durante milenios les está costando hacerlo ahora, poniendo su misma existencia en peligro. La resiliencia necesita ser de gigantes para enfrentar, además del asalto de otras formas de cultura y de explotación económica, el cambio climático. La segunda parte es un recorrido de los lugares del altiplano donde nació la civilización, se adoptó el cristianismo y se estructuró el poder que ha mantenido a la civilización unida. Estas sociedades de campesinos cristianos que a la larga han definido lo que es hoy Etiopía, enfrentan los cambios de diferente manera. Los amhara, quienes han gobernado Etiopía con sus Emperadores desde al menos hace mil años, resienten haber sido desplazados por los tigriños del TPLF (Frente de Liberación Popular de Tigray) primero y ahora por un oromo. A medida que nos adentramos en nuestro viaje al norte entendemos cómo la guerra se estaba cocinando paso a paso. La tercera parte del libro fue terminada después de la guerra de Tigray (2020-2022). Está dedicada a la guerra y a su sentido político e histórico. Como verá el lector, una lucha política entre fracciones del mismo partido, entre Abiy Ahmed, un ambicioso y mesiánico militar oromo, y el TPLF (el partido en el gobierno anterior), acaba en una guerra ante su incapacidad para resolver las diferencias políticamente. Pero se trata también de una contradición histórica profunda sobre cómo debe organizarse políticamente el Estado. El proyecto milenario de mantener unida una civilización en un solo centro de poder entró en crisis con el derrocamiento del Emperador Haile Selassie en 1974. Un proyecto político que sigue buscando la forma de subsistir. La cuestión planteada por los estudiantes en la Revolución de 1974 sobre las etnias y el Estado, sobre el panetiopismo y la autodeterminación que el libro aborda en varios capítulos, sigue sin estar resuelta a pesar de que han pasado 50 años de ello, manteniéndose la posibilidad de la desintegración de Etiopía.

PARTE I

# En las zonas bajas de Etiopía

*Despojo, pastoralismo y sequía*

# Una de las últimas fronteras de África se desvanece

Urmale trabaja en la administración de la woreda. No es tan alto y delgado como los pastoralistas que había visto en el mercado de Arba Minch. Habíamos quedado en vernos en mi camino al valle del Omo. Urmale es un konso, un pueblo de campesinos que habita una zona montañosa al sur de Etiopía. Hasta hace poco vivían en sus propios términos cultivando sorgo y maíz en terrazas y plataformas ganadas a la montaña. Nos encontramos en una plaza con un enorme tótem de madera. Las calles eran tan estrechas que apenas cabían las motos en las que llegamos. Las casas eran de piedra. El valle se disipaba entre la bruma del atardecer. Los konso habían estado aislados de las influencias del exterior hasta hacía bien poco. Habían perdido su soberanía política, pero no su cultura. Pero ahora estaban conociendo lo que otras sociedades habían experimentado antes. El derrumbe desde dentro de sus valores y organizaciones.

Urmale echaba la culpa del declive de su cultura a los teléfonos móviles y la televisión. "Los jóvenes empezaron a ver por primera vez que se podía vivir diferente. Hasta entonces ni se les ocurría pensar que la vida podría ser de otra manera", decía. Él mismo había vivido de joven en una casa comunal para asegurar la defensa de la comunidad, y había hecho en su infancia sacrificios a Waaq, el dios de los konso. "Ahora los jóvenes visten pantalones vaqueros y se han hecho protestantes", decía. La conversación resultó ser un presagio de lo que nos ibamos a encontrar después en el valle del Omo.

Urmale quería que viéramos la tumba de uno de sus familiares. Estaba en el patio de una casa cercana. Tenía una extraña estela de madera. El difunto estaba representado en el centro con un pene en la frente, con sus mujeres a su lado, y en los extremos los hombres que había matado y cuya muerte le había dado prestigio. Estábamos en plena conversación cuando llegó un grupo cargando a un herido. Había empeorado de una vieja herida y tenían que llevarlo al hospital. El más próximo estaba en Arba Minch, a dos horas de viaje. Era un hombre joven que apenas podía mantener la consciencia. Un hombre mayor lloraba a su lado. Había participado en una pelea a tiros por un problema de tierras. Preguntaron a Urmale si sabía de un vehículo para trasladarlo.

La falta de recursos y el crecimiento de la población estaban enfrentando a las comunidades. Antes, cada año la comunidad daba tierras a las nuevas familias, pero esto ya no era posible. "No hay más tierra que dar y surgen conflictos", decía Urmale. Ahora las autoridades locales estaban en negociaciones con el gobierno para que dieran tierras a los konso en las nuevas plantaciones de azúcar en el bajo Omo. "Eso quitaría tensión", decía.

En la mañana siguiente emprendimos nuestro camino. La carretera parecía haber sido construida para el ganado. Los vehículos se hacían a un lado ante el paso lento y parsimonioso de las vacas. Niños y niñas que las cuidaban tiraban sus varas cuando veían llegar a los coches y se ponían a bailar. No sé si imitaban a Michael Jackson o había sido Michael Jackson quien los había imitado a ellos. En una curva con pendiente unos hombres se protegían del sol con una lona de plástico azul. Su camión, repleto de sacos de cemento, había seguido derecho cayendo por un terraplén, desperdigando toda la carga. Por lo que decía el conductor, quien había saltado a tiempo –peor suerte había tenido su ayudante, que había sido llevado al hospital–, se habían roto los frenos. Llevaban dos días esperando que llegara alguien a ayudarles. Nos pararon para pedir agua.

Antes de llegar al río Woito cambiamos de dirección hacia el oeste. El río forma un valle intermedio entre la zona de los lagos alrededor de Arba Minch y el valle del Omo. El río Woito termina en territorio de los arbore en un pequeño lago en Chew Bair (antes lago Stephanie), pero el valle es territorio tsemay, una etnia agropastoril que cultiva la tierra y produce sorgo y maíz como los konso. Hasta que cortaron los árboles y fumigaron con pesticida eran los principales abastecedores de miel en los mercados locales. Varias barracas se veían desde la carretera. Eran parte de una de las primeras inversiones del agronegocio hechas en la zona. La tierra era tan fértil que producía anualmente tres cosechas de algodón. En las barracas lo guardaban y dormían los trabajadores. Los tsemay seguían siendo sobre el papel los dueños ancestrales, pero pronto descubrieron que eso de poco servía frente al Estado. Cuando estaban delimitando el terreno que iban a entregar al agronegocio varios tsemay que llevaban las banderas para marcar el área a fumigar murieron a causa de la nube tóxica dejada caer desde los aviones. Cuando al ver el desastre fueron a quejarse y pedir su tierra de regreso, los militares los recibieron a balazos. Nueve indígenas murieron. Ahora, los que trabajan en las plantaciones son de Konso o Wolleita y los que se llevan los beneficios son de Arabia Saudí. Era alarmante ver cómo las comunidades originales estaban perdiendo, engañadas y bajo violencia, su territorio.

Hasta la mitad del siglo XX era más común llegar al valle del Omo desde Maji, al oeste del río. Había un camino por las montañas desde Jimma vía Bonga. Eran tres o cuatro semanas en mula dependiendo del clima. El camino estaba cubierto por bosques separados por claros ocasionales, haciéndose intratable durante la época de lluvias. En las últimas décadas del siglo XX la nueva carretera desde Arba Minch lo hizo más accesible desde el este. La construcción de un aeropuerto en Jinka ayudó un poco más a sacar al valle del Omo de su histórico aislamiento.

Los soldados imperiales de Menelik II habían llegado al sur del valle cuando nacía el siglo XX, desde Maji. Hasta entonces había sido un territorio marginado, poco conocido, ocupado por grupos pastoriles organizados en tribus y gobernados por sus costumbres y tradiciones. Estas etnias que desconocían los Estados se movían con sus rebaños en busca de pastos, se ayudaban con cultivos estacionales y pescaban en los ríos. Exploradores europeos de principios del siglo XX se sorprendieron cuando visitaron el territorio al ver que "remotas tribus todavía viven una vida del neolítico".

Para conquistarlas y someterlas al Imperio etíope Ras Wolde Giyorgis llegó desde Maji en 1898. Lo hizo antes que los colonialistas europeos llegaran al norte del lago Turkana, donde desemboca el río Omo. Menelik II pudo reclamar el territorio para su Imperio. Los etíopes que lo conquistaron se encontraron con pequeños grupos de swaahilis, la población de la costa del Océano Índico al sur de Somalia, que recorrían el área en busca de marfil y esclavos. Los tentáculos del sultanato de Zanzíbar llegaban hasta lo que es ahora el sur de Etiopía. Con la llegada de sus soldados Menelik cambió la direción del comercio, enriqueciendo a su Imperio.

Había sido el principal motivo –había otros geopolíticos– para ocuparlo. Hacía décadas que la esclavitud estaba prohibida en Europa (en Inglaterra desde 1833), pero a principios del siglo XX seguía habiendo mercados de esclavos en Etiopía. Menelik II aprovechó también la gran demanda de marfil de Europa y Estados Unidos de esa época; necesitaba armas modernas e hizo del marfil un monopolio suyo, convirtirtiéndolo en el producto más comerciado del suroeste de Etiopía, hasta el punto que prácticamente acabaron con los elefantes.

Se decía que Menelik II y su esposa, la emperatriz Taytu Betul, llegaron a ser propietarios de más de 70.000 esclavos. Los tratantes europeos, muy activos en el Cuerno de África, le suministraban armas a pesar de que conocían la procedencia sucia e ilegal del dinero. Todavía en tiempos de Haile Selassie –se habían comprometido a prohibir la esclavitud en 1923 ante la Liga de las Naciones– había mercados de esclavos. Diversos historiadores calculan que en 1935 al menos 300.000 etíopes vivían en condiciones de esclavitud.

Sabemos las consecuencias terribles que tuvo la conquista para las tribus del valle del Omo por las cartas de cónsules británicos enviadas desde Maji a su embajada en Addís Abeba. Desde Maji hasta la desembocadura del río Omo en el lago Turkana eran siete días de marcha, alrededor de 120 kilómetros, pero los soldados amharas que llegaron con Ras Wolde Giyorgis, acostumbrados a vivir en zonas altas, prefirieron establecer su principal guarnición en Maji, ya entonces famoso por sus mercados de esclavos y marfil. Dejaron a Dejazmatch Leontieff, un oficial ruso que había participado en la campaña de guerra, a cargo de los pequeños fuertes fronterizos en la zona calurosa y semiárida del norte del lago.

Los soldados amharas no tenían ni uniformes ni salarios. Eran conocidos comos *neftiñas* –su tradución literal es hombre-rifle. Se vestían con los pesados chales de algodón blanco que usan los campesinos amharas. Sin salario, dependían de ellos mismos para abastecerse de lo que necesitasen. Era el comienzo del siglo XX, pero no había en Etiopía un ministerio de defensa similar al de los Estados modernos. Los gobernadores o reyes locales tenían que abastecer de armas, soldados y dinero al Emperador. Las tribus que pudieron huyeron con sus rebaños a Kenia o Sudán para evitar que los soldados secuestraran a sus hijos y mujeres para venderlos como esclavos. El "sueldo" a los soldados se pagaba mediante el gabar, un sistema existente en la región amhara que Menelik II implementaba en los territorios que conquistaba de manera mucho más brutal. El gabar (un campesino convertido en una especie de siervo) pagaba al soldado, a quien le habían dado derecho sobre su tierra, un tributo (gibr), y además tenía obligación de alimentar a su nuevo "señor" y trabajar para él cuando lo necesitase. Había en Maji un millar de soldados. El resultado fue la devastación humana de la zona conquistada.

A pesar de la diferencia de armas las tribus resistieron una conquista que acabó siendo brutal. Eran pueblos guerreros y no se rindieron. Los thisana, una confederación de tribus al norte de Maji, lucharon con lanzas y piedras contra los rifles de Menelik II. Muchos de ellos murieron y los que sobrevivieron acabaron en los mercados de esclavos. Antropólogos sociales se han sorprendido de la capacidad de estas sociedades sin Estado para organizarse. Se dotaron de rifles y en 1923 se negaron a pagar el gibr y reiniciaron la resistencia. En 1935, según las cartas del cónsul de la época, todavía atacaban a soldados y caravanas. Estos grupos, que en muchos aspectos seguían viviendo al margen del "progreso", incorporaron a su cultura rápidamente los rifles, como habían hecho antes con cuchillos y hachas de metal.

En uno de sus informes el capitán Arnold Hodson, cónsul británico en Maji entre 1923-1927, después de constatar que los thisana habían sido reducidos de una población de miles a cientos, escribe: "El método de sus *razzias* es rodear la aldea en la oscuridad, los que participan soplan trompetas y profieren gritos de sangre para provocar la estampida de sus habitantes. Las cabañas son quemadas y los viejos, hombres y mujeres, son rudamente lanceados o disparados cuando salen corriendo de pánico, solamente los más jóvenes valen lo suficiente para ser capturados".[1]

En 1930 Max Grühl, un alemán que formó parte de una expedición a Kaffa, dice haber visto en el sur de Jiren (hoy parte de la ciudad de Jimma) una cadena de esclavos, "hombres y mujeres prácticamente desnudos encadenados uno a otro, con niños desnudos de la mano o cargándolos a sus espaldas, arrastrándose por el fango y tratados como ganado por captores sin corazón"[2]. Jimma había sido el principal mercado de

1. *Slaves and Ivory Continued, Letters of RCR Whalley British Consul, Maji, SW Ethiopia 1930-1935*, Cynthia Salvadori, Shama Books, Addís Abeba, 2010, pág 25.
2. *The Citade of Ethiopia, The Empire of the Divine Emperor*, Max Grühl, citado en *Slaves and Ivory Continued...*, Cynthia Salvadori, op.cit.

esclavos en la región durante el siglo XIX y hay evidencia de que todavía estaba funcionando en 1933 cuando Haile Selassie incorporó formalmente el sultanato de Jimma al Imperio. Menelik II había permitido su existencia formal porque necesitaba a sus comerciantes, conocidos como naggadis, para controlar el mercado esclavista. Aba Jiffar, el emir (Moti) de Jimma, podría ser el propietario de al menos 10.000 esclavos. Hubo tribus que fueron exterminadas por la trata. La mayoría de pueblos agricultores no podían huir de los esclavistas como hacían los pastoriles con su ganado, entre ellos los tid o los najis. Los tirma que vivían en montañas alrededor de Maji tuvieron mejor suerte y pudieron huir a la meseta de Boma, al sur de Sudán.

Eran soldados los que, según las cartas de los cónsules, organizaban las *razzias*. Se aprovechaban de los conflictos históricos entre las tribus pastoriles. En 1930 Maji se había convertido en un centro esclavista. "Hasta los soldados tienen esclavos que les llevan las escopetas", escriben. En 1932 el capitan Whalley, cónsul inglés (1930-1935), denunció al gobernador Mangasha Yila, un sobrino del emperador Haile Selassie, de tener esclavos.

En 1934 el mismo capitan Whalley escribía que las *razzias* continuaban a pesar de que el emperador Haile Selassie había instaurado jueces epeciales para acabar con la esclavitud.

Los neftiñas se negaban a aceptar el fin de la esclavitud. No veían nada malo, la consideraban un botín de una guerra que habían ganado. El precio de un esclavo se establecía en armas. A mitad de 1934 el precio normal de un esclavo de buen aspecto era un rifle, con un cinturón cargado con entre 10 y 15 rondas de munición. El precio disminuía si era un hombre viejo o una mujer.

El valor del esclavo se incrementaba enormemente a medida que se aproximaba a los mercados del este del país. Su precio máximo se alcanzaba en los puertos del mar Rojo, desde donde se embarcaban a Arabia. La esclavitud fue abolida en Maji en agosto de 1935, cuando un nuevo gobernador, de nombre Alemayou, emitió una proclama en donde incluyó el gabar.

## Llegaron las excavadoras y diezmaron los rebaños

Yasiko tiene 27 años. Lleva como collar una cruz. Viste pantalones vaqueros, una camiseta azul de una ONG y chanclas. Su piel es más oscura que la de los etíopes del altiplano. Se ha acercado cuando estaba caminando en Jinka. Es una calle sin asfaltar con casas de barro y palos donde están contiguos una iglesia y un bar, en donde jóvenes mujeres ofrecen cerveza. El retrato de Jesús cargando un cordero y el horario de los servicios está al lado de una foto de una mujer seductora con un vaso en su mano. Los dos locales, el bar y la iglesia, reclaman consumidores con música a todo volumen. Me es difícil decir cuál está más concurrido. Yasiko, que se ha levantado al verme, estaba sentado en el bar, quiere acompañarme. Conoce un lugar donde destilan grano a la manera tradicional para hacer aguardiente.

No puede dejar de hablar de los ari. "Somos los más numerosos y la única tribu que cultivamos la tierra en la zona", dice. Los ari viven en las zonas elevadas del sur del valle. Llueve más que en las bajas y la aprovechan para cultivar. Plantan sorgo, que solo necesita doce semanas desde que es sembrado para poder ser cosechado. También cultivan ensete, un árbol que parece un platanero y resiste muy bien la sequía; hacen con parte de la corteza del tronco una especie de harina. Crían algo de ganado. Producen también cerámica y tienen herreros. Es un pueblo agricultor o al menos agropastoril. Dice que son una de las poblaciones originarias de la zona y que antes eran pastoriles. Lo cuenta como si ser agricultor fuese algo superior. La lengua de los ari es omótica, no cushítica como la de los konso y los dassanech. La de los mursi es de origen sahara-nilótico. No es fácil reconstruir cómo el valle ha sido poblado. En un territorio relativamente pequeño hablan 16 lenguas. Estas lenguas pertenecen a cuatro familias distintas: omótico, sahara-nilótico, cushítico y semítico. ¿Cómo es posible tanta diversidad en un espacio tan reducido? ¿Cómo se pobló? ¿Cómo han podido coexistir?

Hay evidencia de poblamiento muy temprano por el *Homo sapiens*. ¿Quizá continuo? Se ha encontrado un cráneo con una antiguedad de al menos 165.000 años, pero puede ser incluso anterior. Todavía hay grupos que viven de lo que pescan, cazan y recolectan. Hay también evidencia de la llegada temprana de grupos pastoriles. Pero la reconstrucción de quiénes llegaron, desde dónde lo hicieron y cuándo, es difícil. No siempre el origen genético coincide con el cultural. Una migración puede cambiar la genética de un lugar pero mantener la cultura. Si la migración es poderosa pero su número pequeño puede cambiar la cultura de una población y mantener su genética. También puede ocupar un territorio aniquilando a la población original, dejando pequeñas huellas de su existencia. Lo interesante es que a pesar del rompecabezas de los épicos ir y venir de estos grupos humanos, 16 de ellos habían sido capaces de compartir un territorio relativamente pequeño, viviendo a su modo, sin que ninguno hubiera impuesto su cultura hasta la llegada de los ejércitos y sacerdotes de Menelik II hace 120 años.

Yasiko decía que se había "civilizado" y no iba a ser como su padre. Se coge la cruz para mostrármela. Me llama la atención que no es ortodoxa. "Mi padre es animista y lo peor es que lo justifica. No hace caso cuando le decimos que se cristianice", dice. Su padre cultiva la tierra. Tiene seis mujeres y 34 hijos. Creo que Yasiko tiene vergüenza de él. Piensa que su padre es "atrasado". "Voy a una iglesia pentecostal", dice. No se ha hecho ortodoxo como los colonizadores amharas, pero ha empezado a separarse de la cultura de donde viene. Quiere que yo lo vea como un hombre "civilizado", diferente a los hombres tribales que veo nada más dejar Jinka. "Como cristiano sólo voy a tener una mujer", dice. Lo paradójico es que se identifica con orgullo como un ari, sobre todo cuando habla de otras tribus.

Queríamos llegar a Omorate a través del Parque Nacional de Mago; parecía que había una carretera marcada en el mapa. Habíamos visto llegar camiones de las plantaciones de azúcar de Kuaz, pero fuimos desistiendo poco a poco. Un hombre envuelto en una manta a cuadros, llevaba un Ak47, acabó de convencernos. Nos aconsejó que regresáramos a Jinka y tomáramos otra carretera. Nos había pedido medicinas para curar una herida que se había hecho en uno de sus pies. Lo tenía hinchado, casi desfigurado. Era un mursi, un grupo pastoril que llegó al valle hace 150 años. Bajaron al río sin sus vacas, las dejaron lejos de las orillas para que no sufrieran las picaduras de las moscas tsé-tsé e imitaron a los nyangatom, quienes aprovechaban cauces dejados por los ríos cuando retrocedían para cultivar. Cuando llovía de nuevo volvían con sus vacas moviéndose en busca de pastos, disfrutando del buen clima de la montaña. Pero había otras tribus alrededor del río Omo además de los mursi. Los bodi hablan la lengua de los me'en. El territorio de este grupo se extiende hasta las zonas altas alrededor de Maji. Diferentes antropólogos dicen que los kwegu apenas dejan las orillas de los ríos, y que son uno de los grupos más antiguos que viven en el valle. Su lengua pertenece a la familia sahara-nilótico. Los kwegu resistieron el pastoralismo y viven de lo que pescan, cazan y recolectan. "Los peces son nuestras vacas", dicen. Siguen cazando hipopótamos si los encuentran, es su carne favorita, y también elefantes. Recolectan la miel del bosque. Los kwegu se llevan bien con los mursi y bodi, de hecho viven juntos cuando estos bajan al río. Los kwegu ofrecen a los mursi y bodi pasar sus vacas de orilla –tienen fama de ser los mejores barqueros en el valle– y a cambio reciben vacas con que pagan sus dotes cuando se casan.

Estos grupos habían sabido adaptarse a un territorio llano con algunas ondulaciones, caluroso y semiárido, a veces desértico. El ecosistema había obligado a los grupos pastoriles a mover sus rebaños en busca de pozos y pastos, aprovechando las inundaciones estacionales para cultivar. El río Omo aportaba el agua que necesitaban en la época que no llueve. Cuando caían las primeras lluvias movían los rebaños en busca de recursos a las montañas cercanas en donde les gustaba vivir como a los mursi.

Las excavadoras cambiaron su forma de vida. Uno se extraña de que tardaran tanto en llegar. En 1974, cuando el emperador Haile Sellasie es derribado por una revolución, poco había cambiado en el valle desde la llegada de Menelik II en 1898. Durante varias décadas el territorio se había salvado de la avaricia de los inversores, posiblemente debido a que una expedición de geólogos de varios países europeos que visitó el valle en 1930-1931 no había encontrado nada de valor para explotar y nadie estaba dispuesto a construir carreteras y escuelas para beneficio de un puñado de tribus a las que no se les podía sacar nada o casi nada. A mitad del siglo XX los arbore seguían viendo a los abisinios, así conocían a los amharas, como a "gente que les gusta la carne pero quieren que otros cuiden los rebaños". Haile Sellasie, que sabía que iba a gastar más dinero en los pastoriles que el que obtendría con impuestos y tasas comerciales, apenas hizo inversiones. Las cosas empezaron a ser diferentes con los gobiernos posrevolucionarios. El valle fue considerado un lugar para colonizar. El proceso se aceleró con el gobierno de Meles Zenawi en la última década del siglo XX, quien encontró "apoyo" en empresas italianas, turcas, coreanas y chinas para sus proyectos.

Las excavadoras limpiaron los arbustos para clarear el suelo de las plantaciones. Construyeron ingenios azucareros, viviendas para los trabajadores y carreteras. Las sierras destrozaron el bosque. Los canales cambiaron el río. Las presas pararon las inundaciones, tan necesarias para los cultivos. Comunidades mursi y bodi no pudieron cultivar los meandros y orillas; comunidades kwegu no pudieron recolectar y cazar en el bosque. "Tienen que salir y reasentarse en otro lugar", les decía el gobierno. Les ofrecían 0,25 hectáreas de regadío por familia. No les decía nada. Cuando vieron que resistían y no se movían dejaron de traer comida a pesar de que la necesitaban; dieron orden a los veterinarios de no visitar los rebaños; cerraron las pocas escuelas que había fuera de las zonas de reasentamiento. Les amenazaron con confiscarles ganado, el peor castigo posible. Hubo denuncias de abusos y desplazamiento forzado. "No están escuchando al gobierno", les decían los funcionarios de las woredas. Tuvieron que irse a vivir donde les decían. No todos aguantaron. Mursis que habían aceptado, abandonaron el lugar aun sabiendo que no podrían cultivar las orillas del río como antes. Prefirieron clarear matorrales en los llanos secos esperando la lluvia para sembrar o intercambiar vacas por grano de manera más frecuente que antes. Pero es difícil sostenerse de esa manera si la lluvia no es suficiente, como por otra parte suele ocurrir.

Lo peor es que hace ya años que no hay inundaciones. Cuando estaban construyendo la presa Gibe III les prometieron que abrirían las compuertas para producirlas artificialmente. Nunca lo han hecho. No pueden hacerlo porque dejarían de producir la electricidad que necesitan los ingenios. Están llegando decenas de miles de inmigrantes de otras regiones a trabajar en la caña y los ingenios, mientras a los kwege solo los contratan para que cacen el búfalo que se come los cañaverales y a los mursi y bodi en trabajos temporales.

Los megaproyectos en el valle han cambiando el ecosistema y con él una forma de vida que se había mantenido durante miles de años. Una de las últimas fronteras de África estaba cayendo aparte como había sucedido antes con otras.

## Cómo grupos pastoriles han acabado de pescadores

Habíamos desistido de llegar al lago Turkana atravesando el Parque Nacional de Mago. Necesitábamos llegar a Omorate, una pequeña población a orillas del río Omo, donde la policía da los permisos para llegar al lago. Lo hicimos vía Turmi. La oficina estaba en un edificio moderno de cemento. Dos policías, un hombre y una mujer, estaban sentados en sus respectivas mesas cuando llegamos. Nos aconsejaron tomar un guía porque el camino no era muy claro y los hombres tribales no cooperan con extraños.

A pesar de que la frontera está delimitada desde comienzos del siglo XX, esta esquina donde se juntan Etiopía, Kenia y Sudán del Sur es una de las más conflictivas del Cuerno de África. Era insegura en tiempos imperiales y sigue siéndolo hoy. Todavía en el año 2018 los dassanech etíopes hicieron una incursión en Todenyang, un pueblo en Kenia, asesinando a Ekal Lochamin, el jefe local, y robando ganado a los turkana. Las tribus ignoran la frontera tanto como pueden. Se mueven por pozos y pastos para sus rebaños, no por acuerdos entre Estados. Las incursiones tribales eran tan frecuentes que británicos y etíopes tenían que reunirse a menudo para resolver los litigios intertribales intrafronterizos. Quedó sin definir un área al noroeste del lago conocida como el triángulo Ilemi. Durante décadas el problema ha estado dormido, nadie tenía interés en un territorio aislado, sin nada valioso que explotar, donde pastoriles peleaban los pastos, pero en los últimos años la situación ha empezado a cambiar. Kenia ha encontrado petróleo y hay rumores de que lo mismo ha ocurrido en Etiopía.

El famoso triángulo Ilemi, un poco más grande que el Líbano, es un territorio semiárido que se convierte en pantanoso gran parte del año. El río Kibish se va extinguiendo poco a poco, incapaz de llegar al lago. Es un territorio donde el Estado está ausente, aunque formalmente lo controla Kenia. El vacío lo aprovechan cazadores furtivos y cuatreros. Los toposa de Sudán del Sur, los nyangatom y dassanech de Etiopía y los turkana de Kenia se disputan entre ellos pastos y pozos muchas veces de manera violenta. En el triángulo hay más armas automáticas que en cualquier otra zona del lago. Los propios Estados han ido armando a sus tribus fronterizas desde que los italianos ocuparan Etiopía en 1937 y armaran a los nyangatom y dassanech. En los noventa del siglo pasado el colapso del Derg inundó la región con armas automáticas abandonadas en depósitos del ejército por oficiales que huyeron a Kenia. La guerra en Sudán del Sur tampoco ha ayudado. Nyambega Gisesa, un periodista keniata que ha visitado el área recientemente, reportó que nunca había visto tantas armas; "incluso niños, la mayoría de los pastores lo son, las llevaban ostentosamente o las tenían escondidas en los pozos", escribió.

No hubiésemos encontrado el desvío al lago si no nos lo hubiese advertido Eshete, nuestro guía. Habíamos tenido que regresar unos kilómetros por la misma carretera por la que habíamos llegado antes desde Turmi. Era difícil de ver, estaba tapado por arbustos. Recorríamos una llanura de rastrojos, matorrales y pequeños árboles sólo rota de vez en cuanto por nidos de termitas que parecían chimeneas de tierra roja. El asfalto acabó en el desvío. Tuvimos que seguir por un camino de arena y tierra hasta el lago.

Los pastoriles suelen ser altos y musculosos por la leche y sangre que beben, pero Eshete no lo era. Su madre es hamar, una de las etnias pastoralista más numerosa en el valle; su padre, amhara. Creció en Dimeka, un pueblo de mercado tribal en territorio hamar. Viste como lo hacen los jóvenes de las ciudades, pantalones vaqueros y camisetas, y usa gafas de sol. Las asociaciones de guías estan llenas de estos jóvenes insistentes, modernos, con raíces tribales, que esperan vivir de un incipiente turismo. Hablan inglés, amhara y alguna o varias de las lenguas locales. Eshete no conoce bien el camino, aunque dice que sí. Nos hemos perdido en un par de ocasiones. Hay un sinfín de ellos, unas veces paralelos y otras veces cruzándose, todos de tierra y arena; es difícil saber cuál es el correcto. La primera vez que nos hemos perdido ha resultado relativamente fácil encontrarlo de nuevo. Eshete se ha subido al techo del toyota y ha podido ver chozas de una comunidad que conocía. La segunda vez ha sido más complicado. No había ningun punto que Eshete pudiera identificar. Lo peor es que no había nadie a quien preguntar. Hemos intentado con un pastoril que conducía un rebaño de cabras, pero a pesar de que iba con un AK47 en bandolera se ha echado a correr hacia la maleza cuando nuestro conductor y Eshete han intentado acercarse. Un turista alemán desapareció en la zona el año pasado. Nadie sabe qué ocurrió. Finalmente, ha llegado una pareja con una especie de vara con punta de metal y una pequeña herramienta que parecía una hoz. Iban a trabajar a una parcela levantada sobre una cama de piedras a un lado del camino; cultivan calabaza, frijol y patata dulce. Han dado instruciones a Eshete de cómo llegar hasta el lago.

Hay comunidades dassanech en las dos orillas del río, pero esta zona del delta es ahora el corazón de su territorio. No lo era hace unas décadas. Los dassanech tampoco se han salvado del declive. Los rebaños retrocedieron con los cambios hasta el punto de que pasaban hambre. Tuvieron que reinventarse como pescadores para no perecer, pero siguieron viéndose a sí mismos como cuidadores de rebaños. Eshete decía que para un pastor cultivar es una desgracia y comer pez una calamidad. "Si lo hacen es que están pasando hambre", decía. Hasta bien entrada la segunda mitad del siglo XX los dassanech eran exclusivamente pastoralistas. Se movían por las llanuras de las tierras altas entre los ríos Kibish y Omo. Eran nómadas que llegaban con sus rebaños tan lejos como hasta el monte Akippi, en Sudán. Cuando las lluvias terminaban y los pozos y pastos se agotaban, bajaban con su ganado a las orillas del río Omo. Allí permanecían hasta que llovía de nuevo. No cultivaban. Los rebaños eran tan numerosos que podían intercambiar sus vacas por grano. El cambio climático empezó a afectarles.

Sequías continuas (1969-1973; 1979-1981) acabaron degradando los pastos, mermando sus rebaños. Los conflictos tribales se exacerbaron. La ayuda humanitaria no llegó. Empezaron a recolectar alimentos en el territorio, pero no fue suficiente para compensar la pérdida de ganado. Se refugiaron en las orillas del río Omo, donde podían conseguir más comida, renunciando al nomadismo. Empezaron a cultivar la tierra. Lo habían hecho antes en áreas limitadas y en periodos cortos. Esta vez era diferente. Llegaron a un acuerdo con los nyangatom, que ocupaban las mejores tierras. El río Omo tenía muchos meandros en esta zona baja y cuando se retiraba dejaba pozas y tierra sedimentada. Pero el arreglo no duró mucho. El gobierno tomó tierras (120.000 héctareas) para dárselas a las plantaciones; además, construyeron presas río arriba y las inundaciones pararon y con ellas el limo. Los dassanech tuvieron que dejar las orillas ancestrales de los nyangatom que cultivaban y moverse hacia el delta. No era fácil, allí estaban los turkana. En unas décadas los dassanech dejaron de ser nómadas pastoriles en las zonas altas para convertirse en cultivadores en el delta. Pasaron de depender de los pastos a depender de tierras húmedas. Los más pobres se han convertido en pescadores.

En Omorate nos habían dicho que el camino termina en el lago justo en la frontera con Kenia en Fuerte Banya, pero parece que el delta se está moviendo hacia el sur. Eshete nos había mostrado el lugar donde apenas hace unos años llegaba la orilla del lago. El flujo del río se estaba reduciendo debido a los megaproyectos. Los canales naturales más alejados se estaban secando. Los dassanech se aprovechan de ello y cultivan sorgo y maíz en la nueva tierra ganada al río, pero a la larga los dassanech pagarán las consecuencias porque el agua del Omo es prácticamente el único grifo que alimenta de agua dulce un lago salado. En esta parte del lago apenas hay turkanas. A medida que los dassanech se mueven hacia el sur se encuentran con los gabbra, una tribu probablemente de origen oromo que se mueve entre Etiopía y Kenia. Son nómadas pastoralistas que cuidan camellos y no tienen interés en la pesca y el cultivo. Un monolito en medio de una explanada señalaba la línea Menelik. Había un mismo tipo de chozas, diseminadas sin ninguna lógica a los dos lados de la frontera. En el lado etíope había una casa de comidas y un edificio un poco alejado que albergaba varios frigoríficos. Una decena de vacas pastaba en la orilla. Sus huesos sobresalían. En el delta la mosca tsé-tsé les trasmite parásitos que las debilitan. Los restos de dos cocodrilos llamaban la atención. Tenían que haberlos cazado no hacía mucho. Lo hacen en la noche, a balazos. Los dassanech los comen, como hacen también con los hipopótamos si es que encuentran alguno. El lago Turkana tenía fama de ser uno de los lugares con más cocodrilos de África, pero están desapareciendo siguiendo el camino de los hipopótamos.

Cuando llegamos un grupo de pescadores estaba preparando su salida al lago. Cargaban un motor, un bidón de gasolina y redes en uno de la media docena de botes de fibra que estaban anclados en uno de los canales. Al rato los vimos desaparecer entre los cañaverales. Lo que más pescaban eran talapia y perca del Nilo. Algunas especies autóctonas son muy apreciadas y se pagan a buen precio porque su vejiga es usada como hilo quirúrgico. Parece que evita infecciones. Los peces grandes los venden a una compañía rusa que es propietaria de los frigoríficos. Cuando están llenos un camión de Jinka viene a buscarlos para enviarlos en avión a Rusia. La historia también tiene sus meandros. Menelik II, después de la conquista, había dejado a cargo de la construcción de los fuertes fronterizos en el lago a dos oficiales rusos, Dejazmatch Leontieff y Alexander Bulatovich, que le habían acompañado como asesores militares en su conquista del suroeste. Un siglo después ciudadanos rusos seguían en el lago.

Los pescadores decían que las presas y plantaciones río arriba estaban reduciendo el flujo de agua dulce. "Los peces no se reproducen como hacían antes", se quejaban. Parece que el gobierno, cuando construyó sus presas, no había pensado en sus efectos negativos. Muchos de estos pescadores afectados volarían si pudieran las presas que asociaban con sus males.

Los dassanech seguían peleando contra los yurkana como hacían en en el triangulo Ilemi. Si antes se mataban por vacas ahora lo hacían por redes. "Cada vez se reportan más peleas y asesinatos entre ellos", decía un juez que conocimos en la casa de comidas. Era uno más de un grupo de hombres comiendo y bebiendo animados. Se movía por la región resolviendo disputas no resueltas por las autoridades tradicionales de las comunidades. Era un trabajo peligroso, apenas hay policía en la zona. No se desplazaba si no era acompañado de una escolta bien armada. Según decía, los casos más comunes con los que lidiaba eran casos de poligamia, robo de ganado, adulterio y violación. Ese día había juzgado un caso de robo de ganado. Dos familias no habían llegado a un acuerdo sobre el precio de la novia y la familia de esta había acabado robando varias vacas a la familia del novio.

## Hacia el sur del lago Turkana

Llevamos una hora intentando salir. Cuando parece que ya nos vamos comienza otra ronda de negociaciones. Estamos aparcados a un lado de la carretera, frente a la oficina de la compañía. Por lo que he pagado creo que mi sitio está asegurado. También Mikaela ha confirmado que todo está en orden después de hablar con el encargado. Había llovido el día anterior, no hubo transporte hacia el lago y hay más pasajeros que asientos.

Mikaela ha nacido en una comunidad de los el-molo, una etnia que se extingue. La conocí en una serie de carambolas cuando estaba organizando mi viaje. A pesar de su juventud resultó ser la primera mujer de su etnia con estudios universitarios. La comunidad quería que fuese médico, pero después de tres años en la universidad se dio cuenta de que no era lo suyo. Le gustaba la cultura y se sentía una organizadora. Ha acabado en Marsabit trabajando en el gobierno del distrito. Vive sola con sus dos hijos y dos sobrinos que ha traído del lago para que puedan ir a una escuela decente.

Hay un señor fuerte, alto, calvo, con gafas de sol y prominente barriga, que está haciendo todo lo posible por subirse al Land Rover. Está hablando al lado de un charco con el hombre de la compañía que me ha colocado al lado del conductor. Mientras hablan aprovechan para subir más sacos, bidones y cajas de cartón. No sé dónde pueden ponerlos. Asombrado veo al conductor subirse al techo del vehículo como si fuera un pasajero más y al hombre fuerte y con barriga ponerse al mando del volante.

Se llama Alois y es de Loyangalani, pero vive en Nairobi. Me dice que no me preocupe. Ha de haber visto mi cara. Es un conductor profesional de safaris que trabaja para Camel Travel. "Trabajo en toda África. Vas a estar muy seguro", dice. Va al lago a visitar a su mujer y sus hijos. Lleva un día esperando y solo tiene tres días de permiso.

Marsabit es el último centro urbano con comercio y algún hotel decente antes de llegar a Moyale, en la frontera con Etiopía, motoristas te llevan allí en menos de tres horas. Es el centro de un área semidesértica dominada por grupos pastoriles. Llegar ahora desde Nairobi es fácil, pero no ocurría lo mismo hace unos pocos años, cuando todavía no estaba acabada la nueva carretera construida por empresas chinas. Necesitabas tres días para llegar. Ahora un par de autobuses salen todos los días y hacen el recorrido en nueve horas y media.

El Distrito de la Frontera Norte es una combinación de desierto, ríos estacionales y volcanes extinguidos donde jirafas y elefantes comparten el territorio con rebaños de camellos, cabras y vacas. Todavía hoy el 90% de la población no tiene una residencia permanente. Se mueven con sus animales estacionalmente en busca de pozos y pastos. Es un territorio árido que abarca una enorme superficie del norte de Kenia entre el Océano Índico y el lago Turkana y entre este y Sudán del Sur. En Nairobi me habían advertido de que no era una zona segura. "Somalia es frontera y a veces guerilleros islamistas suben a autobuses donde roban a unos pasajeros y secuestran a otros", me advertían. Es un área en la que aún siendo trópico no llueve más que esporádicamente. Como en otras zonas bajas del Cuerno de África la sequía ha ido empeorando con el calentamiento del planeta. El clima es cada vez más seco y el suelo árido o semiárido se va extendiendo. Todos recuerdan la sequía del 2011, que arrasó los rebaños, pero lo peor es que ahora llegan sequías más frecuentemente. Este año estaban preocupados, pero hubo suerte y empezó a llover cuando casi habían perdido la esperanza. Mikaela me había dicho que tuvieron que aplazar una fiesta que celebran anualmente las etnias que viven en el lago por la sequía. Con todo, aún cae lo suficiente para que crezcan hierbas y arbustos. Los animales libres están obligados a moverse de un lado a otro en busca de comida y agua –vi jirafas durante el viaje– y eso hacen también los pastores con sus rebaños. Solo en Kenia hay más de 14 etnias alrededor del lago Turkana, tienen diferente historia, lengua y cultura, pero son mayoritariamente pastoriles.

Los pastoralistas son los olvidados de cualquier gobierno del Cuerno de África. En Marsabit, el 92% de la población vive por debajo de la línea de la pobreza. Los ven en todas las capitales como una rémora para el "desarrollo". "Ocupan grandes extensiones de territorio para los pocos que son", dicen los funcionarios de Nairobi a Mikaela. Viven al día sin excedentes y hay que ayudarles cuando la sequía diezma sus rebaños. Son además difíciles de controlar porque andan moviéndose de un lado a otro. Los ingleses, el poder colonial en Kenia hasta los años sesenta del siglo pasado, se quejaban de que gastaban en ellos más de lo que ingresaban con sus impuestos. Sin interés económico y aislados geopolíticamente, los grupos pastoriles quedaron marginados. Aunque suene raro, dejarlos relativamente en paz es lo que les ha permitido sobrevivir.

Parece que no ha cambiado mucho la situación desde la independencia. Sigue habiendo mucho más ganado que personas y no se ha invertido lo suficiente. Lo peor es que las zonas áridas se están expandiendo. Ha habido incluso ataques armados a propietarios de tierra a causa de la escasez de buena tierra. Grupos pastoriles están reclamando territorio a las granjas circundantes del sur, muchas de ellas todavía propiedad de blancos que llegaron en tiempos coloniales. En el autobús, viniendo de Nairobi, estaban claras las dificultades de estas comunidades pastoriles que siguen pensando que las granjas son parte de su territorio. Desde Isiolo sólo subieron hombres con varas cargando sacos y mujeres adornadas con extensos collares de cuentas que llegaban hasta sus pechos. Subían en grupo para ir a los mercados semanales.

El lago Turkana está a 233 kilómetros al oeste de Marsabit, en una depresión volcánica en uno de los pequeños ramales del Rift, el gran valle del este de África. No hay carretera para llegar. Solo caminos de tierra. En todo el trayecto sólo pasamos por un pueblo: Kargi. Alois, para estirar las piernas, paró junto a las únicas casas de cemento que allí había; eran edificios de un solo piso, albergaban pequeños comercios con lo más imprescindible o servían comida. En uno de ellos vendían leche de camello. Un anuncio de Takaful –una compañía que asegura ganado– estaba colgado, solitario, en la pared. Los borana, oromos y los gabbra, una tribu que divide su lealtad entre oromos y somalíes, son las grandes etnias alrededor de Kargi. Suelen pelear entre ellos a pesar de que tienen el mismo origen. La semana anterior 11 hombres tribales habían muerto en enfrentamientos. Esta vez habrían peleado por puestos en el gobierno provincial, aunque había quien decía que se habían enfrentado a la policía para evitar ser desarmados.

Estábamos entrando en la sabana árida cuando volvimos a pinchar. Lo habíamos hecho antes durante la bajada hacia el gran valle, en un trozo del camino lleno de piedras volcánicas. Alois se justificaba: "El sobrepeso nos pasa factura", decía. Posiblemente tenía razón porque es un excelente conductor, a pesar de que nos quedamos encallados en una zona de barro. La lluvia de ayer debió caer en tromba. Tenemos suerte de que no haya inundaciones y hayamos podido salir. Los pasajeros somos 16 en un Land Rover, hombres y mujeres, y nadie parece inmutarse con los percances. Ni el más mínimo reclamo. Bajan y se sientan donde pueden, esperando, observando cómo cambian la rueda, charlando entre ellos mientras fuman. Cuando les piden que empujen los hombres se levantan y lo hacen, a pesar de enfangarse en el barro.

En un cruce un grupo de samburus esperaban a la sombra. Hemos entrado en una zona que se parece a la sabana por la densidad de los arbustos. Veo acacias. Las vacas han sustituido a los camellos. Pasan jirafas. Una señal indica un mercado de ganado a 17 kms. Los samburus estaban esperando un paquete. Llevan kalashnikovs y rifles G3 en bandolera, como había visto en Etiopía con los dassanech al norte del lago.

Intercambiaron unas frases con Alois y el primer conductor y seguimos nuestro camino.

Aquí también el robo de ganado es lo que más violencia genera, por eso van armados como en el sur de Etiopía. Hay mercados ilegales de armas abiertos ante los ojos de la policía. Los rifles de asalto cuestan entre de 2 a 5 vacas. Las balas se compran en tiendas de comestibles a un dólar. La guerra de Sudán del Sur ha inundado los mercados de armas sofisticadas revolucionando las viejas reyertas entre tribus y clanes por los recursos. Puede que tradicionalmente las tribus hayan acudido al robo cuando la disminución de sus rebaños amenazaba su reprodución o necesitaban cabezas para pagar la dote de la boda, pero ahora es diferente, operan también mafias.

Desde siempre, entre los pastoralistas tener ganado mide la riqueza y permite la posibilidad de casarse. El precio de una novia suele ser 40 vacas y 60 cabras. Alois me cuenta que los turkana se hacen tatuajes en las manos con hierros calientes donde cuentan el número de enemigos que han matado durante estas *razzias* para conseguir ganado. Los mismos hierros con que marcan a sus vacas. "Pero ahora empieza a ser otra cosa", dice. No suelen ser las tribus quienes roban para asegurarse su existencia. Se trata de un negocio organizado donde se aprovechan de las viejas rivalidades. Contratan hombres de una tribu para hacer *razzias* en otras "enemigas"; el objetivo es el robo por el lucro. El modo de operar suele ser el mismo. Identifican el ganado, lo dividen en grupos pequeños para no ser detectados, y lo vuelven a juntar donde esperan los camiones. El gobierno está ausente. La práctica se ha convertido en una guerra sin fin entre tribus en áreas limítrofes al lago. Una guerra permanente de baja intensidad donde las armas deciden. Por eso las llevan allí a donde van. El ganado robado es subido a camiones y transportado a mataderos urbanos (políticos protegen y a veces manejan a estas mafias con la ayuda de la policía). Su carne exportada acaba en África del Sur y Oriente Medio.

Hemos empezado a subir de nuevo. Parece que estamos dejando el gran valle. Es una zona de viejos volcanes inactivos. Vemos cientos de molinos de viento cuando llegamos a lo más alto. Debe soplar el viento a menudo y con fuerza para traer hasta aquí estos mastodontes metálicos. Soldados armados los protegen. Hasta aquí llegan los somalíes de al-Shabab. La empresa de capital sudafricano está abasteciendo de electricidad a Nairobi, aunque los molinos han sido hechos en China. Alois se queja de que los vecinos del lago no sacan ni regalías ni electricidad, aunque uno de sus hijos trabaja en la planta. Estaba esperándonos a la entrada del complejo para saludar a Alois. "Todos los beneficios van para la capital. Hay mucha corrupción", se quejaba Alois.

Estamos cerca del lago y ha empezado a oscurecer. Por fin lo vemos entre sombras. Parece un pequeño mar de agua calmada. La isla del Sur, un volcán ahora inactivo, está frente a nosotros. Estamos llegando al lago desértico más grande del mundo. Tiene más kilómetros de costa que los que tiene Kenia en el Oceáno Índico. Estuvo unido al Nilo. Ha estado expandiéndose y contrayéndose desde hace cuatro millones de años. Dicen que en otros millones más será parte del nuevo océano que está naciendo en el este de África. Fue también uno de los lugares más remotos e inaccesibles de África. La primera constancia de una visita de un europeo al lago es de fines del siglo XIX a pesar de que el lago ha estado habitado por nuestra especie desde sus albores. Homínidos lo habitan desde hace cuatro millones de años. Se han encontrados fósiles de austrolopithecus y paranthropus en Koobi Fora, y del ergaster, una de las primeras especie *Homo*. Pronto empezamos a descender hacia Loyangalani. Antes paramos en una comunidad de pescadores turkana a dejar qat. Temo que volvamos a pinchar. El camino es de roca, pero tenemos suerte. Es de noche cuando llego al hotel. Han sido casi seis horas de viaje.

## Los pastoralistas en el sur del lago Turkana también sufren

Loyangalani es un milagro. Un oasis natural de agua dulce a orillas de un inmenso lago salado en una tierra esteéril. El oasis almacena el agua de lluvia que el monte Kulal no puede retener. Los colonialistas ingleses se aprovecharon del agua para instalar uno de sus fuertes fronterizos, pero tribus pastoriles lo habitaban desde mucho antes. Estos grupos parece que desde hace miles de años están asentados en el lago o vienen con sus rebaños del desierto cercano a beber agua. Los turkana son la población más numerosa, pero hay también samburu, gabbra, el-molo, rendile, boran y waata. La mayoría vive en chozas tradicionales organizadas por etnia, diseminadas en torno a pequeños pozos.

Hay también un reducido núcleo de construcciones de cemento en donde vive gente llegada de otros lugares u operan hoteles, comercios y misiones.

Las cercanías del oasis, lo sabemos por las pinturas encontradas en portales en Por, una montaña al norte de Loyangalani, fue un paso estacional habitual de grupos de cazadores-recolectores que aquí se conocen, igual que en la zona de los grandes lagos de Ruanda, como Waata. Estos grupos debían llegar al lago desde lo que es hoy el desierto de Chalbi, a 150 kilómetros al este del lago, a pasar temporadas. Las pinturas en las rocas de los alrededores son similares a las del desierto. Tuvieron que ser hechas por los mismos grupos de cazadores-recolectores. En estos portales no hay pinturas de vacas o camellos. Son dibujos geométricos, mayoritariamente círculos, y abundan las jirafas. Arqueólogos han encontrado evidencia de la presencia de estos grupos en Nataruk, a 27 kilómetros de la costa actual, donde llegaba el lago hace 10.000 años. Descubrieron cráneos de esa fecha aplastados o heridos con flechas o puntas de lanzas. Los arqueólogos que los encontraron creen que hubo un conflicto violento entre dos grupos, posiblemente por recursos. Estamos hablando de una época anterior a la llegada del pastoralismo. Parece que todavía quedan algunos grupos de waatas en el lago, sobre todo al oeste, en las cercanías de la frontera con Sudán del Sur. Es muy posible que sean descendientes de estas poblaciones originarias que habitaban estacionalmente el lago pescando, cazando y recolectando antes de que llegaran los rebaños.

Hay constancia de que grupos pastoriles estaban viviendo a orillas del lago desde hace al menos 7.000 años. Se sabe que estos grupos habían desarrollado una cultura sofisticada dos mil años después. La Mesopotamia sumeria, una de las civilizaciones más antiguas, surgió hace unos 6.000 años. La civilización egipcia, un poco después. Arqueólogos han encontrado en las orillas del lago Turkana misteriosas columnas de piedra, tumbas y rastros de rituales elaborados en una época en que se estaba gestando la primera dinastía faraónica. No sabemos quiénes eran, en qué creían y cómo se habían organizado, pero eran capaces de construir tumbas y celebrar ritos sofisticados. Estos grupos desconocidos están empezando a ganar importancia en la historia humana gracias a la investigación genética. En el año 2022 un equipo de científicos encabezados por Ludovic Orlando, director del Centro de Antropología y

Genómica de Toulouse, en Francia, publicó un artículo en la revista *Science*[3] en el que se mostraban los resultados de un estudio de la secuencia del genoma de burros modernos y ancianos. Los científicos descubrieron que la primera domesticación de burros salvajes había sido hecha en lo que es hoy el norte de Kenia, hace unos siete mil años. Era una fecha 400 años antes de la primera evidencia arqueológica conocida de domesticación de burros encontrada en El Omari, cerca de El Cairo. El profesor Orlando cree que los pastoralistas necesitaban un medio de transporte para mover sus pertenencias de un sitio a otro y encontraron en los burros la solución. Llegaron a domesticar una especie móvil resistente a las sequías y tolerantes a la escasez de agua. Los árabes domesticarían después el camello. Otros grupos pastoralistas lo traerían más tarde al lago, mientras el burro llegaría a Arabia a través de Sudán y Egipto.

Este descubrimiento refuerza la idea de que la domesticación de animales en África habría sido un proceso autóctono iniciado hace unos 10.000 años. Es un tema todavía en debate ya que no hay suficiente documentación. Hay una discusión sobre si la domesticación fue hecha en bóvidos salvajes africanos o en una mezcla de razas autóctonas africanas con ganado domesticado en Mesopotamia y sus alrededores traídos por grupos que emigraron a África. De cualquier manera la domesticación endógena o exógena tuvo éxito porque parece haberse expandido rápidamente en lo que es hoy el Sahara, entonces un área de pastos. Se ha encontrado evidencia de estos grupos pastoriles en el sur de Argelia, en Chad, en Libia y en otros lugares remotos del desierto del Sahara. Arqueólogos han hallado portales con pinturas simbolizadas de animales domesticados de esa época. Estos pioneros ganaderos, estamos hablando de hace ocho-nueve mil años, no estaban asentados y se movían con sus rebaños buscando pastos y agua, probablemente siguiendo a los animales no domesticados que conocían los pozos, como hacían cuando cazaban y recolectaban. Había jirafas e hipopótamos entonces en el Sahara. Estos grupos tendrían la misma tecnología microlítica que los grupos que seguían cazando y recolectando, la cerámica por su fragilidad no era prác-

3. "The genomic history and global expansion of domestic donkeys", Ludovico Orlando y otros, *Science*, 8 sep. 2022, vol 377, issue 6611, pp. 1172-1180. American Association for the Advancement of Science.

tica y el hierro no lo conocían todavía. La religión estaría evolucionando y con ella los ritos. ¿Tenían incipientes estructuras de poder que después se desarrollaron en Egipto y Nubia? ¿Empezaba un culto a los muertos? Lo que sí sabemos es que seguían pintando en los portales como habían hecho los cazadores-recolectores, empezaban a construir tumbas sofisticadas y estaban experimentando con formas de organización que el pastoreo estaba introduciendo.

Hace unos siete mil años ese mundo que lleva dos milenios de existencia empieza a colapsar en el Sahara. El clima húmedo empieza a dejar paso a uno más seco. Los científicos lo saben por estudios de polvo provenientes del Sahara depositados en el océano Atlántico. El Sáhara se fue transformando de un territorio verde al vasto desierto que hoy conocemos. Grupos pastoriles se vieron obligados a emigrar en busca de nuevos pastos para sus rebaños. Fue un proceso que comenzó en el norte y de una manera relativamente rápida, y a medida que la sequía se extendía se fue expandiendo hacia el sur. Los del norte del Sahara llegaron al Nilo en lo que es hoy Egipto, participando en la creación del Estado faraónico. Los del sur-este llegaron con sus rebaños a lo que es hoy el norte de Sudán 500 años después. Es muy probable que un poco más tarde grupos del sureste del Sáhara con sus rebaños llegaran hasta la frontera del altiplano etíope. Es difícil saber su itinerario, debió haber varios, pero es fácil que alguno de ellos lo circundara y aprovechara el valle del Rift para moverse hacia el sur. Otros grupos pudieron haber seguido el Nilo Blanco hasta lo que es hoy Sudán del Sur. En el Cuerno de África, gracias al arte rupestre tenemos evidencia del paso de estos grupos pastoriles con sus rebaños. En Laga-Hoda, en la cercanía de lo que es hoy la ciudad de Dire Dawa, en Somalilandia, en Laas Geer, cerca de Hargeisa, en Chappe cerca de Dilla en el sur de Etiopía, se han encontrado pinturas y grabados. Las vacas pintadas o grabadas no tienen joroba, diferenciándose de las actuales. Son del mismo tipo de las que hay todavía en el oeste de África y están pintadas en los portales del Sahara. Los arqueólogos creen que los monumentos hallados en el lago Turkana pueden ser producto de estas tempranas olas de migración pastoril. Los grupos que construyeron las sofisticadas tumbas en el lago poseían rebaños de ovejas. El cementerio más importante encontrado, conocido como el Sitio de los Pilares del Norte de Lothagan, está enterrado bajo la arena de una playa al oeste del lago. Aprovecharon 119,5 metros cuadrados de roca en donde cavaron tumbas como hacían en Egipto en una fecha similar, anterior a la primera dinastía. Los arqueólogos han datado el cementerio del lago en 5.300 años y lo han convertido en el monumento masivo más temprano conocido en el este de África. Es la fecha que el Dr. Orlando dice que los burros fueron domesticados en el norte de Kenia.

En las tumbas los arqueólogos han encontrado restos de hombres, mujeres y niños enterrados con adornos: pendientes, colgantes, pulseras, sujetadores de pelo, brazaletes, hechos con piedras de colores, dientes de ratones y cáscaras de huevo de avestruz. En esta tumba colectiva, hay otros cinco lugares en el lago con pilares similares, se enterraron entre 580 y 1.000 fallecidos en un período de 700 años. La tumba de los Pilares del Norte de Lothagan no estaba llena cuando por alguna razón dejaron de usarla. Antes de irse la llenaron con piedras y marcaron el lugar con doce pilares de basalto visibles desde más de un kilómetro. En la tumba los arqueólogos no han encontrado ningún signo de que hubiera habido jerarquías sociales. Un comportamiento diferente de lo que sucede en otras tumbas de grupos pastoriles encontradas en la región del Nilo.

La tumba del lago contrasta con la del rey de Kerma, construida hace unos 4.540 años. Excavaciones recientes han establecido que es la del primer soberano de una alianza de tribus pastoriles que decideron establecerse al sur de Asuan, en lo que es hoy el norte de Sudán y antiguamente era el reino de Nubia, posiblemente imitando lo que unos 500 años antes había sucedido en el norte del Nilo. Lo más significativo de esta tumba es que los cuernos de las vacas de las diferentes tribus pastoriles que hicieron la alianza rodean el cadáver del rey.

También había decenas de cadáveres humanos que fueron enterrados en la tumba, pero no en términos de igualdad; la mayoría eran sirvientes sacrificados para acompañar a su señor en la ultratumba. ¿Por qué mientras en el lago Turkana construían tumbas monumentales para todos, en Kerma lo hacían para la élite? ¿Por qué empezó este culto de los vivos a los muertos? ¿Tuvo que ver con unir y asentar tribus diferentes bajo un solo rey como soberano de un territorio? Es difícil saberlo, pero al contrario de la tribu del lago, ciertos individuos comenzaban a tener un trato diferente a otros. De cualquier manera, la tumba del lago mostraba que puede haber grandes construcciones públicas sin sedentarismo, agricultura y reyes, al contrario de lo que se suponía recientemente. Grupos humanos habían podido organizarse y realizar proyectos públicos por ellos mismos sin reyes o sacerdotes que los organizaran.

Los arqueólogos que han excavado la tumba del lago creen que el cementerio era una fuerza unificadora entre pequeños grupos pastoriles dispersos en el área. El cementerio común sería un medio de recordar a los diferentes grupos que se movían en torno al lago que tenían un mismo origen. Las disputas que surgieran deberían ser resueltas mediante consultas, no con violencia; compartir la tumba era una llamada a la solidaridad entre grupos cuando los pastos retrocedieran o los rebaños mermasen peligrosamente. Las tumbas empezaban a ser una especie de pegamento que cohesionaba a diferentes grupos dispersos. Estaban obligados a entenderse y ayudarse como lo habían hecho sus ancestros. Esta estrategia fue sin duda exitosa porque aseguró su reprodución en las orillas del lago al menos durante mil años. Por alguna razón, posiblemente ecológica, tuvieron que emigrar o desaparecieron. El lago Turkana sigue siendo un territorio pastoril, pero los actuales grupos no descienden de los que construyeron el cementerio. Ninguna tribu actual relaciona los monumentos con sus ancestros. Tuvieron que llegar después en otras olas migratorias.

Durante el viaje desde Marsabit hasta el lago había tenido una conversación con Jonas. Regresaba a su comunidad después de visitar a un familiar. No sé si Mikaela le había avisado de mi presencia, pero acabó invitándome a visitar su comunidad. Jonas era un joven extremadamente delgado y relativamente alto, tenía su pelo tan pegado que parecía que hubiese usado pegamento. Pertencía a la tribu de el-molo como Mikaela. Komote, su comunidad, no estaba lejos de Loyangalani, pero tampoco tan cerca como para poder llegar caminando. El problema era que no había transporte público. Al final pude arreglar el viaje con Benedicto, el dueño del hotel en que me alojaba. Conocía bien el lugar, aunque no había nacido en Loyangalani. Había trabajado durante años en un hotel local hasta abrir el suyo propio. Dice que le gusta el calor y la sequedad y no cree que se vaya a ir a ningún otro sitio. "Mi hija vive en Wisconsin, trabaja como contable en la universidad, la visité una vez en invierno, hacía tanto frío que juré no volver", decía. También se queja de la corrupción, parece que no hay keniata que no lo haga.

Komote está en la costa, al norte de Loyangalani. Esa mañana el color del lago había cambiado. Si el agua está en calma las algas suben a la superficie dándole un color verde turquesa. Parecía un pequeño mar. El agua es salada, por eso los pozos de agua dulce del oasis de Loyangalani son tan apreciados. El único ganado que vimos pastando durante el trayecto era un grupo de burros. Benedicto decía que cuando no llueve grandes rebaños llegan a beber a pesar de la sal. "Mejor una mala que ninguna", decía.

Komote está situada en el extremo de una pequeña bahía. Pudimos llegar en el land rover de Benedicto. Hasta hace poco era prácticamente imposible. La mayor parte del año era una isla. El retroceso del agua ha dejado al aire una lengua de tierra que se ha convertido en camino. Antes llegabas sólo hasta la Misión, donde te subías a las barcas. Los el-molo hace años llegaron a un acuerdo con misioneros cristianos. Los dejaron instalarse en su territorio a cambio de abrir una escuela. Allí fue donde estudió Mikaela. No fueron los únicos. El lago está lleno de misiones. Las hay de todo tipo. Sólo en Lonyangalani había una iglesia adventista, una baptista y una católica. Benedicto decía que importaba poco qué doctrina enseñaban para ganar fieles, lo que era relevante era lo que daban de ayuda.

El-molo es una de las etnias más pequeñas de Kenia, apenas llega a los 600 habitantes. El tamaño de su población no hace atractivo aprender su lengua, hasta el punto de que se encuentra en peligro de extinción. Nadie de afuera tiene interés en aprenderla. Son ellos quienes tienen que aprender inglés o turkana si quieren comunicarse con otros más allá de sus comunidades. Los el-molo tienen una historia similar a los dassanech. Eran pastoralistas que han acabado pescando. Llegaron de Etiopía, aunque su lengua es de origen somalí, posiblemente hace unos 200 años; lo hicieron con sus rebaños. Pero sin suficientes pastos y lluvia para mantenerlos tuvieron que reinventarse a sí mismos.

Cuando llegamos había un grupo de hombres charlando bajo una enramada protegiéndose del sol. No sé de dónde habrían sacado las ramas porque no había una mísera planta allí donde miraras. Sólo veías rocas volcánicas, restos de lava y tierra seca. Un grupo de chozas se distribuía anárquicamente en la base de una pequeña colina resguardándose del viento del lago. Los hombres se quejaban de que les cuesta pescar más que antes y lo peor, que pescaban cada vez peces más pequeños, amenazando su reproducción. Pescaban sobre todo talapia y labeo, un pez autóctono codiciado por su aceite y que es rico en omega 3. Pescaban además carpa del Nilo. Un comerciante venía a buscar el pescado cuando le llamaban. Normalmente cada tres o cuatro semanas, el tiempo que tardaban en llenar las cámaras que tenían. De vez en cuando vendían las carpas a los rusos de Fuerte Banya, que pagaban algo más. Habían puesto a secar varios labeos limpios y abiertos sobre plásticos en el techo de unas chozas. Una mujer vieja reparaba una red sentada en la arena. Dos barcas de fibra con motor estaban un poco aparte sobre la playa. Pescan en la noche. Las tradicionales balsas con tres troncos de palmera unidos con cuerdas confeccionadas con hojas de palma, muy resistentes a las aguas salinas, apenas las usaban.

Jonas salió a recibirnos hasta donde habíamos aparcado. Le acompañaban dos hombres de más edad. Vestían faldas de color rojo a cuadros. Eran más altos y delgados que Jonas. Tenían un cierto aire somalí. No era difícil encontrar conexiones entre diferentes etnias pastoriles del Cuerno de África. Después de las introduciones de rigor nos invitaron a beber té. Una mujer nos lo sirvió a la puerta de una de las chozas.

De vuelta a Loyangalani paramos en un pequeño escarpado de rocas. No eran muy altas y estaban sueltas, desperdigadas. Benedicto quería enseñarme unos grabados que había en una de esas rocas. Había varios camellos estilizados esculpidos, que los arqueólogos han datado en unos dos mil años.

## Cuando todo cae aparte

La salida de Addís Abeba hacia el oeste es caótica. Lo que antes eran pequeños pueblos de campesinos son ahora aglomeraciones de viviendas pegadas unas a otras. Durante kilómetros no sabes si transitas una carretera o una calle. Lo rural y lo urbano se confunden. Hay filas estoicas esperando como si se tratara de una parada urbana, pero también burros que compiten con los vehículos por un sitio en la carretera. Luego, el desorden: camiones parándose en cualquier lugar y taxis colectivos entrando y saliendo de la carretera a su antojo. Tardamos dos horas en salir del marasmo.

En esta carretera que se adentra en Oromia comenzaron las grandes protestas que acabaron con el gobierno de Hailemariam Desalegn. En Guinchi, una pequeña población no lejos de la capital, ocurrió la primera. Los jóvenes cortaron la carretera protestando contra los planes del gobierno local de destruir un campo de fútbol y una reserva forestal para construir viviendas. Lo veían como un negocio ventajoso para algún inversor, no algo que necesitara la comunidad. Hadi, nuestro conductor, contaba que durante tres años, hasta que Abiy Ahmed llegó al poder, no sabías si podrías pasar. "Cortaban la carretera un día y otro. Se sentían abandonados y explotados por el gobierno", decía. Ese día llegamos sin problemas a Nekemte, la capital de Wollega, donde dormimos. Acabé viendo la bandera oroma cuando cerraba los ojos; habían pintado con ella hasta los pilones de la carretera que marcan los kilómetros.

Mekon es de Agaro, un pueblo cerca de Jimma. Vive desde hace diez años en Nekemte reparando vehículos. Es amigo de Hadi y lo hemos llamado para saber qué vamos a encontrarnos al día siguiente. Nos vimos en una concurrida cervecería, a la sombra de un árbol enorme cerca del museo. Nekemte es una ciudad animada por estudiantes universitarios. Mekon tiene una barba blanca bien cuidada y su cabeza afeitada. Habla pausado. Dice que la carretera está abierta, pero la situación no es buena. Hace unos días estaba bloqueada por rebeldes armados y los militares necesitaron varios días para abrirla de nuevo. Según contaba, los militares habían usado helicópteros para destruir un campo de guerrilleros oromos en una zona boscosa de difícil acceso al oeste de Wollega. Los supervivientes del ataque habrían huido y el ejército trataba de acorralarlos. Las noticias no habían sido bien recibidas en Nekemte, donde los rebeldes tienen apoyo y había rumores de que iban a paralizar la ciudad. Para colmo de males, había problemas también en Assosa. Cuatro funcionarios del kilil de Benishangul-Gumuz, entre ellos el gobernador y el jefe de policía de Kamashi, habían sido emboscados y asesinados hacía unas semanas, posiblemente por rebeldes oromos, cuando transitaban por la carretera entre Nekemte y Assosa. El ataque había desatado la violencia entre oromos y gumuzs. En unas semanas 250.000 personas habían huido de sus comunidades por miedo a represalias étnicas en una zona en donde viven juntos cerca de Nekemte. Ahora vivían separados en campos de desplazados. Mekon contaba que los mercados en las comunidades no se reunían, las escuelas estaban medio vacías y los gumuzs estaban rehabilitando a pico y pala una vieja carretera para llegar a Assosa sin tener que pasar por Oromia.

Temprano emprendimos nuestro viaje. Atravesamos una zona en donde campesinos cultivaban teff y mijo, apenas había tráfico, sólo camiones, pero los militares estaban en todas partes. Desde Gimbi hasta Mendi, la última población oroma antes de llegar a Benishangul-Gumuz, había controles a la salida y entrada de cada población que atravesaábamos. Teníamos que salir del coche para que nos lo revisasen. Soldados a pie protegían lugares estratégicos, y patrullas armadas con metralletas magazin recorrían la carretera. Según nos dijeron, rebeldes oromos habían atacado la comandancia militar en Mendi la noche anterior y por la mañana habían robado varios bancos.

Al día siguiente estábamos desayunando bajo un frondoso mangal. Assosa es una pequeña ciudad con un cierto aire tropical. La mayoría de la población es berta, una etnia de origen sudanés que vive de la agricultura, la miel y el comercio. Habíamos quedado en el hotel con un guía local. En Assosa parece que no hay otra manera de prosperar que encontrando oro y queríamos visitar alguna mina artesanal antes de llegar a la gran presa del Renacimiento en el Nilo. El hotel en que nos alojamos, el Hotel Bambu, estaba lleno de militares. Según explicó Gebru, así se llamaba nuestro guía, habían trasladado uno de los comandos del ejército norte a la zona y habían establecido una especie de cuartel de mando en el hotel.

Assosa había sido sede de un pequeño y tardío sultanato que pagaba anualmente impuestos al Imperio en esclavos y oro, como ocurría con el de Jimma. A pesar de que fue anexionado por Menelik II en las postrimerías del siglo XIX (en 1902 oficialmente) todavía en 1920 el sultán fue encarcelado por negarse a cerrar el mercado de esclavos. Gebru nos llevó a conocer a uno de sus descendientes. Había logrado que el gobierno le devolviera el viejo "palacio" del sultán y lo estaba renovando. Era un hombre bien constituido, tenía el pelo rizado y su piel no era tan oscura como la de la población local. Vestía pantalón y camisa de color caqui adornada con cuatro bolsillos, como acostumbran a tener las camisas chinas. Quería convertir el lugar en un pequeño museo y estaba buscando publicidad. El "palacio" era un edificio modesto para lo que uno espera de un sultán; tenía forma redonda y techo como tienen las chozas tradicionales pero había sido construido con ladrillo rojo. En su interior todo lo que había era un puñado de fotos del último sultán colgadas en la pared y unos pocos muebles simlares a los que se supone usaba. Tenían planes de poner más objetos y fotos. Este viejo sultanato ha estado presente en la historia desde muy temprano aunque haya sido como un pie de página. Los productos "éxóticos" africanos que los axumitas comerciaban hace 2.000 años en el Mediterráneo podrían tener aquí uno de sus orígenes; hay incluso quien cree que las misteriosas minas de Ofir, de donde procedía el oro con que el rey Salomón adornó su templo de Jerusalén, podrían estar en la zona. Más tarde, cuando el poder abisinio se fue desplazando hacia el sur, su importancia geopolítica fue creciendo. Los emperadores buscaron atraerlo a su influencia alejándolo de la de Sudán. En este territorio los comerciantes amharas se suministraban de pieles valiosas y esclavos. Las *razzias* están todavía presentes en los juegos de terror de los niños gumuz.

Gebru había emigrado a Assosa desde Gojjam, una provincia amhara. Llevaba años, pero seguía recelando de los locales, como acostumbran en el altiplano a hacer con los shanqila, el nombre despectivo que dan a los descendientes de esclavos o a las personas más oscuras de piel que los abisinios. Nos advirtió que tanto los berta como los gumuz eran extremadamente violentos y había que tener cuidado con ellos, "podían matarte por gusto", decía. Para argumentarlo nos mostró un artículo que acababa de ser publicado en un periódico local con las estadísticas de crímenes en Etiopía. Benishangul-Gumuz estaba a la cabeza. Una vez advertidos del "peligro" salimos en busca de mineros. Tomamos la carretera que va a Sudán, pero nos desviamos después de unos pocos kilómetros hacia el norte en dirección a Sherkole. No habíamos avanzado mucho desde el desvío cuando Gebru mandó parar a Hadi. Había unos mineros que conocía con quienes podíamos hablar.

Dos hombres de complexión delgada charlaban entre ellos cuando llegamos. Los habíamos visto desde la carretera medio ocultos entre matorrales. La tierra de estas zonas bajas es muy salitrosa y no es fácil su cultivo, pero hay abundante rastrojo y árbol bajo. Uno de ellos apoyaba su mano en una polea de madera. Al acercarnos vimos la entrada a uno de esos pozos artesanales por los que se baja a la mina. El pozo rectangular apenas permitía el paso de una persona ligera. A unos metros habían construido una pequeña estructura muy simple cubierta con lonas y hierbas secas; era su "campamento". Vivían allí esperando que un golpe de suerte cambiase su vida. Según decían, bajaban hasta 22 metros para sacar el oro. Debían llevar tiempo en el mismo lugar, en los pozos tapados con maderas que se veían medio ocultos entre el rastrojo. La tierra la subían a pozales con la polea, lavándola con el agua de un pozo cercano. Restos químicos se veían en el suelo. Según contaban, trabajaban todo al día. Lo que más temían eran los derrumbes. Sacaban 250 gramos de oro diarios. Lo consideraban suficiente para seguir excavando mientras esperaban su golpe de suerte.

Según Gebru, la gente de Assosa estaba enferma de la fiebre del oro. Todos creían que iban a tener suerte y hacerse ricos. "Todos acaban excavando. No pueden hacer otra cosa", decía. Las historias de éxito se popularizaban rápidamente. La última era la de un minero de la woreda de Sherkole. Habría sacado seis kilos de oro en un día y al día siguiente otros cuatro. "Se había hecho millonario de la noche a la mañana. Estaba construyendo un edificio en Assosa", decía Gebru.

Antes de viajar a Assosa me había reunido en Lahgar en el centro de Addís Abeba con Juan González, un misionero comboniano que había vivido entre los gumuz durante nueve años. Los gumuz, aunque son minoritarios en Assosa, es la etnia mayoritaria en el Kilil, sobre todo a orillas del Abay, como llaman al Nilo Azul en Etiopía. Juan acababa de llegar de Kamashi, donde había habido enfrentamientos entre oromos y gumuz. "La situación no era buena", decía. Los oromos que habían huido no se atrevían a regresar a sus casas y los gumuz no se atrevían a pisar Oromia; los gumuz necesitan atravesarla para llegar a Assosa. Juan decía que "(los gumuz) cuando viajaban se sentían cada vez más intimidados, discriminados y humillados. Les hacían bajarse de los autobuses, les cobraban de más o les tiraban con desprecio su equipaje al suelo". Confirmó lo que nos había dicho Mekon en Nekemte. Estaban reconstruyendo a pico y pala la vieja carretera. El problema, decía Juan González, es que no hay un puente sobre el río Dabus y hay que pasar en barca y cambiar de autobús haciendo el viaje mucho más largo.

Históricamente lo que es hoy Benishangul-Gumuz era considerado un tapón natural entre Etiopía y Sudán. Lo faciltaba su territorio abrupto, cortado por barrancos y afluentes del Nilo; una zona de bosques difícil de penetrar y explorar. Para Abisinia no tenía otro valor económico que los esclavos y animales salvajes con los que comerciaba. Las *razzias* periódicas eran "justificadas" porque los gumuz serían un pueblo atrasado, salvaje y sin civilización, tenían una religión distinta al cristianismo; una idea que de alguna manera ha sobrevivido hasta hoy. Los gumuz, por su parte, han ido creando poco a poco un fuerte resentimiento contra sus vecinos amharas y oromos por lo sufrido. "El gumuz es muy suceptible por todo ello (su historia) y tiende a reaccionar violentamente ante cualquier ataque y eso es lo que está ocurriendo. Los gumuz están en Benishangul-Gumuz antes de que llegaran oromos y amharas. A pesar de eso tienen que escuchar 'Vosotros sois sudaneses, marcharos a Sudán. Esta tierra es nuestra'", decía Juan González.

Las políticas desarrollistas, como había ocurrido en el valle del Omo, cambiaron la percepción del Estado sobre Benishangul-Gumuz. Dejó de ser un "territorio tapón" proveedor de esclavos, animales y oro para pasar a ser visto como suelo virgen capaz de absorber excedentes de población y satisfacer la demanda de tierra para el agronegocio. Usaban el mismo argumento productivista que ya conocemos: "Hay demasiado territorio para tan poca gente". Hasta que los desarrollistas empezaron a actuar, los gumuz habían vivido cultivando su tierra, cazando y recolectando en el bosque. Juan González contaba que cuando llegó seguían usando el arco como hacían los grupos de cazadores-recolectores, "los niños crecían cazando con él pequeños animales", decía. Cultivaban sin arado. Quemaban bosque, pero respetaban los grandes árboles, rascaban con sus hoces, y sembraban; el sitio era suyo durante dos o tres cosechas hasta que la fertilidad del suelo se agotase; entonces se movían a otro lugar y empezaban un nuevo ciclo. La extensión de los bosques era enorme, facilitando que las parcelas cultivadas se regenerasen. No había problema de tierra hasta el punto de que llegaron a dar 50.000 hectáreas a una empresa de la India y no hubo que relocalizar a nadie. Los gumuz vivían esparcidos en pequeñas comunidades entre los bosques, aislados, a dos o tres horas de camino de la primera carretera, escuela o clínica. Pero en las últimas décadas, con la excusa de que había abundante tierra, todo ha cambiado. El gobierno empezó a concentrarlos en poblados y a disponer de su territorio. El Estado en Etiopía es el propietario de la tierra. Dieron a cada familia entre tres y cinco hectáreas. Un tamaño aceptable. Convirtieron a los gumuz en pequeños propietarios. El resto, cientos de miles de hectáreas, lo entregaron en alquiler a inversores. Los gumuz se encontraron con que no podían trabajar la tierra como lo habían hecho siempre. El cultivo de corta y quema estaba muerto. Para sacar rendimiento a su lote los gumuz tuvieron que recurrir al arado, algo ajeno a su cultura.

El primer conflicto serio eruptó en la woreda especial de Pawe, en Metekel, una zona fronteriza con el kilil Amhara al norte del Nilo. El Derg se propuso desarrollar un inmenso proyecto de regadío aprovechando el agua del lago Tana. Quería relocalizar a cientos de miles de campesinos de Wollo y Harar afectados por la hambruna o la escasez de tierra. Italia financió el proyecto. La empresa de construcción Salini, que ha construido el muro de la Gran Presa Renacimiento, hizo las obras. Decían que era un territorio vacío, pero sacaron a familias gumuz a la fuerza. Muchas de ellas se quedaron a vivir a las orillas del territorio marcado para el proyecto. No perdonaron la evicción y juraron venganza. Su oportunidad vino cuando cayó el Derg en 1991. Guerrillas gumuz habían empezado antes a hostigar a los nuevos colonos. Cuando Mengistu, el líder del Derg, huyó, las guerrillas los expulsaron a la fuerza. Decenas de colonos fueron asesinados y otros huyeron. Apenas ofrecieron resistencia. Estaban desmoralizados. El proyecto no había ido de acuerdo a lo prometido y prefirieron marcharse. Nada había estado bien organizado desde el inicio. Había parcelas con suelos inapropiados y no tuvieron en cuenta la malaria y otras enfermedades infecciosas. A pesar de los malos resultados obtenidos, el régimen de Meles no cambió el rumbo desarrollista. Sin resolver los conflictos anteriores siguió entregando territorio gumuz a nuevos inversores del agronegocio. Esta política alimentó un conflicto que ha estallado violentamente con la llegada de Abiy Ahmed al gobierno. Juan González decía que la situación se ha agravado debido a que los gumuz siguen reacios a usar el arado y han acabado trayendo agaws como rentistas –pagan una renta o reparten la cosecha– para cultivar sus parcelas. "En el año 2003 en todos los poblados gumuz que visité no había un solo agaw; cuando recientemente volví a visitar la zona había hasta 4 o 5 familias en cada una de las comunidades. Lo que ocurre es que sin tierra disponible en sus comunidades los agaw reclaman ahora la tierra que rentan como suya, agravando el conflicto. En Yaso, una comunidad a orillas del Nilo Azul, han pedido a los agaw que se vayan", decía Juan González.

Parecía un proceso similar al que estaban viviendo los konso a cientos de kilómetros al sur: un mundo colapsaba. Los gumuz estaban perdiendo su territorio. En vez de producir para sus necesidades cultivaban sésamo y cacahuete para el mercado, habían pasado de usar el arco al teléfono movil, transitaban de un mundo próximo al neolítico a uno moderno. Todo ello sin tiempo para asimilarlo. En estas condiciones los jóvenes no querían saber nada de la vida tradicional. No les servía para afrontar los nuevos retos que les salían al paso. La tradición era ajena a las nuevas ideas que les enseñaban en las escuelas. Las mujeres empezaban a resistirse a las viejas prácticas que las discriminaban. Los jóvenes se negaban a hacer lo que hacían sus padres. Juan González decía que "La vida que viene del exterior los deslumbra y los viejos están acomplejados, paralizados a la hora de transmitir sus tradiciones porque ni ellos mismos pueden vivir conforme a ellas. Están conociendo lo que Chinua Achebe, el escritor nigeriano, cuenta en su novela *Todo se desmorona,* escrita cuando la vida tradicional de una comunidad africana se desmorona pero sin la reflexión de lo que significa", decía González.

Entre los gumuz, la conciencia de pertenencia es muy fuerte, pero la rapidez de su declive ha dificultado forjar un consenso sobre qué debe sobrevivir de su cultura en las nuevas generaciones. La sensación que tienen es "que nuestro tiempo ha pasado". El mundo que viene es otro y el nuestro no sirve a nuestros hijos. "Los jóvenes no quieren saber nada de la vida tradicional y los viejos piensan que su época ha acabado", decía Juan González. Esta amenaza de aniquilamiento se mezclaba con el desprecio, el abuso y la discriminación que han sufrido históricamente. La amenaza de las *razzias* es sustituida por la amenaza de perder lo que queda de su territorio y su forma de vida. Los gumuz están sometidos a un estrés que no es fácil de manejar en una cultura que prima la ley de la revancha. No ven otra manera de resistir su amenaza existencial que con la violencia contra los que ven como intrusos en su territorio y causantes de su desgracia.

## La disputa por el agua del Nilo

Habíamos arreglado la visita a la Gran Presa del Renacimiento de Etiopía, pero el teléfono no sonaba. Aunque en Addís Abeba nos habían asegurado que no tendríamos problemas, tenían que confirmarla. La presa estaba siendo construida a 140 kilómetros al norte de Assosa, entre los dos últimos hombros de la montaña donde el Nilo Azul acaba su descenso de las tierras altas, a unos 20 kilómetros de la frontera con Sudán. En ese momento faltaba cerrar su sección central, pero miles de campesinos habían sido ya desplazados, abriendo la puerta a su llenado. La presa, una inmensa pared de 170 metros de altura y 1,8 km de largo, estaba diseñada para embalsar 74.000 millones de metros cúbicos de agua en un pantano de 246 kilómetros cuadrados, uno de los más grande de África. En el camino nos habíamos cruzado con varios vehículos de Salini, la empresa italiana que estaba construyendo el muro. Cuando llegamos a Halmo, a mitad de camino, decidimos detenernos a esperar la llamada.

Halmo es el centro de la woreda de Sherkole; allí tienen la sede administrativa, la escuela y el centro de salud. A pesar de ello es un lugar modesto. Los edificios son de una planta, muchos de ellos de barro. Viven sobre todo campesinos que trabajan la tierra. Había un par de casas de té en donde servían ful, un plato de habas muy popular en Sudán. Gebru decía que era territorio berta. "Aquí apenas hay gumuz. Verás que ningún campesino lleva una vara  cargando cosas como acostumbran a hacer los gumuz", decía. Mujeres habían puesto cebollas y refrescos a vender en el suelo bajo la sombra de un gran árbol. Vestían colores alegres y cubrían su cabeza con chales. Delante de la casa de té había dos grandes ollas de barro con agua como las que suele haber en los pueblos sedientos y polvorosos de Sudán.

Hadi, nuestro conductor, había empezado a animarse nada más llegar. Vivía en Addís Abeba pero tenía raíces sudanesas. Era una de las razones de por qué había aceptado venir hasta Assosa a pesar de lo que nos hubiéramos podido encontrar cuando atravesamos Wollega. Esos días el gobierno había empezado una campaña en Addís Abeba para sacar a los niños abandonados de la calle. Se calcula que hay más de 50 mil viviendo a su suerte sólo en la capital. Duermen bajo los puentes, en jardines, en obras, donde pueden. Toman drogas baratas y cometen delitos leves pero sobre todo –por eso querían sacarlos– afean el proyecto de convertir Addís Abeba en una ciudad limpia y ordenada para la clase media como sueña el primer ministro Abiy Ahmed. La pobreza hay que esconderla tanto como se pueda. Haidi contaba que en Jartum hicieron lo mismo cuando empezó el *boom* del petróleo y una clase media floreció. "Los llevaron a campos pensando organizar milicias para reprimir protestas. La disciplina de los orfanatos los convertiría en soldados obedientes. El gobierno sabía que sin raíces y educados para ser sumisos acatarían sin emociones cualquier orden para golpear o disparar a la gente. Muchos de ellos están en la guerra de Yemen contratados por un salario por los saudíes", decía Hadi. Estaba contando la historia cuando sonó el teléfono. Malas noticias. El gobierno, ese mismo día, por motivos de seguridad había suspendido hasta nuevo aviso las visitas a la presa. Incluso había cerrado el espacio aéreo. Las negociaciones con Egipto y Sudán habían empeorado. Etiopía acababa de anunciar que en el inicio de la época de lluvias, quisieran o no sudaneses y egipcios, iban a empezar a llenar la presa. Gebru parecía el más afectado de todos. Se había hecho la ilusión de visitarla, pero al mismo tiempo estaba eufórico por el anuncio de que iban a cerrar la presa al cabo de unas semanas. Según lo que contaba en los últimos diez años había dado tres veces su salario mensual para financiar su construcción. Solía participar como voluntario en las mesas que periódicamente se instalaban en las calles para vender bonos o recoger donaciones. Aunque no le gustaba Meles Zenawi, le daba crédito por convertirla en un símbolo de lo que Etiopía era capaz de hacer. Los 4.800 millónes de dólares que había costado construir el muro lo habían pagado los propios etíopes con su esfuerzo. No se iban a echar atrás ahora por amenazas. La presa, diseñada para producir electricidad, no para irrigación, era la más grande de África en su género. Si todo salía como lo planeado, en dos o tres años más de 16 turbinas producirían 6.450 megavatios de electricidad, una cantidad suficiente para impulsar la industrialización de Etiopía, el gran proyecto del país. Las turbinas financiadas por China (1.200 millones de dólares) estaban siendo construidas en Shanghái por una empresa chino-alemana. Era una hazaña nacional de la que Gebru se sentía orgulloso; la comparaba con la batalla de Adua donde Etiopía había derrotado a los italianos, no importaba que irónicamente una empresa italiana estuviese construyendo la presa más de cien años después.

Gebru echaba la culpa de la crisis a los egipcios. "Egipto se cree el único país con derecho al agua del Nilo. Siempre nos ha considerado un país menor. Nos trata como si fuesemos su colonia. Pero ahora va a tener que tratarnos como a un igual", decía. Para Gebru la disputa no era un problema técnico de cómo regular y usar el caudal; se trataba de un problema histórico-político. "Egipto debía dejar de actuar como si fuera el único país con derecho al agua del Nilo. Por eso amenazan con destruir la presa desde que empezó a construirse", añadía.

En Etiopía la historia parece arrastrar los conflictos en vez de quitárselos de encima. La lucha por el control del Nilo había sido central en la región desde que surgió una civilización agrícola en el valle. Lo nuevo era que por primera vez la ingeniería permitía hacer realidad el miedo de los faraones. El agua podía ser desvíada de su cauce poniendo en peligro su existencia.

Los faraones tenían que ser muy sensibles a los cambios climáticos. Su propia civilización había tenido en parte su origen en la desertización del Sahara a causa de la falta de lluvias. Se supone que grupos pastoriles llegaron con sus rebaños al delta del Nilo en busca de nuevos pastos y decidieron establecerse en sus orillas, compartiéndolas con poblaciones asentadas que cultivaban, pescaban y recolectaban. Estos grupos llegaron a establecer un Estado poderoso y una organización social dependiente del agua del río. Burócratas en templos estudiaron su comportamiento. Construyeron canales. Usaron las crecidas para la irrigación y el retiro del agua para sembrar, aprovechando los sedimentos, mientras guerreros imponían sobre el territorio la soberanía de los faraones y sus dinastías durante milenios. Los escribanos llegaron a predecir un patrón de sequía y de inundaciones estacionales, normalmente cada siete años, permitiendo la estabilidad de las dinastías. Muchos siglos después, no era la naturaleza la que podía ocasionar hambrunas y revueltas políticas, el peligro residía en un Estado aguas arriba que podía controlar las fuentes del río, amenazando con desviar su flujo, poniendo la seguridad del moderno "Faraón" en peligro.

A pesar del cambio climático, los meteorólogos no prevén que haya escasez de agua en el Nilo en un futuro próximo. Puede haber sequía en las zonas bajas del Cuerno de África, pero no en las altas. Las lluvias producidas por los monzones que alimentan al Nilo durante casi seis meses no van a retroceder a largo plazo. Los altos de Etiopía seguirán como uno de los lugares con más agua dulce de África. Lo que puede ocurrir es que el aumento de las temperaturas evapore más agua, reduciendo un caudal cada vez más presionado por el aumento de la población; tanto Egipto como Etiopía sobrepasan ya los 100 millones de habitantes.

Los faraones, conscientes de la amenaza política a la que se enfrentaban, estuvieron interesados en conocer el lugar de las fuentes del Nilo. No queda constancia de que llegaran a saberlo. Griegos y romanos mostraron después su interés llegando a organizar expediciones siguiendo el cauce del río. El asunto quedó olvidado, al menos en Europa, hasta que los portugueses llegaron a Etiopía. Pedro Páez, uno de los jesuitas que vivió en Gondar, descubrió en el año 1618 las fuentes del Nilo Azul en las cercanías del lago Tana. Tuvo que estar motivado más por una curiosidad humanística (geográfica) que por una intención geopolítica. El interés portugués en Etiopía no estaba en el Nilo, ni en Egipto. Era asegurar la navegación de sus naves en el Mar Rojo y el Océano Índico. Los turcos habían empezado a amenazar sus rutas comerciales entre Europa y sus colonias asiáticas y del este de África. España tenía menos interés porque llegaba a Filipinas y al mercado asiático no por el Océano Índico sino por el Océano Pacífico desde México. De cualquier manera fue una brillante aportación a la geografía sabiendo que el explorador británico James Bruce tardó 12 años en reencontrarlas a finales del siglo XVIII.

Las fuentes del Nilo Blanco tardaron más en poder ser localizadas aunque era un enigma mayor para el mundo geógrafico que las del Azul. Se sabía que estaban en la zona de los grandes lagos pero se desconocía el lugar. Las encontró John Speke en el lago Victoria en 1858. Las fuentes están en el suelo profundo del lago, donde el Nilo empieza su camino al Mediterráneo. Sólo son visibles burbujas que aparecen en la superficie. Había un creciente interés en Europa por África. Eran los tiempos de las expediciones de aventureros, geógrafos, misioneros y espías en busca de los secretos del continente africano. Levingstone había recorrido el río Zambese, el gran río del sur. Es verdad que la Sociedad Real Geográfica de Londres, una organización asociada con el gobierno inglés, ayudó a la expedición, pero a mediados del siglo XIX ningún poder económico o político europeo estaba en condiciones de organizar por sí solo una expedición a la zona. Hacia 1850 mercaderes egipcios, árabes o indios eran mucho más activos y presentes en el este de África que los europeos. Dos estados musulmanes, Egipto y Zanzíbar, habían empezado a expandirse buscando oportunidades comerciales. Mehmet Alí, quien instaruró a principios del siglo XIX la última dinastía que gobernó Egipto, se propuso modernizar el país y expandir su influencia.

Egipto era en la segunda mitad del siglo XIX quien controlaba el Imperio otomano, incluidos sus puertos en el Mar Rojo. Organizó múltiples expediciones aguas arriba del Nilo para asegurar un caudal que consideraba vital. Egipto conquistó Sudán asegurándose su control e invadió Etiopía desde el Mar Rojo con menor éxito. De hecho, los europeos sacaron su conocimiento de la zona de informes y mapas hechos por comerciantes africanos, muchos de ellos egipcios. La expedición de 1857 en la que participaron Richard F. Burton y John Speke, dos militares británicos destinados en la India y experimentados aventureros, fue en realidad una expedición financiada por el sultán de Zanzíbar, que empezaba a tener interés en los textiles y las armas europeas. El sultán fue incapaz de ver lo que se le venía encima abriendo la puerta a los británicos. Londres convirtió en 1890 al sultanato de Zanzíbar en un protectorado; cuatro años más tarde haría lo mismo con el Reino de Buganda (Uganda). El jefe de la expedición que descubrió las fuentes era un nacional de la India, la bandera de Zanzíbar iba al frente. Burton y Speke eran el componente exótico de la misma. Los blancos ingleses acabaron reconstruyendo en su propio interés la historia de la expedición. Lo hicieron de una manera eurocéntrica. Las rutas que siguió y las estaciones donde se abasteció eran de comerciantes árabes o indios. Es conocido que después de llegar al lago Tanganika, Speke siguió sin Burton, enfermo, hasta el lago Victoria en lo que es hoy Uganda, donde "encontró" las fuentes del Nilo.

El gobierno británico no mostró interés geopolítico en el hallazgo hasta treinta años después, cuando en 1882 convirtió a Egipto en su protectorado. Lo hizo para asegurarse el dominio del Canal de Suez, una vía inagurada en 1869 que había llegado a ser vital para sus intereses. A sus ojos la seguridad de Egipto era necesaria para asegurar las rutas a la India. Londres sacaba además un beneficio extra del control del Nilo, el algodón para sus empresas textiles que se cultivaba en sus orillas. La conquista del gran valle del Nilo durante la década de 1890 fue la respuesta a esta necesidad estratégica de controlar el canal. Hacia 1898 Gran Bretaña dominaba el lago Victoria y había conquistado Sudán poniendo el Nilo Blanco bajo su gobierno. No ocurría lo mismo con el Nilo Azul. Londres, después de controlar Jartum, en donde el Nilo Blanco y Azul se juntan, tenía que saber que el Nilo Azul era mucho más importante para Egipto que el Nilo Blanco, aportaba al menos entre el 80 y 85% del caudal del agua que le llegaba.

Al contrario que con Sudán, el gobierno británico usó con Etiopía la diplomacia. El Emperador Menelik II acababa de derrotar a Italia en Adua asegurando su soberanía; había negociado con Francia la construcción de un ferrocarril que comunicaría Addís Abeba con el Mar Rojo; y estaba expandiendo militarmente el Imperio hacia el sur. La ocupación de Etiopía sería muy costosa financieramente, como había mostrado décadas antes, en 1862, la liberación de los misioneros europeos y diplomáticos británicos en manos del emperador Teodros, quien quería cambiarlos por armas modernas. De cualquier manera, la invasión no era tan necesaria debido a que no había entonces tecnología capaz de construir un muro que resistiese la fuerza del agua durante la época de lluvias. En 1902 Menelik y los británicos llegaron a un acuerdo en el que Etiopía daba a Gran Bretaña el control de toda la cuenca del Nilo. Etiopía se comprometía a no desviar agua del Nilo Azul sin la autorización de las autoridades británicas en El Cairo. En concreto. se prohibía a Etiopía cualquier trabajo hídrico en el Nilo Azul, el lago Tana o el río Sobat, un afluente del Nilo, sin una autorización del gobierno colonial de Londres en Sudán.

Al de 1902 siguieron los tratados coloniales de 1929 y 1959, impuestos por Gran Bretaña, quien seguía ejerciendo el poder en la región. Sudán se independizó en 1956, el mismo año que Nasser nacionalizó el Canal de Suez. Estos tratados reconocen el derecho histórico, casi natural, de Egipto al agua del Nilo; seguían dándole poder a Egipto para vetar cualquier construcción hidraúlica a lo largo del río o sus afluentes. Establece también la cantidad de agua a que tiene derecho cada Estado, favoreciendo a Egipto frente a Sudán, pero sin nombrar a Etiopía. Hubo planes para hacer a Egipto menos dependiente de Etiopía, pero nunca se llevaron a cabo.

Ingenieros soviéticos propusieron en los años sesenta del siglo pasado canalizar el Nilo Blanco (canal Jonglei) en lo que es hoy Sudán del Sur, donde el río se divide en múltiples ramas formando canales, lagunas y pantanos de gran extensión, 320 kilómetros de ancho por 400 kilómetros de largo, pero de poca profundidad. Los ingenieros querían concentrar el agua para reducir su evaporación. Se calcula que es la causa de la pérdida de la mitad de su caudal a su paso por Sudán del Sur, pero por diferentes motivos, el útimo la guerra civil, la idea no prosperó y posiblemente se evitó otra catástrofe ecológica.

En Etiopía la idea de controlar al Nilo había flotado en el ambiente desde hacía más de un siglo. Haile Selassie, siendo emperador, había llegado a discutir el tema con los ingleses. Estos, para rebajar la tensión –consideraban a Selassie un aliado– habían autorizado la construción de una presa modesta a la salida del lago Tana aprovechando las cataratas Tissisat, pero los trabajos no se iniciaron hasta la década de 1960. Después la inestabilidad que creó la revolución de 1974 atrasó cualquier proyecto más ambicioso. Hubo que esperar hasta el año 2011 para que Etiopía estuviera en condiciones de usar el agua del Nilo Azul en su propio provecho. El régimen federal instarurado a la caída del Derg se había consolidado y Meles Zenawi había decidido emprender el camino de la industrialización; necesitaba una gran presa para producir electricidad. Era también un asunto político. El desarrollo mantendría unida a Etiopía en una república federal basada en la etnia. La electricidad pondría las bases para convertir en una generación a un país de campesinos que exporta café, flores y sésamo, en uno industrializado de ingreso medio. Meles quería seguir los mismos pasos recorridos por el este de Asia de convertir en un puñado de años a pobres sociedades agrarias en prósperos países industrializados.

A comienzos del siglo XXI, un siglo después del primer tratado sobre el uso del agua del Nilo, Etiopía estaba en condiciones de construir una gran presa dinamitando la estructura de poder que el colonialismo inglés había diseñado. La estabilidad política durante dos décadas, la relativa debilidad del colonialismo y los avances tecnológicos en la ingeniería civil habían confluido cambiando la relación de poder existente. Mientras que Etiopía veía la presa como la esperanza de una nación unida e industrializada, Egipto seguía viéndola como una amenaza a su propia existencia. Veía alarmado cómo avanzaba la construcción de un muro que podía llegar a controlar las fuentes del Nilo, el temor de los faraones. El viejo poder se derrumbaba, pero lo nuevo estaba naciendo con dificultad.

Egipto, Sudán y Etiopía no lograban ponerse de acuerdo a pesar de que estaban obligados a entenderse. En febrero del 2022, Etiopía empezó a producir elecricidad por primera vez. Tres de sus turbinas habían sido instaladas.

## ¿Sobrevivirá el pastoralismo en el Cuerno de África?

Semera, la nueva capital de Afar, se había convertido en nuestro centro de operaciones. No era por su encanto, pero tenía un par de aceptables hoteles y estaba bien comunicada. Los días que estuvimos coincidíamos en el desayuno con Luigi, un italiano que vivía en el hotel desde hacía más de un año. Acabamos haciéndonos amigos. Trabajaba en la cooperación alemana buscando a quién financiar proyectos rentables y sostenibles. Los europeos buscan ahora "empresarios" en África como antes buscaban "almas" para cristianizar. Había vivido antes en otras provincias pero, según decía, en ninguna había visto la pobreza que veía en Afar. No sólo porque los pastoralistas no tenían apenas propiedades, un estorbo para moverse, sino porque estaban llegando a una situación en la que no tenían qué comer. Lo explicaba porque cada vez llueve menos y los años de sequía son más seguidos. "Ahora (las sequías) son cada dos años en vez de los siete que eran antes. Los rebaños se reducen. La gente depende cada vez más y en mayores números de ayuda huminataria para poder comer. Tienen que bombear agua en pozos a 600 metros de profundidad y lo peor es que no puede ser reemplazada", decía.

Más que la pobreza, que yo veía más llamativa en Addís Abeba por su contraste, me había llamado la atención ver cómo eran capaces de vivir en un paisaje tan desolador. Me preguntaba cómo podían habitar un territorio tan seco, de tierra baldía, de rocas de lava petrificada, sin apenas lluvia, con una vegetación tan precaria, a temperaturas en el límite de lo posible para un humano y hacerlo de una manera persistente. Existe evidencia de que esta larga franja de territorio situada entre el Mar Rojo y las primeras montañas del altiplano al este de Etiopía ha estado habitada desde hace miles de años. Paleontólogos han encontrado, en la cueva de Porc-Epic en Dire Dawa, evidencias de estar poblada por grupos de cazadores-recolectores desde muy temprano, aunque no están seguros desde cuándo. Después, grupos pastoriles llegaron desde el norte hace aproximadamente 5.000 años. Se sabe porque dibujaron vacas en portales. Desde entonces hay constancia de su existencia. En el siglo II a.C. Agatharchides de Cnidus, un viajero egipcio, describe en su libro *En el mar de Eritrea* a los afareños (los llama trogloditas de la región de la costa) como pastores de ovejas. "Beben sangre mezclada con leche, miel y agua y se hacen la circuncisión como los egipcios". Herodoto, el historiador y geógrafo griego, habla también posiblemente del lugar, pero da otros nombres a sus habitantes. Los egipcios hablan del Punt que, ahora se sabe, era la costa de Eritrea, Yibuti y Somalilandia. Los árabes y abisinios conocen a los afares con el nombre de Danakil, que también dan a la depresión que forma el territorio. La primera vez que se tiene constancia escrita por un europeo de la existencia de Afar fue en el siglo XIII en la pluma de Ibn Sa'id, un geógrafo e historiador de Granada.

Los primeros grupos pastoriles llegaron con sus vacas en busca de pastos. Se conocen sus pasos porque a medida que se movían hacia el sur iban dejando pinturas y grabados en portales. Se encuentran paneles de estos grupos en Eritrea, en Somalia, en el sur de Etiopía y en el lago Turkana, en el norte de Kenia. En las pinturas las vacas no tienen joroba, a diferencia de las actuales, más adaptadas a condiciones ambientales más secas. Eran especies como las que hay todavía en algunos lugares del oeste de África, especies que se adaptan mal a zonas con poca lluvia. Hace miles de años el ecosistema tenía que ser más benigno para pastos que lo que es ahora. Los actuales grupos pastoriles tienen camellos, cabras y ovejas. ¿Llegaron estos últimos grupos por el Mar Rojo y sustituyeron a los que había antes? o ¿por razones ecológicas grupos anteriores fueron sustituyendo las vacas por camellos, cabras y ovejas?

Los antropólogos dicen que el pastoralismo es una forma de vida con su propia cultura y manera de organizarse. No es asimilable a sociedades campesinas asentadas que deciden extender su actividad agrícola explotando ganado, o viceversa, como quiere hacer ahora el gobierno con los pastoralistas. Es algo diferente al agropastoralismo. Son grupos humanos que viven moviéndose de un lugar a otro dentro de un territorio con sus animales domesticados. Pueden moverse hasta 200 kilómetros en busca de agua o pastos. Estos grupos han sabido interrelacionar éxitosamente ecología, rebaños y gente. Han encontrado mecanismos culturales para ayudarse unos a otros a sostener sus rebaños en sequías cíclicas. Su identidad no la da el territorio, un lugar que cambia, la da el clan al que se pertenece. El clan es un grupo definido por la descendencia común de un mismo ancestro; es en el clan donde encuentran ayuda cuando la necesitan. Es por eso que la genealogía es tan importante. En estas sociedades son los viejos reunidos en consejos quienes resuelven los conflictos; cuando ocurren robos, asesinatos o adulterios se suelen pagar compensaciones, aunque también hay castigos corporales. Pueden vivir organizados sin Estado, como habíamos visto en el Valle del Omo. No necesitan al Leviatán. Es una forma de vida que requiere un territorio extenso. Afar tiene más de mil kilómetros de norte a sur, desde la península de Buri en Eritrea hasta Yibuti; y unos pocos cientos desde el Mar Rojo hasta donde empieza el altiplano del Cuerno de África. Territorio poco poblado, Afar tiene el 10% del territorio etíope, pero el 2% de su población; los recursos también son escasos. Los pocos viajeros que se adentraron en Danakil en las primeras décadas del siglo XX hablan de que los hombres llevaban rifles o lanzas en vez de varas, a diferencia de las zonas altas, un signo de que los clanes se disputaban pozos y pastos con frecuencia, como siguen haciendo hoy.

Tradicionalmente, como sucedía en otras tribus pastoriles, para los afares matar a alguien no era en sí mismo algo reprobable, se consideraba algo necesario. Formaba parte de los ritos de iniciación masculina. Wilfred Thesiger, el viajero inglés que visitó Afar en 1930, cuenta en su libro *Danakil Diary* que los hombres tenían prohibido vestir un mantón colorido, o adornar su cabeza con una pluma o decorar su cuchillo curvo con plata o latón, hasta matar a alguien; sin esos adornos no les era fácil encontrar una valiosa esposa, aunque pudieran pagar su precio. Existía la leyenda de que un europeo siempre era una oportunidad para mostrar la valentía y pocos viajeros se expusieron a ello. Los afares llegaron a tener fama de no conocer el miedo, de ser audaces, traidores y sedientos de sangre. Puede ser una fantasía orientalista de Wilfred Thesiger. Sea como fuese, la región se mantuvo semioculta, proyectando un halo misterioso, poco se sabía en Occidente de ella hasta bien entrado el siglo XX. El primer europeo que publicó un libro sobre Afar, *Desierto y bosque*, fue un ingeniero de minas italiano, Ludovico Nesbitt, que en 1928 atravesó la depresión de Danakil de norte a sur y llegó a entrevistarse en Asaita con el sultán de Aussa.

Wilfred Thesiger describe Afar en su libro como un territorio controlado sólo sobre el papel por Etiopía, Italia y Francia. El Emperador gobernaba cooptando líderes locales que decidían sobre asuntos de sus comunidades. Si se oponían a su dominio los mandaba eliminar. El territorio estaba en manos de clanes que se movían como querían. Hubo un sultanato, el sultanato de Aussa, que controlaba el medio y bajo Awash. Menelik II lo conquistó a finales del siglo XIX pero, como había hecho con otros sultanatos, una vez sometido lo incorporó como tal al imperio. Solo tras la caída del emperador Hailee Selassie en 1974 dejó de existir formalmente. Pagaba 2.000 litros de grasa animal anual como impuesto. El interés de Menelik hacia el sultanato de Aussa era asegurar la ruta comercial a los puertos del Mar Rojo. Francia, que tenía interés en el Cuerno de África, se había anexionado un área al sur de Afar y norte de Somalia y estaba construyendo un puerto en lo que es hoy Yibuti. Según lo que cuenta Thesiger, los soldados franceses encontraron tanta resistencia que no se atrevían a salir de sus fuertes. Si se alejaban más de la cuenta los afares los atacaban. Una vez muertos solían cortarles el pene y arrancaban los testículos del escroto. Los soldados estaban aterrorizados.

Existía la leyenda de que, después de ofrecérselos a sus mujeres, para dejar costancia de su hazaña se los ponían secos como perlas de un collar. John Markakis cuenta en uno de sus libros que todavía en 1965 hubo una reunión en Addís Abeba entre issa somalíes y clanes afares en donde se acordó prohibir a sus guerreros adornarse con los órganos sexuales de sus enemigos.

El coste de una ocupación cabal era demasiado cara en términos de dinero y de vidas de soldados. El resultado fue un territorio poco colonizado que mantenía una cultura sincrética tribal y musulmana. Thesiger ve un pueblo más igualitario y menos jerárquico que los amharas del altiplano. Escribe que los afares mantenían muchas costumbres ancestrales que todavía regulaban su vida social. Cuenta que creían que podían obtener poderes especiales en ceremonias; que acostumbraban a bailar en círculo cantando y aplaudiendo hasta que hombres o mujeres ordinarios conocidos como jenile entraban en trance y recitaban oráculos; que hombres poderosos conocidos como hangadaala creían poder traer la lluvia. Todo ello a pesar de ser formalmente musulmanes.

Este mundo tan extraño y extraordinario, mucho de él oculto a los europeos, empieza a desvanecerse cuando Halie Selassie decide "modernizar" Etiopía con la ayuda de inversionistas extranjeros. En 1944 mandó un destacamento militar a Asaita con la misión de detener al sultán Dada Mohammed Yayoy y traerlo preso a Addís Abeba. Lo acusaba de haber colaborado con los italiamos. Nombró en su lugar a un sobrino del sultán Ali Mirah, acabando con la escasa autonomía que le quedaba a Afar. El Sultán de Aussa fue añadido a una corte de exotismo que tanto cautivaba a las revistas del corazón europeas, pero poco más. Haile Sellassie empezaba a descubrir el valor económico de las zonas bajas del Imperio, ignoradas hasta entonces por su "primitivismo". Inversores del agronegocio empezaron a llegar al valle del Awash aprovechando la línea del ferrocarril Yibuti-Addís Abeba, que había sido construida por los franceses a principios del siglo XX. La carretera a Yibuti que sigue el valle del río Awash solo empezó a construirse en 1970. El sultán Ali Mira se convirtió en agente económico del Emperador. Los primeros que llegaron fueron holandeses colonialistas. Expulsados de Indonesia tras la independencia, establecieron en el Awash sus ingenios azucareros sacados del país asiático. Después llegaron británicos con plantaciones de algodón. El Derg, el régimen instaurado tras la revolución que derribó al Emperador en 1974, estatalizó las plantaciones extranjeras de los amigos del Haile Selassie, pero no cuestionó su proyecto económico. El marxismo-leninismo cosideraba el pastoralismo un modo de producción atrasado que debía dar paso a otro "superior". El pastoralismo siguió siendo víctima de un modelo estatalista que ignoraba los intereses de los pastoralistas al tiempo que extraía la mayor riqueza posible de su territorio. Grandes áreas de fértil pasto se destrozaron para plantar algodón y caña. Miles de pastoralistas fueron desplazados, aumentando los conflictos entre afares, somalíes issa y oromos por el territorio. No fueron pastoralistas quienes trabajaron en los ingenios: les interesaban sus rebaños, no un sistema económico "superior". Fueron trabajadores llegados de las zonas altas. La inversión en las plantaciones no ayudó en nada a sacar de la pobreza a los pastoralistas afares, al contrario, sufrieron un retroceso.

## En Afar la sequía es cada vez más frecuente

Luigi, el cooperante italiano, nos invitó un día a acompañarle a una reunión que tenía en la oficina del gobernador Seyoum Awel, donde se iba a discutir acerca de los nuevos asentamientos promovidos por el gobierno. Tuvimos que esperar porque Abiy Ahmed acababa de ser nombrado primer ministro y estaba hablando en el parlamento. Todos estaban pegados al televisor. Había una gran expectación. El país llevaba tres años en tumulto y rebelión, y la gente estaba poniendo todas las esperanzas en ese líder oromo para que los sacara del atolladero. Con cualquiera que hablaras esos días sólo escuchabas alabanzas de él. Los taxis en Addís Abeba se llenaron con sus retratos. Estaban seguros de que "las cosas iban a ir a mejor".

La oficina del gobernador estaba en un edificio que había sido construido hacía sólo un par de años, pero se estaba deteriorando rápidamente. Ese día había habido viento y el cielo tenía un color amarillento. El polvo y la arena debían haberse infiltrado dándole un aspecto de dejadez. Funcionarios con papeles bajaban y subían las escaleras. En la entrada había un panel con los gastos e ingresos del Kilil del último año. Estaba escrito en amhariña con su propio alfabeto y en lengua afar escrita en alfabeto latino. Todavía estaba en la oficina del gobernador el retrato de Hailemariam Desalegn, el anterior primer ministro. El gobernador apenas se quedó unos minutos. Nos saludó y se fue. Uno de sus ayudantes, Gifta Maccmá, un hombre joven, que presidía la reunión, reafirmaba el compromiso del gobierno con el desarrollo pero sin mostrar simpatía por el pastoralismo. "En ese momento no hay familia pastoril en Afar que no esté recibiendo algún tipo de ayuda humanitaria, su economía no es sostenible", decía. Esperaba que la Universidad, había una en Semera con estudiantes de toda Etiopía, diera pronto sus frutos y crecieran iniciativas económicas sustentables, pero ahora mismo la sequía hacía la situación y el futuro muy difíciles. Apelaba a la resiliencia de los pastoralistas para reinventarse de manera diferente.

El mundo pastoril en Afar conoce desde siempre las sequías, pero gracias a la ayuda mutua que supo instaurar había salido adelante. Las sequías son tan importantes que el tiempo pasado lo recuerdan nombrándolas. A la de 1889-1992 –una de las más terribles que se recuerda, puede que un tercio de la población de Etiopía falleciese a consecuencia del hambre– la llamaron *El corral de la vaca se vació*; la de 1928-1933. *Tanta gente murió que fueron enterrados sin el Corán*; la de la década de 1940, *En las zonas altas la gente cambió un buey por una comida*; en los cincuenta, *Un tiempo cuando ya no quedaba sangre*; a la sequía de mediados de los setenta que tanto impacto político tuvo, hasta el punto de que se convirtió en un elemento de la caída de Haile Selassie, la llamaron *La gente desapareció en el azul*; la de mediados de los ochenta en tiempos del Derg, *La gente deambulaba en busca de comida*. Pero lo que está ocurriendo ahora es peor porque las sequías no ocurren en ciclos de siete años sino cada dos y no hay tiempo para recuperar los rebaños. No mueren en las cantidades anteriores, porque hay una ayuda humanitaria organizada internacionalmente, pero los rebaños se están reduciendo de tal manera que existe una amenza a la forma de vida pastoralista.

Según contaba Gifta Maccmá, el gobierno había optado por concentrar a los grupos pastoriles en nuevos asentamientos. El agua de los pozos era cada vez más difícil de encontrar, lo que obligaba a vivir en zonas cada vez más alejadas y aisladas. Sin caminos, la asistencia humanitaria requería un día o más para llegar y muchas veces llegaba tarde. "Ocho de cada diez afares viven en comunidades dispersas en un inmenso territorio haciendo imposible dar comida y acceso a escuelas y centros de salud; además, la dipersión dificulta la entrega de servicios móviles. Las riadas se estan convirtiendo en catástrofes cada vez más difíciles de socorrer", decía. Asentados, el gobierno se encargaría de traer agua suficiente en caso de que los pozos se agotasen; además les darían tierras para cultivar compensando con la agricultura la reducción de sus rebaños. Los jóvenes podrían recibir educación y competir con los que llegan del altiplano en busca de empleos en las ciudades.

Yo lo entendía como una estrategia para salvar a las familias pastoriles, pero no al pastoralismo. A mi juicio, la política de asentamientos era dar la estocada final a una ancestral forma de vida. Los pastoralistas necesitan moverse de un sitio a otro, es su cultura; además tienen rebaños para producir la leche que consumen, pagar el precio de sus mujeres y elaborar la grasa que necesitan para sus fiestas y ritos; no para hacer negocios en el mercado. ¿Se podrían construir balsas dispersas en lugares proclives? ¿Almacenes donde guardar alimento para el ganado para cuando los pastos se secaran? ¿Criar ganado más resiliente? ¿Traer más veterinarios y medicinas para los rebaños?

Las plantaciones en el valle del Awash, que se habían expandido bajo el régimen del Derg, habían fracasado, pero a pesar de ello el régimen de Meles Zenawi había seguido haciendo lo mismo. Empezaron un nuevo proyecto en el medio y bajo Awash, esta vez de la mano de compañías de la India para producir caña de azúcar. Una plantación de 70.000 hectáreas que daría empleo a 50.000 trabajadores y produciría 600.000 toneladas de azúcar para la exportación. El proyecto había incorporado a las viejas granjas estatales del Derg donde se cultivaba algodón, tierras cultivadas por agricultores asentados en las orillas del Awash alrededor de Asaita y Mille, y tierras de pasto arrebatadas a los pastoralistas. La presa construida en Tendaho en el río Awash, cerca de Loyiga, abastecería de agua a las plantaciones. Los problemas empezaron pronto con la evaporación y la salinización del agua. El proyecto ha acabado convirtiéndose en un elefante blanco. Produce mucho menos azúcar y ha creado muchos menos empleos de lo planeado. En Asaita, una completa urbanización construida para viviendas de trabajadores de los ingenios está prácticamente vacía, era deprimente verla, y un nuevo hospital enorme estaba completamente abandonado. Los costes ecológicos en el bajo Awash han sido también considerables. El río Awash, como ocurre con el río Omo, no llega al mar. Tiene su paso bloqueado por el escarpado del Goumarri y el volcán Demat Ali y va desangrándose en los lagos de Gamaro y Afambo para morir en el Abbe, en la frontera con Yibuti. Es la cuenca más degradada ambientalmente de Etiopía. Los ecologistas dicen que cada vez llega menos agua y más contaminada de pesticidas.

Los pastoralistas se opusieron al proyecto azucarero desde el principio. En vez de construir pozos, embalses y corredores para sus rebaños, veían cómo construían viviendas para oromos o somalíes que venían a trabajar en lo que antes habían sido sus pastos. Por lo que contó Gifta Maccmá, los pastoralistas también se resistían a la política de asentamientos. Los pastoralistas saben que este tipo de desarrollo está amenazando su forma de vida tanto como lo hacen las sequías continuas traídas por el cambio climático. A pesar de la resistencia era difícil ver un futuro para una forma de vida que se ha mantenido en África desde hace diez mil años.

La animación estaba en Loyiga, una ciudad en la carretera a seis kilómetros de Semera. Solíamos cenar en un restaurante de nombre Ardi. Su propietario había puesto el nombre en honor de un homínido encontrado cerca de donde lo fue Lucy, pero Ardi había vivido un millón de años antes. El restaurante solía estar lleno de camioneros. Habíamos quedado esa noche con Hussein para discutir la visita al día siguiente a Asaita, la vieja capital del sultanato. Hussein era un hombre joven. Vestía pantalón y una camisa. Llamaban la atención sus ojos intermitentes de color café, sus pestañas grandes y su pelo negro, grueso y rizado. Trabajaba en una organización humanitaria y lo habíamos conocido a través de Luigi.

Hablamos de los camioneros. Hacía unos días habían detenido a uno transportando armas ilegales. Parece que el contrabando es un negocio habitual en la zona. Los pastoralistas no hacen caso de las fronteras y se mueven con sus rebaños a través de ellas sin pasaporte, visa o permiso de aduanas. Hussein decía que hay un conflicto entre clanes por el control de las rutas, pero los issa somalíes dominaban el negocio.

"Los issa tienen fácil acceso al puerto de Yibuti o de Barbera en Somalilandia, desde donde entran manufacturas baratas chinas, mientras que los afares tienen fácil acceso a Assab en Eritrea y algún otro puerto al norte de Yibuti, pero Assab es una base militar y las oportunidades de contrabando para los civiles son menores", decía Hussein.

La franja costera de Masawa a Assab, una franja de 450 kilómetros de larga y unos 70 de ancha, es territorio del afar eritreo. Hay una pequeña línea montañosa que la separa del de Etiopía. Los italianos interesados en el puerto de Assab mantuvieron esa franja como territorio de su colonia establecida en Asmara en 1890. Es la razón de por qué desde la independencia de Eritrea, Etiopía no tiene salida al mar. El colonialismo acabó creando dos Estados, pero las familias, aunque divididas, siguieron moviéndose entre los dos lados de la frontera. El mismo Hussein tiene tres hermanos viviendo en el afar eritreo.

Hussein solía visitar por trabajo un campo de refugiados a las afueras de Asaita, la mayoría huídos de la guerra de 1998-2000 entre Etiopía y Eritrea. "No todos los refugiados son afares, pero hay afares que no tienen familia en este lado de la frontera y viven allí", decía.

Llevan ya más de veinte años y el campo se ha convertido en otro "barrio" de Asaita. Se llaman a sí mismos los "refugiados olvidados". Pero no son los únicos que han llegado al campo. Ha habido un goteo permanente de eritreos que salen huyendo del país. Hussein decía que se aceleró cuando Abiy Ahmed e Isaías Afewerky, el presidente eritreo, hicieron las paces. Desde entonces cada mes llegaban 600 eritreos pidiendo asilo por razones económicas. Eso era antes de que la guerra de Tigray estallase a finales del 2020.

No eran los únicos que pedían ayuda. Loyiga era también un paso de emigrantes sin papeles hacia Obock, un puerto de pescadores al norte del golfo de Tadjoura en Yibuti, desde donde los contrabandistas los embarcan a Yemen. Habíamos visto pequeños grupos de jóvenes andando por la carretera intentando parar camiones para poder librarse de las temperaturas de más de 40 grados que derretían hasta las piedras.

"Son los más vulnerables de los vulnerables. La mayoría indocumentados a merced de los contrabandistas, en Etiopía apenas existe un registro civil y muchos no saben tan siquiera que necesitan papeles. Llegan y nos piden ayuda, un sitio donde dormir, donde recuperarse, comida, agua para seguir su viaje", decía Hussein.

La guerra de Yemen no los había detenido. Seguían llegando como si no existiera. La pobreza seguía igual en sus comunidades y la industria de la migración seguía funcionando. Los reclutadores, transportistas y contrabandistas habían convertido las restricciones de viaje impuestas por los países ricos en su negocio. Las familias de los migrantes dependían de sus remesas para comer dos veces al día, afrontar una sequía, una catástrofe o una enfermedad grave. El precio que pagaban para llegar al otro lado del Mar Rojo era de 500 dólares, pero siempre los precios y la forma de pago eran negociables, como lo es en cualquier otro negocio. Los jóvenes querían llegar a Ryad o Jeddah, o Dubái, sin pensar lo que significa meterse en la boca del lobo. En los países del Golfo existe lo que llaman el Kafala, una reminiscencia de la esclavitud que legaliza la servidumbre. Sus habitantes pueden traer criados y criadas para trabajar como sirvientes. Puede que les vaya bien y los contrabandistas no los entreguen a traficantes; que sobrevivan al viaje en el mar; pero ahora tenían que lidiar con la guerra para llegar a su destino. "Conocen la película, pero piensan que con ellos va a ser diferente. Todos conocen a alguien de su pueblo al que le fue bien y les inspira"[4], añadía Hussein.

## En el viejo mercado de esclavos

La mañana siguiente Hussein vino a buscarnos al hotel. Asaita no está lejos. Hay que tomar un desvío a pocos kilómetros de Semera en dirección a Yibuti. Hasta hace pocos años no era más que un camino de te-

4. En agosto de 2023 Human Rights Watch publicó, tras 15 meses de observación, un informe en el que acusaba a guardias saudíes de matar cientos de migrantes etíopes indocumentados que intentaban desde Yemen pasar la frontera en la provincia saudí de Jizan, al suroeste del país. Los guardias usaban fuego real para "cazar" emigrantes de esa manera. Además, los golpeaban, los violaban o les disparaban a las piernas para disuadirles de que pasasen. El informe dice que se trata de una política del gobierno.

rracería, pero lo asfaltaron con el nuevo proyecto azucarero. La carretera poco transitada atravesaba una inmensa llanura de tierra seca. Hussein decía que se convertía en un inmenso lago fugaz cuando caían esas trombas de agua que se llevan lo que encuentran en su camino. Era difícil de imaginarlo con el calor y la sequedad que encontrábamos. Hasta una cámara fotográfica dejó de funcionar a causa del calor, mágicamente volvió a disparar de nuevo bajo el aire acondicionado del hotel. Grupos pastoriles habían establecido sus campamentos a un lado de la carretera. Veíamos sus cabañas redondas. Sus camellos comían matorrales lejanos. Hussein mandó parar. Quería enseñarnos una planta que se ha convertido en una pesadilla para la flora local. Se llamaba *Proposis Juliflora.* Había sido introducida por un proyecto de la Unión Europea para detener la desertización. Años después estaba arrasando los pastos. Lo peor es que llevan años intentando erradicarla, pero no pueden. Pasó una mujer tirando de un grupo de camellos. Se movían en fila atados unos a otros a un lado de la carretera. Se dirigían al mercado semanal del martes en Asaita. La ciudad estaba tan decaída que resultaba difícil imaginar que había sido la capital de un rico y próspero sultanato.

El sultanato de Aussa había florecido con el dominio turco del Mar Rojo durante los siglos XVI y XVII. Su existencia era algo excepcional entre grupos pastoriles acostumbrados a resistir el poder. Por alguna razón acabaron asentándose y cultivando la tierra aprovechando que el lago Asaita tenía agua permanentemente. Habían adoptado el Islam traído por mercaderes árabes; era una religión que casaba bien con ellos. A diferencia del cristianismo podían rezar sin necesidad de iglesias y sacerdotes. A los pastoralistas no les gustan las jerarquías. Solo necesitaban orientarse hacia La Meca y extender su pequeño petate. Wilfred Thesiger cuenta que el poder del sultán descansaba en un bastón de plata, respetado también por clanes que seguían moviendose con sus rebaños. A comienzos del siglo XVI el sultanato formó parte de una alianza de pequeños Estados musulmanes liderada por el sultán de Adal, Ahmad ibn Ibrahim al-Gazhi (1505-1543), conocido como el Zurdo, quien se propuso conquistar Abisinia apoyado por los turcos. Llamó a la yihad y derrotó a los abisinios ocupando Lalibela y Gondar. Fue en esta coyuntura que llegaron los portugueses. Veían sus rutas comerciales amenazadas por los turcos y decidieron enfrentarse a ellos. Ya en 1306 el Emperador etíope había mandado una misión diplomática a Europa con el fin de establecer una alianza contra los musulmanes; la delegación llegó a reunirse incluso con el Papa en Aviñón, pero no hubo resultados concretos. En 1427 el emperador Yeshaq I volvió a enviar una nueva misión a Valencia, esta vez con una carta dirigida al rey de Aragón Alfonso V, entonces un actor militar importante en el Mediterráneo. Varias décadas más tarde había comerciantes catalanes instalados en el puerto de Zeila, en el golfo de Aden, a pocos kilómetros al sur de lo que es hoy Yibuti. Llegaron a suministrar armas al sultán de Adal, que tenía su centro entre Zeila y Harar. Con la ayuda de los portugueses –habían llegado 400 soldados bajo el mando de Cristóbal de Gama, hijo de Vasco de Gama– derrotaron al Zurdo matándolo en una batalla cerca del lago Tana, reinstaurando el poder de los emperadores cristianos. De cualquier modo el conflicto no se resolvió hasta que los portugueses fueron expulsados de Etiopía por el emperador Fassilidas (1632-1667). Había llegado a un acuerdo con los turcos. Estos reconocían a los reyes etíopes su soberanía sobre las tierras altas, mientras los emperadores reconocían a los turcos el control de los puertos del Mar Rojo. Fassilidas prohibió a los portugueses el acceso a Etiopía bajo pena de muerte por decapitacion. El acuerdo garantizó la continuidad de las viejas rutas comerciales domésticas y la independencia del sultán de Aussa hasta finales del siglo XIX, cuando Menelik II lo conquistó e integró en su imperio.

El control que el sultán estableció en el bajo Awash aseguró el paso por Asaita de las caravanas del altiplano rumbo al golfo de Tadjoura, enriqueciéndolo con sus tributos. Mientras que de las zonas altas traían sobre todo esclavos y marfil, en el camino inverso caravanas de camellos llevaban desde las zonas bajas a las altas sal de los lagos de la depresión de Danakil. Era muy apreciada y en barras llegó a ser usada como moneda. Todavía hay una fábrica de sal en Semera. El sultán también protegió después los negocios de los franceses. Guerreros afares dieron seguridad a las caravanas de traficantes de armas a cambio de honorarios. El poeta francés Arthur Rimbaud estableció una oficina de importación de armas en Harar en la década de 1880. El canal de Suez había sido inaugurado y Francia empezaba a considerar la construcción de un ferrocarril desde el Mar Rojo hasta el río Nilo. Pero el negocio más lucrativo para el sultán de Aussa provenía de las caravanas de esclavos que llegaban del altiplano al mercado de Asaita. Ya hemos dicho que la esclavitud en Etiopía seguía siendo legal en las primeras décadas del siglo

XX. En Wolkait, al norte de Gondar, la esclavitud de facto existió hasta bien entrado el siglo. Era una institución arraigada en la sociedad que ofrecía a los emperadores grandes oportunidades económicas. Esa era la razón de por qué Menelik II dejó al sultán de Aussa a cargo de Afar a pesar de haberle sometido militarmente. Era lo mismo que había hecho en Jimma y Assosa. El sultán tenía contactos con los mercaderes de esclavos árabes del golfo de Tadjoura. Tenía también la forma de mantener el comercio en secreto. La ferocidad, real o ficticia, de los guerreros afares era la garantía de la discreción de un tráfico prohibido.

Antes de viajar a Afar había caído en mis manos un libro publicado hacía unas semanas. *The Odyssey of the Oromo Slaves from Ethiopia to Shouth África.* Era la historia de un grupo de niños y niñas esclavizados en las postrimerías del siglo XIX contada por ellos mismos. El libro era interesante porque existen muy pocos relatos directos de lo que llaman el primer pasaje, el período en que un hombre libre es convertido en esclavo, y aquí estaba la historia de nada menos que de 64 de ellos, en este caso niños. La mayoría había pasado por Asaita en su camino a los puertos de embarque del golfo de Tadjoura, en donde eran subidos a dhows y llevados a los mercados de Arabia.

El mercado de esclavos del Cuerno de África tenía sus propias características que lo diferenciaban del mercado del oeste africano. Mientras en el Océano Atlántico preferían a hombres jóvenes para trabajar en plantaciones de caña de azúcar y algodón en Cuba u otras islas caribeñas, Brasil o Estados Unidos, en el Cuerno de África preferían niños, sobre todo niñas entre 7 y 14 años, para trabajar como sirvientes en Arabia. Mientras que para cruzar el Atlántico se necesitaban semanas, era raro que la travesía del Mar Rojo durara más de un día; lo normal era entre seis y doce horas, una duración que los niños podían aguantar.

Algunos de los dhows esclavistas durante el siglo XIX, no antes, fueron interceptados por la armada británica, que tenía órdenes de interrumpir el comercio de esclavos. Hacía décadas que Londres había prohibido la esclavitud después de enriquecerse con su trata e indemnizar generosamente a sus esclavistas nacionales. Después, había convertido la lucha contra ella en un elemento de prestigio para su régimen liberal. Llegó incluso a introducir premios para sus marinos por cada esclavo rescatado vivo o muerto. Es lo que ocurrió con estos niños que no llegaron a destino: el mercado de esclavos de Hodeidah, un puerto de Yemen, en la costa del Mar Rojo. Los niños esclavos fueron rescatados cuando atravesaban el Mar Rojo y conducidos por la armada británica primero a una Misión cristiana en Adén, entonces colonia inglesa, y después a Sudáfrica, en donde contaron su historia a sus custodios y estos la escribieron y guardaron en sus archivos, ahora encontrados.

Todos ellos menos uno habían nacido libres. La mayoría eran oromos, pero también había de otros grupos étnicos del sur y oeste de Etiopía, un área que acababa de ser conquistada y sometida por el Imperio. Son historias de violencia, crueldad y a veces de traición. Hay familiares que venden a los niños para pagar una deuda o porque ven al niño como una carga económica. Esto ocurre más frecuentemente en épocas de sequía, cuando el precio de un esclavo puede bajar hasta el de unos pocos granos de maíz. La mayoría de los casos son capturas violentas incluso entre las niñas, con quienes los engaños son más frecuentes. Los esclavistas buscan a los más vulnerables. Un niño a quien se le acaba de morir su padre, alguien que está trabajando sólo en el campo y es fácil de secuestrar, una niña que se puede engañar con falsas promesas. Hay también relatos de capturas tras ataques por las autoridades o en conflictos violentos entre comunidades. Hechos prisioneros, los convierten en esclavos para pagar impuestos o deudas. En estas *razzias* ricos y pobres pueden acabar con las cadenas puestas. La esclavitud era un buen negocio porque además de ser aceptada socialmente tener esclavos era un signo de estatus. La demanda enriquecía a los emperadores, que comerciaban directamente o gravaban el comercio de otros. Los esclavos trabajaban la tierra, o hacían otras tareas productivas o servían en la casa.

En sus entrevistas los niños suelen llamar a sus captores "sidamas", una etnia en el sur que tenía buenas relaciones con el poder imperial. Era la manera popular a como se referían en sus comunidades a extraños del norte, la mayoría amharas o tigriños, que los tranportaban hasta los puertos del Mar Rojo. En realidad, había una red entretejida entre bandas locales (un tercio de los niños oromos conocían a sus captores) y comerciantes que no resulta difícil asociar con los actuales reclutadores y contrabandistas. Los niños contaron en la misión de Sudáfrica que los custodiaban en "almacenes de esclavos", hasta que los embarcaban en dhows para atravesar el Mar Rojo. Viajeros que llegaron a Tadjoura en aquel tiempo y escribieron sus experiencias lo confirman. Cuentan haber visto un gran número de esclavos, niños y niñas, esperando ser traladados a Rahayta, un puerto en el sur de la bahía de Assab en lo que es hoy Eritrea, desde donde iniciaban la travesía. Hay paralelismos con lo que ocurre hoy con el tráfico humano, pero en vez de estar en manos de esclavistas lo están en las de traficantes; en vez de embarcarse en Rahayta lo hacen en Obock y en vez de ser niñas y niños son jóvenes de ambos sexos.

Una vez sometidos los niños tienden a aceptar su sumisión. Los intentos de fuga van disminuyendo, pero en caso de que ocurran son severamente castigados. Les ponen cepos en los pies y los encadenan entre ellos cuando se desplazan. Salvo el de las niñas, el viaje suele ser largo. Un viaje que suele durar tres meses se convierte en uno de 13. En los mercados que encuentran en el camino a los puertos van pasando de un esclavista a otro. Las niñas llegan lo más rápido posible para asegurar que permanezcan "intactas". La virginidad las convierte en la mercancía más valiosa que tienen; los eunucos también se pagan bien por ser apreciados en los harenes. Las niñas pueden valer el doble que los niños, y su precio sube con la belleza. El precio se pagaba en amole (barras de sal) o en táleros de María Teresa, una moneda de plata que era aceptada en los mercados de Etiopía, Arabia y Yemen. Los esclavistas tienen mucho cuidado para no ser detectados por barcos ingleses cuando atraviesan el mar.

Había varias rutas que salían desde las zonas altas, pero todas tenían que atravesar tierras de tribus pastoriles. El mercado estaba controlado por mercaderes de Adal. Estaban muy bien relacionados con esclavistas de los mercados de Arabia. El Islam, una especie de salvoconducto que facilitaba los negocios, fue una de las razones que llevó a Menelik II a no acabar con el sultanato después de conquistarlo. Los traficantes buscaban las rutas más seguras. Tenían miedo de ser robados por la competencia y evitaban las zonas en guerra. Buscaban también dónde pagar menos impuestos de tránsito a los jefes locales, pero solían acabar en Asaita, siempre surtida de agua y comida para las caravanas. Además, el propio sultán, que era uno de los más importantes tratantes de esclavos de la época, tenía relación con el emperador Menelik II y el sultán de Tadjoura, que controlaba los puertos de embarque.

El mercado semanal en Asaita se celebraba en una explanada. Los vendedores habían puesto su mercancía en el suelo sobre piezas de tela.

Nada les protegía del sol. Todo era primitivo, como suele ocurrir en los mercados rurales de Etiopía. Los vendedores guardaban la distancia justa entre ellos para que sus clientes pudieran moverse entre los puestos. Habíamos llegado al mercado caminando. Estaban poniendo adoquines y pintando las casas en colores alegres como las de la vieja ciudad de Harar. De cualquier modo resultaba difícil asociar el lugar con una capital que había movido tanto dinero con la trata de esclavos.

El comercio era reducido y las casas modestas. El dinero del desarrollo se lo estaba llevando Semera. En el mercado mujeres vendían morteros fabricados en piedra volcánica. Sus vestidos eran de colores brillantes y se cubrían la cabeza con grandes pañuelos. Los hombres vestían sus faldas tradicionales. Debía ser época de confeccionar petates. Media explanada estaba ocupada por hojas secas de palma. Las usan como paredes en sus cabañas. Había un lugar para camellos y otro para pequeños carros tirados con burros esperando ser contratados para mover la compra. Pregunté si sabían donde había estado el mercado de esclavos. Había leído que compradores y vendedores ocupaban barrios diferentes en la ciudad, pero nadie sabía nada. En Etiopía no existen los árboles, los muelles de embarque, las puertas de salida o los almacenes de esclavos que se han conservado en otros lugares de África como un recordatorio de la vileza humana y un homenaje a sus víctimas. Era muy posible que la trata de esclavos tuviera lugar en este mismo mercado como una sección más; la esclavitud era algo "normal", aceptada socialmente.

Tenía la intención de comprar uno de esos viejos cuchillos que tanta fama han dado a los afares, pero no había manera. Parece que no los fabrican para venderlos sino como un objeto de uso. En una pequeña tienda a un lado del mercado acabaron dándonos una direción en donde tal vez podríamos encontrarlos. Nunca hubiéramos llegado al lugar por nosotros mismos. Se trataba de una casa como cualquier otra, sin nada que la identificase. Una señora abrió la puerta y nos hizo pasar a un patio donde unas niñas jugaban. Varios cuchillos curvos más largos que un puñal y más cortos que una espada estaban colgados en las paredes, protegidos por su funda de cuero. La mujer era de Wollo, una de las provincias amhara. Llevaba varios años viviendo del comercio.

El doctor Hatsey Abrha nos esperaba en el viejo hospital. Su despacho estaba en un ala nueva adosada a un viejo edificio. El doctor Abrha, un médico joven que había estudiado en Addís Abeba, estaba a cargo del departamento de Salud Reproductiva. Había camas con enfermos en los pasillos, salas de espera a rebosar, consultas sin privacidad, cuartuchos habilitados donde habían instalado equipo médico moderno que no cabía en otro sitio. Habían improvisado en el jardín un ala de enfermedades infecciosas. Habían detectado varios casos de cólera. En el edificio principal estaban construyendo adosado un quirófano que tenía que haber sido inagurado hacía semanas. El doctor Abrha decía que no daban abasto y que tenían que hacer su trabajo con los medios de que disponían.

Las enfermedades relacionadas con la mutilación genital femenina era uno de sus dolores de cabeza. La mutilación es una práctica habitual en la mayoría de las sociedades pastoriles y Afar no era la excepción. Se suele asociar con el Islam, pero lo practican también grupos cristianos o animistas. Es muy probable que ya se practicase antes de que se expandieran las grandes religiones monoteístas. La mutilación es un asunto cultural más que religioso; no hay un rito establecido común o una norma clara para intervenir en los genitales femeninos, cada grupo étnico lo hace a su manera. Las religiones no se atrevieron a regularlo o prohibirlo como hicieron con la comida. Lo que cortan en los genitales y la edad en que se practica cambia en comunidades que profesan la misma religión. Es muy posible que la mutilación genital femenina sea una práctica vinculada al nacimiento del patriarcado en sociedades pastoriles. Parece que grupos que se organizan productivamente en torno a rebaños son más proclives a reforzar el patriarcado. El embarazo es la "máquina" de riqueza en estas sociedades y hay que controlarlo. En el pastoralismo la riqueza se mide por el número de cabezas de ganado que se posee. En un sistema donde no hay propiedad de la tierra el tamaño de los rebaños está asociado con el número de hijos e hijas que se tiene. Los varones suministran "la fuerza de trabajo" que cuida los rebaños, las niñas aportan cabezas de ganado con la dote de su boda. "Desean a los hijos como la lluvia", decía Hussein, que sólo tenía una mujer y a quien veían como una ave rara en su comunidad. Los hombres toman las decisiones del clan en sus consejos de ancianos, pero dependen de los hijos de sus esposas para su poder. Es una contradicción que la violencia contra las mujeres pretende resolver simbólicamente mutilándolas antes de que se casen. Tiene que quedarles claro que su sexualidad debe subordinarse al embarazo; su tarea social es producir el mayor número de hijos posible. Los hombres no solo tienen varias mujeres, sino que con todas ellas tienen todos los hijos que pueden. En Afar y Somalia las tasas de fecundidad son las más elevadas de Etiopía, lo cual no impide que cuiden a sus hijos de tal manera que la mortalidad infantil está por debajo de la media nacional. Esta sumisión de las mujeres al patriarcado lo constataba el doctor Abrha en su consulta. Las mujeres nunca tomaban una decisión sobre su cuerpo por ellas mismas. "No hacen nada sin pedir permiso a la familia de su marido", decía.

La sociedad pastoril está rígidamente segregada por género; los hombres y mujeres solo se mezclan en familia. Hay incluso una división del trabajo bien establecida. Los hombres cuidan los grandes rebaños, buscan pastos y pozos, los traen y los llevan de lugar en lugar. Las mujeres construyen las cabañas donde viven, recolectan leña y agua. Los viejos y los niños ordeñan y cuidan pequeños rebaños. La única actividad económica que comparten hombres y mujeres es cuando van al mercado, como habíamos visto.

El doctor Abrha decía que en la región de Asaita las bebés son sometidas a la mutilación genital a la semana de nacer. Mujeres "especializadas", pero sin entrenamiento clínico, cortan el clítoris y cosen los labios vaginales sellando la vagina. Si una mujer llega al matrimonio sin haber sido sometida a la circuncisión suele hacerse al segundo día de la boda. Los utensilios son primitivos, cuchillos, vidrios rotos, palos afilados, cuchillas de afeitar, depende de lo que haya disponible. En otras regiones de Afar lo hacen cuando la niña cumple siete años. En Oromia suelen hacerlo cuando las chicas cumplen 14 o 15 años como un rito de iniciación a la edad adulta y al matrimonio y no es tan cruel como en Afar, se limitan a cortar total o parcialmente el clítoris. En Afar se acostumbra la mutilación más severa. "No solo cortan el clítoris, estrechan la vagina hasta cerrarla, para ello cortan y reposicionan los labios vaginales. Dejan sólo un pequeño agujero para que pueda pasar la orina o la sangre menstrual", decía el doctor Abrha.

Acababa de atender a una niña con una infección a consecuencia de la mutilación. La niña tenía dificultades para controlar la orina, algo que segun decía el doctor Abrha ocurría a menudo. Era de una comunidad en Afambo, una woreda cercana a Asayta. "Puede que haya disminuido (la mutilación), pero sigo tratando a niñas entre dos y cinco años con grandes infecciones a consecuencia de esta práctica", decía.

La mutilación está arraigada en las comunidades pero no cuenta con la protección del gobierno, que la ha criminalizado. Organiza programas de educación y campañas contra ella. Hay también un movimiento de mujeres motivadas por su propio sufrimiento. Reconocen haber sido víctimas y no quieren que sus hijas la sufran. El doctor decía que "no es fácil acabar con ello porque todas las mujeres lo viven como una costumbre por la que hay que pasar y como la sufren todas, las mujeres piensan que normal".

No había un solo día que el doctor Abrha no tuviera que enfrentarse a las secuelas de la mutilación genital. Las mujeres las sufrían toda la vida. Cuando mestruan y empiezan a tener relaciones sexuales muchas mujeres están tan traumatizadas que no quieren saber nada del asunto. Los contactos no son fáciles porque sus vaginas son frágiles y les duele. El parto es traumático. Tienen la vagina tan estrecha que se necesita un corte para facilitar la salida del bebé. La hemorragia puede ser difícil de controlar. Hay un dato que los demógrafos no podían explicar fácilmente. Había en Afar muchos más hombres que mujeres. Los hombres vivían más. Su esperanza de vida era mayor, 53 años frente a los 47 de las mujeres. La brecha empezaba desde la infancia. La mortalidad infantil era más elevada en niñas y la brecha iba creciendo con la edad. Hay el doble de hombres que mujeres entre 65 y 69 años. El doctor Abrha se preguntaba si tenía alguna relación con la práctica de la mutilación, pero no tenía respuesta.

## Una visita al lugar donde encontraron a Lucy

Aproveché que estaba en Afar para visitar el yacimiento donde habían encontrado a Lucy, un homínido que llegó a ser popular entre el hombre moderno 3,2 millones de años después de su muerte. Lucy se hizo famosa porque gracias al hallazgo de casi todo su esqueleto, el *Homo sapiens* había entendido mejor sus orígenes. Lucy andaba como lo hacemos nosotros, pero tenía un cerebro del tamaño de un chimpancé.

Antes de viajar había visitado en Addís Abeba a Salomon Kebede. Tiene su despacho en un edificio al lado del Museo Nacional, donde se conserva en una cámara especial el esqueleto fosilizado de Lucy. Salomon, a cargo de los yacimientos, me aconsejó que antes de viajar a Hadar, donde lo encontraron, me pusiera en contacto con la oficina a cargo del yacimiento en Semera. Hadar está en una zona conflictiva y era mejor que me asegurase de que la situación estuviese tranquila.

Tuvimos suerte. Grupos de issa, un clan somalí que disputa el área a clanes afares en esta zona del Awash, se acababan de retirar. De cualquier manera necesitábamos dos guardias armados y un guía, los tres de comunidades locales; proporcionarles un vehículo 4x4;  y pagarles a cada uno el equivalente a 5 días de dieta. Discutimos el precio y establecimos el día. La época de lluvias estaba acabando, así que no tendríamos problemas con posibles inundaciones. Quedamos a las ocho de la mañana en Elloha, un pequeño pueblo de carretera entre Mille y Kambalocha desde donde partiríamos hacia el yacimiento.

Cuando llegamos a Elloha era la hora del desayuno, pero parecía que eran las doce del mediodía:  a las 7:30 de la mañana el termómetro marcaba los 30 grados centígrados. El "café" donde habíamos quedado estaba lleno de hombres mascando qat. No tardó en llegar el guía. Se llamaba Mohammed. Estaba contando que hacía unos días los issa habían secuestrado un vehículo cuando se presentaron nuestros guardias sin armas pero con discretas bolas de qat en el carrillo. No habían tenido tiempo de ir a buscar los kalashnikovs y nos pidieron que les acompañarámos a recogerlos a la oficina donde los guardan.

Hadar está relativamente cerca del río Awash, a 40 kilómetros al oeste de Elloha por un camino de tierra. Parece que quieren mejorarlo, pero se ha convertido en una tarea imposible. El paisaje está tan erosionado que cuando llueve el agua lo arrasa todo. Estas trombas son las que han convertido el triángulo que forma el río Awash en un paraíso para los paleontólogos. Es un área donde acaban sedimentos arrastrados por ríos estacionales. Las crecidas llevan fósiles que se qedan a la intemperie cuando retroceden. Los rastreadores los encuentran en la superficie o ligeramente enterrados, bien conservados, paradójicamente, por la sequedad dominante. Son yacimientos que apenas necesitan excavación. Lo mismo pasa en los yacimientos del valle del Omo, donde se han encontrado fósiles tempranos del *Homo sapiens* a simple vista; aunque existe el inconveniente de que es difícil saber lo que hacían y cuándo vivieron.

Mohammed, nuestro guía, decía que la mejora del camino se debía a los programas del gobierno para asentar familias pastoriles. Vimos pasar a una mujer caminando, tirando del ramal de un camello, literalmente, con la casa a cuestas. Los pastoriles acostumbran a vivir en cabañas hechas con palos cubiertos de petates de palma, telas, pieles y plásticos, fáciles de transportar, desmontables, con forma de hemisferio, como la de los esquimales. Los palos curvados sobresalían ostentosamente convirtiendo al camello en la proa de una barca imaginaria. La mujer iba a reunirse con miembros de su familia. Se habían adelantado con los rebaños en busca de nuevos pastos. Mohammed decía que el gobierno cree que pueden atraerlos a los asentamientos poniendo escuelas y centros de salud. La construcción de una carretera les facilitaría el acceso al mercado. Cerca de Hadar pasamos por uno de estos asentamientos, pero no lo visitamos. Desde allí todavía hay diez kilómetros hasta el yacimiento. El camino de tierra, hasta entonces en buen estado, se había convertido en uno tortuoso. Vimos en la cercanía una tumba, estaba marcada por un círculo de piedras, y había un par de avestruces y gacelas. Parece que todavía queda algo de vida salvaje. Teníamos que bajar y subir a menudo por barrancos, algunos de ellos tan grandes como ríos. Los geólogos dicen que el área, ahora un ondulado secarral donde a duras penas crecen matorrales y arbustos, hubiera podido ser un lago arbolado hace tres millones de años. Hasta se ha especulado, aunque no hay evidencia de ello, con que Lucy hubiese muerto de una caída de un árbol, y que fuera arrastrada por una tromba de agua. Quedar enterrada en el lodo fue lo que permitió a su esqueleto sobrevivir a los depredadores de cadáveres, solo le faltaban los pies y las manos cuando la encontraron.

Una placa de la UNESCO marcaba el lugar del hallazgo. Se encontraba entre dos pequeñas colinas de tierra y piedras sueltas unidas por un pequeño barranco. El suelo estaba tan erosionado que no crecía nada. Todo era gris y desolador como un paisaje lunar. Uno de los guardias se quedó vigilando los vehículos, pero el otro, que se llamaba Mohammed como nuestro guía, nos acompañó en nuestro recorrido. Mohammed Hamedu, el guarda, no hablaba nada bien de Donald Johanson, el paleoantropólogo que encontró a Lucy.

Donald Johanson era un curador en el Museo de Historia Natural en Cleveland y estudiante de doctorado en Chicago cuando la encontró. Había llegado a excavar a Afar inivitado por Maurice Taleb, un geólogo francés que había visto la potencialidad del lugar y organizado una expedición de franceses y estadounidenses. Johanson encontró a Lucy en noviembre de 1974 en el inicio de la tercera temporada de excavación. El propio Johanson ha contado que Tom Gray y él llevaban dos horas inspeccionando bajo un calor insoportable un árido y polvoriento terreno cuando tuvo la corazonada de mirar en el fondo de un pequeño barranco. A primera vista no vio nada, pero cuando se disponía a dejar el lugar el destello de un hueso blanco fosilizado le llamó la atención. El fósil resultó ser el fragmento de un codo. A poca distancia, a menos de un metro, vio otros fósiles: partes de cráneo y de una mandíbula, y unas vértebras. Cuando empezó a explorar con más detalle encontró más huesos de lo que parecía ser un homínido. Estaba seguro de que los fósiles encontrados pertenecían al mismo individuo. Lo llamaron Lucy porque aquella noche de excitación escucharon en el campamento la famosa canción de los Beatles "Lucy in the Sky with Diamonds". Luego se supo que habían encontrado lo que era entonces el esqueleto más completo y más antiguo de un homínido. Por el tamaño del cráneo y la manera en que el fémur se articulaba a la diáfasis y a la pelvis Lucy tenía que ser un *Australopithecus*. El género descubierto por Raymond Dalt, en 1924, al sur de Johannesburgo, al otro lado del continente. Los australopithecus tenían el cerebro del tamaño de un chimpancé, pero caminaban erectos sobre dos pies como los humanos; y como luego se supo había diferentes especies entre ellos, como entre los *Homo*.

Nuestro guardia Mohammed Hamedu era un hombre joven y agraciado. Vestía como acostumbran en Afar: una tela de colores vivos enrollada en forma de falda desde la cintura hasta los pies, camisa y sandalias. Se adornaba el cuello con un fular. Mohammed cuestionaba el relato de Johanson. Según él Donald Johanson no había sido quien había descubierto a Lucy, lo había hecho Deto Hamedu. Lo sabía de primera mano porque Deto Hamedu pertenecía a su familia. Lo que más rabia le daba era que Johanson se negase a darle el crédito. Según lo que nos contó, Lucy fue encontrada de una manera muy diferente a lo que Johanson siempre ha contado.

Según dijo Mohammed Hamedu, en 1972 Deto Hamedu encontró unos fósiles en las cercanías de Hadar. Sabía que había un grupo de gente excavando en Adaitu, un pueblo cercano, y pensó que podrían estar interesados. Decidió mostrárselos. Los compraron inmediatamente por 150 birrs. Aparentaron que no tenían más interés, pero dos años después vinieron a Hadar a buscarlo. Preguntaron a Deto por el lugar donde los había encontrado. Llegaron a un acuerdo y lo contrataron para trabajar con ellos. En el yacimiento enseñó a un colega etíope de nombre Meles el lugar del hallazgo y empezaron a excavar. Pronto encontraron un esqueleto casi completo. Meles fue a buscar a Johanson, quien estaba excavando en otro lugar del yacimiento. Johanson se acercó al lugar, lo miró y pareció no darle importancia. Les pidió que dejaran la excavación y les encargó otro trabajo. Al día siguiente, ante su sorpresa, Johanson estaba donde ellos habían encontrado el esqueleto el día anterior muy excitado. Supuestamente "había encontrado a Lucy".

Lucy se convirtió en una especie de icono nacional, Johanson en un héroe de la paleontología mundial y nadie supo nada de Deto Hamedu. Los principales periódicos y revistas internacionales dedicaron portadas a Donald Johanson, quien se otorgó él mismo todos los méritos del hallazgo, no nombró ni una sola vez a Deto Hamedu, el hombre que había encontrado un esqueleto de hace 3,2 millones de años con su mandíbula y cráneo completos en un excelente estado de conservación.

El esqueleto de Lucy resultó ser el de un individuo bajo y pequeño. Su tamaño craneal sugería que su cerebro no sería mayor que el de un chimpancé. Su cara no era plana: la tenía proyectada hacia afuera. La forma de los hombros indicaba que se sentiría cómodo subiendo y bajando árboles. Además, la posición central del agujero (*foramen magnum*) a través del cual los nervios habrían unido el cerebro con la espina dorsal, le permitiría balancear la cabeza, posibilitando caminar erguido sobre dos pies como nosotros hacemos. Comería frutas de los árboles, pero sus muelas gruesas facilitaban masticar pasto y juncos que tenía que recolectar en paseos terrestres. Posiblemente también comía huevos de tortuga, que se encontraron fosilizados cerca del esqueleto. Tendría que pasar más tiempo en las orillas del lago para alimentarse que en los árboles, donde se protegería de los cocodrilos.

El hallazgo de más fósiles de homínidos en el yacimiento –se han encontrado fósiles de unos 40 individuos similares– confirmaron a los paleontólogos que Lucy pertenecía a una especie diferente al *Austrolopithecus Africanus*, la especie encontrada por el Dr. Raymond Dart en Sudáfrica. Los *Australopithecus* habían dado lugar a diferentes especies, como ocurrió después con el género *Homo*. Bautizaron la nueva especie encontrada como *Australopithecus Afarensis*.

El tamaño pequeño de Lucy –hay gran diferencia de tamaño entre machos y hembras entre los *Australopithecus Afarensis*– había convencido a Johanson de que el esqueleto tenía que ser de un individuo femenino. Habría muerto joven. Tenía la muela del "juicio" en su lugar pero todavía no había salido. La especie de Lucy vivió un millón de años, entre hace 3,9 y 2,9 millones, antes de desaparecer. Los paleóntologos piensan que pudiera ser una de las especies que modificadas dieron paso al nacimiento del género *Homo*, pero nadie está seguro. Lucy, junto a viejos carácteres morfólogicos que los *Homos* no tienen, posee otros nuevos que sí tenemos, como el retroceso de los caninos. Pequeños caninos expresan no solo un cambio en la alimentación sino, probablemente, un cambio de conducta en la manera de encontrar parejas sexuales dentro del grupo. No se requiere mostrar grandes y afilados colmillos como hacen los chimpancés. Estos grupos de homínidos debieron encontrar otro medio menos agresivo de tener encuentros sexuales y quizá cambiaron la manera de cuidar a las crías.

Deto Hamedu murió sin ser reconocido, pero uno de sus hermanos que sabía la historia empezó a exigir a Donald Johanson que dijera la verdad. Le reprochaba que Deto Hamedu hubiese muerto sin tener ningún reconocimiento. Johanson propuso entonces al hermano trabajar en Estados Unidos y olvidarse del asunto. La familia Hamedu no aceptó la oferta.

Consideraban que estaba comprando su silencio mancillando su honor y dignidad. Mohammed decía que la historia no ha acabado y un día se sabrá la verdad sobre quién encontró a Lucy.

## Antes el tren lo construían europeos, ahora son chinos

El tren salía a las ocho de la mañana, pero en la taquilla de Leghar, no lejos de la vieja estación, me habían advertido que debía estar una hora antes. Tenía que cambiar la reserva por un billete válido y hacer trámites con la policía migratoria. La nueva estación está a unos 40 minutos en taxi del centro de Addís Abeba, en Lebu, un área todavía poco urbanizada al sur de la ciudad. Se trataba de un edificio pintado en amarillo mostaza, con una fachada simétrica de balcones y columnas rematadas con esferas al que llegabas subiendo unas escaleras desde el parking.

La seguridad registraba los equipajes nada más entrabas en un amplio vestíbulo de altísimos techos. Un controlador chino con mascarilla observaba la revisión de los billetes. En el andén, azafatas uniformadas con sus sombreros y chalecos de color rojo esperaban a los pasajeros a las puertas de los vagones. Era como si quisieran darnos la bienvenida a un mundo que todavía no existe en Etiopía, pero es el sueño de la clase media incipiente de Addís Abeba.

Había un pequeño grupo de jóvenes hablando francés cuando entré en el vagón, pero la mayoría de los asientos estaban vacíos. Pronto se distribuyeron para poder tumbarse. En el billete ponía "sitio duro", pero los asientos estaban tapizados. Tenía cuatro para mí solo y una ventana enorme desde la que era fácil mirar. El tren salió con puntualidad.

El tren bordea el Monte Furi, un antiguo volcán al sureste de la ciudad, en una zona de campesinos que, a pesar de la cercanía a la gran ciudad, siguen viviendo como lo han hecho durante generaciones. Los veíamos desde la ventana. Caminaban solos o con sus animales, y cubrían sus hombros con gruesos chales blancos para protegerse del frío de la mañana. Algunas mujeres regresaban de las iglesias con sus cabezas cubiertas con chales más ligeros, también blancos. Pronto los dejamos atrás. El tren gira en una amplia curva hacia el sureste en busca del valle del Rift, por donde sigue hasta llegar a Adama. La vía transcurre paralela a una nueva autopista siguiendo el viejo trazado del tren francés. Circulábamos por la izquierda, como acostumbran a hacer los trenes en China. Esta área es una zona urbanizada e industrial. En Bishoftu, Mojo y Adama se instalaron las primera fábricas de Etiopía aprovechando el corredor abierto por el ferrocarril a principios del siglo XX.

La primera parada fue en Adama, la actual capital de Oromia. Funcionarios y asistentes a reuniones y seminarios descendieron. Soldados armados patrullaban el andén. Después de una breve espera el jefe de la estación alzó la bandera de salida. Era también un empleado de nacionalidad china, como resultó ser todo el personal que trabajaba en el tren. Había sido China quien había resucitado la vieja línea francesa muerta desde hacía años por falta de mantenimiento.

La aventura del tren en el Cuerno de África había empezado en 1894, cuando el emperador Menelik II dio a Alfred Ilg, un ingeniero suizo, y al ingeniero francés Léon Chefneux, una concesión para construir un ferrocarril entre el puerto de Yibuti y Addís Abeba. El canal de Suez había sido inaugurado hacía unas décadas y Etiopía había perdido su salida al mar tras la ocupación italiana de Eritrea. Eran los tiempos del colonialismo y del auge del comercio mundial. El proyecto estuvo estancado debido a que Francia, Gran Bretaña e Italia tenían diferentes intereses coloniales en el Cuerno de África y no lograban ponerse de acuerdo.

Francia había establecido un protectorado en el golfo de Tadjura en 1985, lo que es hoy Yibuti, y acabó comprando a Ilg y Chefneux su concesión. El ferrocarril fue planeado en sus inicios para conectar el Mar Rojo con el Nilo Blanco a través de Kaffa, una región cafetalera en el oeste de Etiopía, al sur de Benishangul-Gumuz, pero el plan nunca se terminó y el tren se quedó en Addís Abeba. Gran Bretaña, recelosa de las intenciones francesas, se había opuesto al proyecto, accediendo a su construcción parcial solo después de llegar a un acuerdo estratégico con Francia en perjuicio de Alemania. Berlín estaba compitiendo por mercados no solo en Europa, también en África. Este conflicto entre potencias europeas no se resolvió en Etiopía hasta que el emperador Lij Iyasu (1913-1916), el nieto que Menelik II había elegido como su sucesor, fue derrocado con las armas por la aristocracia de Shoa, aliada de Gran Bretaña. Veían a Lij Iyasu como un intruso. Un emperador con simpatías hacia el Islam que podía cambiar la balanza de poder en su contra. En 1917, Zauditu, la hija de Menelik II, fue nombrada emperatriz y Teferi Mekonnen, el futuro emperador Haile Selassie, su regente. Este último, educado por franceses, era partidario de la Entente franco-británica, mientras que Lij Iyasu había mostrado simpatías por Alemania. Berlín había firmado en tiempos de Menelik II un acuerdo comercial con Etiopía y la Entente estaba preocupada.

La construcción del ferrocarril francés encontró resistencia entre la población local hasta que contrataron a somalíes issa. Estos lo aprovecharon para extender su territorio fente a oromos y afares. Viajeros de finales del siglo XIX sitúan en Harar la frontera entre afares y somalíes. Tres décadas más tarde la línea se había desplazado hasta Dire Dawa, donde había llegado el ferrocarril. En la actualidad la frontera está en las llanuras de Alligedhi, al este del río Awash. Dire Dawa era, en 1902, cuando fue inagurada su estación, una pequeña aldea en una meseta en la periferia de las tierras altas. El ferrocarril la convirtió en la ciudad multiétnica y comercial que es hoy. Después de llevar el tren a Dire Dawa, los franceses necesitaron 15 años más para traerlo hasta la capital en 1917. Un siglo más tarde no eran europeos quienes estaban en el negocio del ferrocarril, eran empresas chinas que buscaban expandir sus negocios e industrias en África. Los viejos actores geopolíticos estaban siendo sustituidos por otros nuevos como consecuencia del ascenso asiático en la economía mundial. Los chinos necesitaron cinco años para construir el nuevo ferrocarril (2011-2016) y un año más para ponerlo en marcha; los franceses habían necesitado más de 20.

El qat hizo su aparición en el vagón. Dos hombres empezaron a mascar las hojas verdes. Esos días la prensa había empezado una campaña contra su consumo; se estaba expandiendo su cultivo; su adicción estaría creando una dependencia psicológica entre los jóvenes; los estaría haciendo flojos y ociosos; el gobierno no hacía nada por impedirlo. La droga, un narcótico suave tipo anfetamina, empezaba a comprarse en los kilils de Amhara y Tigray que hasta entonces habían quedado al margen de su consumo. Según los articulistas se producía tres veces más qat que hacía 20 años y generaba a los campesinos más ingresos que el café.

Desde que salimos habíamos empezado a perder altura. Addís Abeba está a 2.300 metros y Adama a 1.700 sobre el nivel del mar. Ahora quizá porque entrábamos en un tramo donde la pendiente era mayor o porque las dos vías que había antes se habían convertido en una sola y el conductor conducía con mayor preocupación, los frenos empezaron a sentirse. Habíamos girado hacia el noreste en busca del Awash. Era un territorio agrestre apenas cultivado. Un numeroso grupo de jóvenes limpiaba a machetazos los matorrales y rastrojos de los desagües de los barrancos preparando la vía para las lluvias.

Estábamos saliendo de Shoa. Pronto los camellos sustituirían a las vacas y los fusiles a las varas. La estación de Awash no podía estar lejos. Wilfred Thesiger, el explorador inglés, había salido de ella en su viaje a Afar en 1930. El Awash es el único río importante en Etiopía que fluye hacia el este, hacia el golfo de Aden, pero no llega al mar, termina en un lago en la frontera con Yibuti. Wilfred Thesiger había aprovechado para su aventura la invitación deTafari Mekonen a su coronación como Haile Selassie. Había vivido de niño en Addís Abeba y su padre, embajador británico, había entablado una amistad personal con el futuro emperador. La estación de Awash todavía estaba en construcción. La línea de tren que viene del norte desde Weldiya, construida por los turcos, todavía sin operar, acaba en la estación y requería trabajos especiales.

Nada más salir de Awash, después de cruzar un profundo cañón, dejamos a un lado el río. El puente sobre el Awash fue el más largo que atravesamos durante todo el viaje.

Entrábamos en un territorio de profundas gargantas y estrechos barrancos de difícil acceso a causa de la vegetación. Restos de la vieja línea construida por los franceses, más estrecha que la actual, se veían a ambos lados. Los pastores aprovechaban viejos puentes todavía en pie para pasar con su ganado los barrancos. Era una tierra cada vez más seca y arenosa, difícil de cultivar. A veces ocurría el milagro: burros, cabras y vacas se aglomeraban en balsas mientras los niños y mujeres que las cuidaban se refugiaban del calor a la sombra. En una de ellas tuvimos la primera frenada brusca. Un rebaño de cabras pasaba sobre la vía sin importarle los insistentes pitidos del tren. Han construido pequeños puentes y otros tipos de paso cada ciertos kilómetros, pero nadie los usa. El gobierno se había comprometido a vallar el trayecto pero, por la razón que fuera, no lo había hecho. Cabras y camellos cruzaban las vías cuando les parecía oportuno. Los accidentes ocurrían a pesar de que el tren viajaba mucho más despacio de lo que podría. Había escuchado historias de horas interminables de espera mientras negociaban el precio de los animales atropellados. Pedían cantidades astronómicas. "Inmobilizaban el tren hasta que llegara una autoridad mayor a mediar en un arreglo", dijo uno de los vecinos que mascaban las hojas de qat.

Por lo que contaba había habido problemas durante la construcción del tren con la gente local. En Awash habían muerto diez personas cuando protestaban contra el ferrocarril que viene del norte construido por los turcos. En Mieso, los campesinos se quejaban de que el gobierno no había pagado lo prometido por la expropiación de 300 héctareas, la mayoría cultivadas, para construir la estación. Iban a Mieso al funeral de un pariente. "La gente es guerrera, lo que complica los acuerdos", decía. Lo que a primera vista era un socarral sin valor era en realidad un territorio conflictivo. Cada día había menos recursos y más gente. Los conflictos entre afares, oromos e issas somalíes se sucedían. "Las muertes las compensan pagando en camellos o de otras maneras", añadía.

Una de las ventanas del vagón comedor tenía su vidrio estallado con un agujero de bala; una de las puertas del mismo vagón en vez de vidrio tenía un panel de madera. "Paran el tren para presionar al gobierno y disparan para amedentrar al conductor. El tren a veces no puede pasar durante días", decía. Las empresas chinas habían empezado a preocuparse con la seguridad de su inversión. Se habían gastado en el proyecto cuatro mil millones de dólares. Periódicamente regalaban a la polícia local lotes de equipo de seguridad.

Llegamos a la estación de Mieso a las 2:50, casi cinco horas desde de que habíamos salido de Adama. La distancia que separa las dos estaciones es alrededor de 150 kilómetros. Había un tren de carga esperando nuestra llegada lleno de contenedores. El jefe de la estación, otro empleado chino, nos dio la salida nada más llegar. Los ingenieros habían aprovechado un inmenso pasillo natural para dejar atrás el altiplano. Se veían montañas lejanas a ambos lados. El tren atravesaba puentes sobre ríos secos en vez de barrancos. Rebaños de cabras y camellos se movían por los lechos como si fueran inmensos caminos. Parece que las crecidas inesperadas como ocurre en Somalia son cada vez más frecuentes, ahogando en sus crecidas a los animales. El calor empezaba a sentirse. Comenzaba a agradecer que las ventanas no se pudiesen abrir y hubiese aire acondicionado. Afuera el aire se llenó de arena. Volvimos a oír los pitidos del tren y sentir un tremendo frenazo. Esta vez era un grupo de niños que atravesaba la vía. Llegamos a Dire Dawa, la estación que abre el camino a Yibuti, a las 18:10. Estaba previsto que el tren hubiese llegado a las 15:30; eran casi tres horas de retraso. Habíamos tardado 10 horas y 10 minutos en recorrer los 450 kilómetros que nos separaban de Addís Abeba.

## Camino a Yibuti

La mayoría de los viajeros se habían apeado, pero llegaron otros nuevos a reemplazarlos. Era como si el tren cambiase de piel. Mi compañero del otro lado del pasillo, que no había hecho otra cosa que dormir, también se bajó. Estaba acompañando a un hombre viejo que vestía un elegante turbante. El anciano caminaba con dificultad apoyándose en un bastón con empuñadura de plata. Dos mujeres jóvenes ocuparon su lugar. Casi no encontraron sitio para acomodar todo su equipaje y eso que tenían para ellas solas seis plazas. Había dudado en bajarme. Estaba anocheciendo y poco podría ver. Tenía la posibildad de tomar un tren que salía al día siguiente hasta la frontera. Se trataba de un viejo tren francés hecho funcionar milagrosamente por ferroviarios etíopes. Salía de la vieja estación, pero decidí seguir y regresar dos días después. El tren de regreso salía por la mañana y podría ver el paisaje.

Nos habían puesto a todos los viajeros en un mismo vagón. Habían cerrado los otros con llave. Sin poder ver nada del mundo exterior me concentré en mis vecinas. Eran de Yibuti, pero vivían en Dire Dawa. Vestían abaya y tenían cubierto su cabello. Una de ellas, de nombre Awa, iba a visitar a su familia, regresaría días después por carretera. Al rato llegó una amiga y empezaron a mover las bolsas mientras discutían dónde colocarlas. Después la amiga regresó a su lugar.

Nos estábamos acercando a la frontera en Dewele. Antes, el tren se había detenido un par de veces. La primera nos metieron en una especie de vía muerta esperando el paso de un convoy de carga. La segunda parece que tuvimos problemas con el suministro de una de las estaciones eléctricas que alimentan el tren. La vía está completamente electrificada desde Addís Abeba hasta Nagad, la estación de pasajeros en Yibuti. Cuando llegamos al paso fronterizo los policías etíopes se limitaron a mirar los pasaportes y hacer algunas peguntas sobre la propiedad de equipajes. No estuvimos mucho tiempo. Pero no fue lo mismo en el paso fronterizo de Yibuti. Primero fueron los polícias de migración quienes nos pidieron los pasaportes y las visas. Después los de aduanas se tomaron su tiempo identificando la pertenencia de los equipajes. Uno de los funcionarios tuvo una breve conversación con mis vecinas cuando se percató del número de bolsas que transportaban. Las jóvenes mujeres fueron elocuentemente persuasivas porque apenas perdió tiempo en revisarlas. Por último, subieron dos trabajadores de la salud acompañados por un soldado. Eran los días en que la pandemia del coronavirus empezaba a llegar a África. Nos hicieron levantar para medirnos la temperatura. Los enfermeros estaban cubiertos de arriba abajo con trajes especiales. Entre una y otra cosa estuvimos casi una hora.

Le pregunté a Awa qué clase de negocio tenía. Traía frutas y mucho qat, pero decía que lo que le daba dinero eran los chales de algodón hechos en Etiopía; son muy apreciados por las mujeres locales. De regreso traía perfumes, aceites y pequeños electrodomésticos. Me dijo que ahora hay más vigilancia que antes y necesitas ser más precavido. Hacía unos días habían descubierto un cargamento de pistolas cuando iba a ser introducido de contrabando en Etiopía.

El qat lo compraba cerca de Harar. "Hay un mercado en sus afueras y consigues lo que necesites a muy buen precio. Es enorme, cada día comercian al menos un millón y medio de dólares solo con el qat", decía.

Llegamos pronto a la estación de Nagad, en la ciudad de Yibuti. Un hombre con un pequeño remolque esperaba a Awa y sus dos amigas. Cuando descendimos del vagón, antes de revisar nuestros pasaportes, nos formaron en cola para volver a tomarnos la temperatura. Eran las 12 de la noche. Nos había costado 16 horas recorrer los 759 kilómetros que separan Addís Abeba de la ciudad de Yibuti.

Yibuti no es sólo una ciudad portuaria donde termina el Mar Rojo, es un pequeño estado establecido por los franceses en1890 en el golfo de Tadjoura; juntaron para su nueva colonia territorio habitado por clanes somalíes al sur y por afares al norte. Pensaron que sería más fácil gobernar si ponían juntas a poblaciones en conflicto. Pero, a pesar de ello, somalíes y afares lograron ponerse de acuerdo y declararon, ante el enojo de Francia, su independencia en 1977.

La vida en la ciudad seguía en torno al puerto, los cuarteles y el mercado. El día que la visité apenas había movimiento. La mayoría de los puestos del mercado estaban cerrados, los restaurantes sin gente y las calles semivacías. La televisión había anunciado que se habían detectado varios casos de coronavirus. Las autoridades sanitarias llamaban a salir lo menos posible, usar máscaras y lavarse las manos. Así que pasé la mayor parte del día encerrado en mi hotel.

Según la radio, el coronavirus lo habían traído militares extranjeros. No era nada extraño. Parecía que cualquier potencia que se preciase debía tener una base militar allí. La Unión Europea tiene uno de los edificios más altos del puerto. Para llenarlo hacen falta muchos agentes de comercio, espías y policías. Estados Unidos tiene la mayor base militar de África, al menos 4.000 soldados, para vigilar Bab al Mandab y hacer operaciones especiales en Yemen, Somalia o Sudán del Sur. Había soldados de Francia, de Japón, de Italia, de Arabia Saudí. Con todo, lo más llamativo era la presencia china. Tiene en Yibuti su única base militar fuera de China: oficialmente, una base logística para ayudar en la lucha contra la piratería, el terrorismo y en operaciones humanitarias en África y Oriente Medio. Pero son conocidos los grandes intereses energéticos y económicos que tiene Beijing en el Cuerno de África, incluido el petróleo en Sudán del Sur. Había construido además un puerto de aguas profundas para grandes barcos. En Yibuti acababa un gaseoducto que venía de los pozos de gas de Ogadén, explotados por empresas chinas, y que había sido designado como uno de los puertos de acceso a África dentro de la nueva ruta de la seda.

La estación de Nagad no tiene la sofisticación de la de Addís Abeba pero recuerda a las viejas estaciones chinas construidas en estilo neoclásico, como le gustaba a Mao Zedong. Es un edificio espacioso de techos altísimos con una fachada simétrica diseñada con simples formas geométricas. En China, subirse a un tren es una aventura por la cantidad enorme de viajeros y el tamaño de la estación se agradece, pero esa mañana cabíamos todos en un solo vagón. Nos costó pasar la seguridad. Parecían obsesionados con la vigilancia. Revisaban los equipajes y papeles minuciosamente. Me acordé de que Awa iba a regresar a Dire Dawa por carretera.

Mientras esperabamos la salida, al otro lado del andén trabajadores chinos golpeaban con grandes martillos los ejes de las ruedas de varios vagones de un tren lleno de contenedores. Trenes de carga se movían de igual manera que lo hacían los de pasajeros. El nuevo tren ha reducido a 12 horas lo que cuesta tres días transportar en camiones. China ha construido polígonos industriales en Etiopía en donde marcas internacionales de la confección cosen su ropa. Costureras etíopes, jóvenes campesinas, cobran un salario de 27 dólares al mes. Debe ser el salario mas bajo del mundo en fábricas de ese tipo.

Esta vez no era música pop lo que sonaba nada al arrancar el tren, como cuando salimos de Addís Abeba. Eran recitaciones coránicas lo que escuchábamos. Lecturas cantadas de suras del Corán. Los rezos venían del teléfono móvil de un hombre que cubría su cabeza. Las mujeres que le acompañaban cubrían su cabello con chales coloridos.

Durante un rato viajamos paralelos al mar. Lo hicimos por una llanura de pequeños arbustos que habían aprendido a vivir sobre un suelo arenoso. Hasta que llegamos a la estación de Ali Sabieh no vimos a nadie. Era desolador. El panorama empezó a cambiar, es un decir, cuando dejamos la llanura e iniciamos nuestra subida camino de las zonas altas del altiplano. Apenas habíamos dejado la estación cuando, en la ladera de una pequeña colina, vimos las primeras viviendas de nómadas pastoriles. Eran issa somalíes. Las bases materiales de su vida no son muy diferentes a las de los afares, pero sí lo son la lengua y su cultura. Se movían de un lado a otro con sus camellos y rebaños de cabras en busca de pozos y pastos. Sus casas tenían la misma forma circular, pero los patrones con que adornaban los petates eran diferentes.

Poco después llegamos a Dewele. El paso fronterizo. Nos hicieron bajar a todos del tren. Dos sanitarios vestidos esta vez con batas blancas nos tomaron la temperatura y empezaron a hacer preguntas. En dos días la pandemia del coronavirus había empeorado. El presidente Trump había cancelado los viajes a Estados Unidos desde Europa y la epidemia había explotado en Italia. En Addís Abeba el único caso reportado había sido el de un consultor japonés de una agencia de desarrollo. Etiopía Airlines seguía volando a China y Europa. Me extrañó que me hicieran más preguntas sobre mis últimos movimientos que las que habían hecho a mis compañeros de viaje. Luego me enteré de que los militares infectados de coranavirus de los que habían hablado en la radio el día anterior eran españoles. Entre ellos había un alto almirante. Habrían sido repatriados a España después de haber hecho historia en Yibuti.

El tren no dejaba de subir. Lo hacía aprovechando lomas fáciles y pequeños valles, que quitaban dramatismo al paisaje. El valle del Rift quedaba al norte, pero las huellas de los volcanes que lo formaron eran visibles. Rocas negras de todos los tamaños las encontrabas donde mirases. Las emisiones de lava debieron ser espectaculares cuando hace 30 millones de años la fractura geólogica del valle del Rift empezaba a separar África en dos partes.

Cuando salimos de las primeras montañas y llegamos a una planicie las piedras negras habían sido sustituidas por el color marrón de la tierra. Matorrales y pequeños arbustos se habían abierto camino a pesar de la arena y la sequedad. Era imposible no preguntarse otra vez cómo grupos humanos habían podido vivir en estas condiciones ecológicas durante milenios. Vimos a un grupo de diez o doce jóvenes caminar. Iban rumbo a Yibuti. Seguían la línea del tren. Cargaban botellas de agua y bolsas de plástico en sus manos. Supuse que eran migrantes como los que había visto en las cercanías de Semera caminando por la carretera. Vimos nuevas cabañas de nómadas pastoriles. Una mujer con un bebé a sus espaldas se movía entre ellas. Un rebaño de cabras asustadas por el pitido del tren, parecía una estampida, se alejó frenéticamente de la vía. Los pastores las seguían corriendo para que no se alejaran demasiado.

La arena flotaba en el aire. Volví a agradecer que las ventanas no se abrieran y hubiera aire acondicionado. Hasta ese momento, y llevábamos casi tres horas de viaje, no había visto un solo cultivo. Sólo había visto de tanto en tanto camellos y cabras moviéndose por los wadis secos; aprovechaban la última agua escondida bajo la superficie. El primer frenazo brusco lo tuvimos cuando llevábamos casi cuatro horas de viaje. Un camello no quería dejar la vía. El maquinista esperó paciente unos minutos hasta que se fue y pudimos avanzar.

Montañas aparecieron en el horizonte. Empezábamos a ver algunos cultivos de sorgo y maíz. Empleados del tren se pusieron a limpiar el vagón. Nos hacían levantar los pies mientras pasaban la escoba. Lo mismo hacían en China para poderse ir a casa en cuanto el tren se detuviera definitivamente. Debíamos estar a las puertas de Dire Dawa. Esta vez llegamos a tiempo. Habían sido más de 4 horas y media lo que nos había costado recorrer los 320 kilómetros que hay desde Nagad.

## La disputa por el Ogadén

Todavía no hemos pasado el desvío de la carretera que va a Yibuti siguiendo el río Awash. Estamos descendiendo hacia el lago Matara pero cada vez vemos menos camiones. Por esta carretera llega la mayor parte de lo que consume Addís Abeba. No hacía ni una semana las gasolineras de la capital se habían quedado sin combustible. Los vehículos daban vuelta a las manzanas esperando su turno. Decían que somalíes y afares habían convertido la carretera en un frente de batalla impidiendo el paso de los camiones. Lo que si veíamos eran camellos. Estiraban sus cuellos para llegar a las acacias. Tampoco nadie detenía a las camionetas con qat. Las dejaban pasar como si fueran ambulancias de la Cruz Roja. Las hojas deben mascarse lo más frescas posibles para que tengan efecto y los conductores volaban hacia los mercados. Hacían señales con las luces o usaban sirenas igual que la policía para que salieras de la carretera en sus adelantamientos suicidas.

En el cruce hacia Yibuti vimos algunos camiones esperando ser revisados por soldados. Nosotros seguimos en dirección a Mieso, donde nos separamos definitivamente de la línea del ferrocarril. La carretera vuelve a tomar altura hasta llegar a una cresta que después de más de doscientos kilómetros corta la carretera que une Dire Dawa con Harar. La cresta nos permitía ver un llamativo paisaje montañoso a ambos lados de la carretera. Era la continuación del altiplano al sureste del valle del Reef, desde donde las montañas descienden sobre Somalia. El verde de los cultivos contrastaba con la tierra seca que acabábamos de dejar atrás. Es una zona habitada por oromos que han acabado asentados y cultivando. Todo había ido bien hasta que vimos gente corriendo de pánico. Un taxi colectivo estaba volcado a un lado de la carretera. Una mujer temblaba sentada en la cuneta con las manos en la cabeza. Otra intentaba levantarse del suelo pero no podía. Un hombre corría por el asfalto hacia unas casas con un niño inconsciente en sus brazos. Tenía sangre en el rostro. Dos jóvenes cargaban como podían a un amigo. Según lo que contaron, el vehículo colectivo, un microbús de fabricación japonesa, habría perdido el control atropellando a un grupo de personas que caminaba a un lado de la carretera.

Cuando empezabamos a recuperar la calma tuvimos que detenernos de nuevo. Había una fila interminable de coches y autobuses detenidos. Tampoco venían vehículos en direción contraria. Habían cerrado la carretera en Kobo. Nuestro chófer estaba sorprendido. Los líderes oromos habían anunciado hacía unos días el fin de los bloqueos tras la caída del gobierno de Hailemariam Desalegn. Un joven que parecía formar parte de las protestas decía que tres soldados habían violado y asesinado a una joven la noche anterior. Nos enseñó fotografías que habían sido subidas a las redes. En ellas la mujer tenía el rostro lleno de sangre seca tapando el lado izquierdo de su cara. La población quería que el ejército entregara a los soldados. Teníamos esperanza de que llegaran a un acuerdo y pudiéramos seguir nuestro camino, pero después de horas de espera escuchamos ráfagas de metralleta. Los soldados habían empezado a disparar para dispersar la multitud. Nuestro conductor nada más oír los tiros apretó el acelerador en la dirección por la que habíamos venido. Hacía unas semanas una cooperante canadiense había muerto por una bala perdida en una situación similar. Decidimos pasar la noche en donde encontrásemos un hotel decente. Pero no fue fácil, tuvimos que recorrer de regreso casi cien kilómetros. Chiro había sido uno de los centros del levantamiento oromo, sus vecinos eran tildados de locos por la manera en que se enfrentaban a los soldados, el signo de la rebelión oroma –brazos en alto cruzando los antebrazos encima de la cabeza con los puños cerrados–, estaba pintado en cada esquina, pero esa noche todo estaba tranquilo, como habían prometido los líderes oromos; y además había un hotel decente.

A la mañana siguiente llamaron para informarnos de que el bloqueo había acabado y la carretera estaba abierta. Cuando atravesamos Kobo el pueblo estaba en calma. Había un incipiente mercado con mujeres amontonadas, con su mercancía en el suelo. Vimos soldados patrullando. Los cafés medio vacíos, cosa rara a la hora del desayuno. Una camioneta toyota con una metralleta magazin estaba aparcada a un lado de la carretera. Más adelante vimos dos autobuses quemados. Cuando dejamos la cresta y llegamos al desvío hacia Harar esperaba ver el lago en donde Wilfred Thesiger había cazado patos. En sus memorias escribe que había destacamentos oromos armados para prevenir la llegada de afares y somalíes con sus rebaños. Pero el lago ya no existía. La sobreexplotación humana había acabado con él. Nuestro conductor, un viajero frecuente por la zona, decía que apenas hacía tres años todavía existía. Era un presagio de lo que espera a las zonas bajas del Cuerno de África con el cambio climático. Antes de llegar a Harar tuvimos que aminorar la marcha. Camionetas mal aparcadas obstaculizaban el paso, ocupaban la calzada esperando ser llenadas con fardos de qat. Era el mercado donde se abastecían las mujeres comerciantes del tren de Yibuti. El mercado de qat más grande del mundo.

Teníamos previsto dormir en Harar. Pero el bloqueo nos había obligado a cambiar de planes y seguimos nuestro camino hasta Jijiga, la capital de la somalia etíope. La carretera atraviesa una llanura rota por varias cadenas de montañas. El paso más importante es el de Marda. Alguna de las batallas más importantes durante la guerra de 1977-1978 entre Somalia y Etiopía se libraron por su control. La guerra empezó cuando el presidente somalí, Siyad Barre, quiso recuperar el Ogadén para Somalia e invadió Etiopía. Hijo de un nómada pastoril, Siyad Barre había sido policía en tiempo colonial antes de entrar en el ejército y dar un golpe de estado. Fue en 1969, nueve años después de que Somalia hubiese ganado su independencia. Existía entonces un fervor nacionalista entre los jóvenes. Siyad Barre se propuso organizar y subordinar a todos los clanes somalíes, incluidos los que vivían en Etiopía y el norte de Kenia, a un gran Estado nacional. Los somalíes reclamaban a Etiopía, además del Ogadén, todo el territorio que desde el río Awash llegaba hasta su frontera; y además, partes de las montañas de Bale y de Sidamo. Pero enfrentaban un gran problema; salvo en el Ogadén, donde los clanes somalíes son claramente mayoritarios, en el resto del territorio reclamado compartían el territorio con oromos, afares y hararghes.

Los militares somalíes habían pensado que el Imperio etíope debilitado por la revolución de 1974-75 colapsaría como ya lo había hecho su emperador Haile Selassie, pero se equivocaron. Los militares del Derg pudieron mantener a la Somalia etíope dentro de su soberanía. Cuando empezó la guerra, Somalia estaba mucho mejor armada y equipada que Etiopía. Siyad Barre había adquirido un gran arsenal de armas a la Unión Soviética a cambio de una base militar en el puerto de Barbera, en el golfo de Adén, pero no había tenido en cuenta las alianzas que facilitaba la Guerra Fría. Las tropas somalíes avanzaron fácilmente hasta Jijiga, la población es mayoritariamente somalí en la zona, pero encontraron más dificultades de lo esperado en la zona campesina de Hararghe y de Dire Dawa, donde sectores hostiles dificultaron su avance. Al final la guerra se decidió en el paso de Marda, donde tuvieron lugar las batallas que hicieron famosos a los soldados cubanos enviados a defender a la Etiopía socialista. Todavía hay un monumento en el centro de Addís Abeba en homenaje a los soldados cubanos que cayeron en combate. Con su ayuda, el ejército etíope fue capaz de derrotar a los somalíes y recuperar Jijiga. Moscú había cambiado de bando abandonando a Siyad Barre en su aventura. Los militares etíopes habían roto con Estados Unidos tras derribar al Emperador y adoptar el marxismo-leninismo. Un reacomodo de fuerzas que obligó a los somalíes a acercarse a los estadounidenses. Pero estos nunca llegaron a involucrarse de la misma manera que los soviéticos lo hicieron con Etiopía. Tras la derrota, Siyad Barre perdió el poder y el Estado somalí nunca logró recuperarse. Los clanes volvieron a ser los ladrillos de la fábrica social y la ley de Sharia su pegamento. La Gran Somalia moderna con la que soñaban los jóvenes nacionalistas somalíes no logró abirse camino.

El edificio del hotel ZM International, donde nos alojábamos en Jijiga, cuatro pisos, era el más alto de la ciudad. Su *manager* había estudiado en Cuba, iba de un lado a otro resolviendo los problemas que surgían. No es fácil encontrar trabajadores cualificados entre los pastoriles y, como ocurría en Afar, la mayoría de sus empleados eran inmigrantes del altiplano. El hotel acabó como había ocurrido en Semera, convirtiéndose en un *hub* de información. Un militar chileno que trabajaba con Naciones Unidas decía que los problemas de seguridad estaban ligados a la situación interna más que al terrorismo de al-Shabab. El último incidente remarcable asociado al "terrorismo islamista" había ocurrido en el año 2008 cerca de la frontera con Somalilandia[5]. Un grupo armado había intentado llevarse por la fuerza un Toyota Landcruiser de la Organización Mundial de la Salud. En el ataque un doctor de la organización había sido asesinado. Dos años antes Etiopía había invadido Somalia a petición de los Estados Unidos para ayudarle a sacar del poder a la Unión de Tribunales Islámicos. Los jóvenes islamistas que habían sobrevivido a las bombas estadounidenses se habían agrupado fuera de Mogadiscio estableciendo a al-Shabab. Pero según contaba el militar, desde entonces no había habido otro incidente similar en los alrededores de Jijiga. Parece que al-Shabab tiene poco apoyo en la zona. En Ogadén y Somalilandia el clan o los subclanes son más fuertes que la religión a la hora de hacer política, lo que podría explicar su debilidad. En Somalilandia, una ex colonia inglesa de 4 millones de habitantes que actúa como un Estado independiente, la mayoría de la poblacion pertenece a los clanes isaaq. En Ogadén la mitad de la población pertenece al clan darood. El militar chileno repetía que los incidentes violentos que esta-

5. Somalilandia es la antigua colonia inglesa de Somalia en la costa del golfo de Adén. Tras la independencia de Gran Bretaña en 1960 se unió a las otras colonias somalíes para formar el estado de Somalia. Desde 1991, después de una corta guerra entre clanes, Somaliland actúa de hecho como un Estado independiente con su capital en Hargeisa aunque formalmente sigue formando parte de Somalia. Ni esta, ni ningún otro Estado han reconocido su independencia y hasta la fecha la consideran la parte norte de Somalia. La Unión Africana y Naciones Unidas tampoco reconocen su independencia.

ban ocurriendo estaban vinculados con las disputas internas por el poder en Addís Abeba, no con lo que ocurría en Somalia.

Esos días había controles militares en Jijiga. A partir de las nueve de la noche la policía paraba a todos los bajaj (mototriciclos usados como taxis) que circulaban. Tenían prohibido llevar cortinas para poder ver e identificar a sus ocupantes. Decían que los militares habían encontrado a una pareja llevando armas hacía pocos días. Eran medidas represivas que no había visto en otras partes del país a pesar de estar también en estado de sitio.

Luego se supo que el nuevo *premier* Abiy Ahmed había empezado una operación que resultó exitosa para detener al gobernador, al que veía muy cercano a sus enemigos políticos del TPLF.

Abdi Mohamed Omar, conocido como Abdi Illey, después de llegar a un acuerdo con Meles Zenawi había gobernado la Somalia etíope desde el año 2010. La seguridad del Estado se había convertido en el factor prioritario de la política en la región después del acuerdo de seguridad entre Etiopía y Estados Unidos contra al-Shabab.

Se trataba de convertir la Somalia etíope en una barrera geopolítica contra el islamismo radical, reagrupado tras la invasión etíope de Somalia de 2006; para ello el servicio de inteligencia nacional había cedido el control de la seguridad a Abdi Illey. Su tarea era mantener a raya a islamistas y a guerrilleros del Frente de Liberación Nacional de Ogadén (ONLF) que Meles veía como instrumentos de otros países, en particular Egipto y Eritrea.

En el Cuerno de África muchas veces los movimientos de liberación nacional actúan donde la diplomacia de los Estados no sirve para resolver las diferencias, pero tampoco es posible una confrontación militar abierta. Abdy Illey era el hombre ideal para el trabajo, porque además de tener buenos contactos con militares en Somalia y Etiopía, controlaba una temida milicia de 40.000 miembros conocida popularmente como Liyu; sus miembros pertenecían a los mismos clanes que los guerrilleros, lo que facilitaba su trabajo represivo en las comunidades. Lo que no podían hacer policías y militares de la seguridad mandados desde la capital podían hacerlo ellos.

El Frente de Liberación Nacional del Ogadén había sido fundado en 1984, había participado en la lucha contra el Derg junto al TPLF pero habían acabado rompiendo entre ellos. El ONLF acusaba al TPLF de ser federal solo en la propaganda[6]. En 2007 atacó Obale, un campo petrolero de una empresa china, Zhongyuan Petroleum Engineering, matando a 9 trabajadores chinos y 65 etíopes, entre ellos soldados. El ataque no detuvo las actividades petroleras chinas, pero llevó al gobierno a declarar una guerra a muerte a los guerrilleros. Lo que quedaba de los derechos humanos fue olvidado.

Hubo detenciones arbitrarias y ejecuciones sumarias. Muchos guerrilleros acabaron en la cárcel Ogadén, como se conocía popularmente a la cárcel de Jijiga. Una cárcel famosa por su brutalidad. Hubo denuncias de presos encarcelados sin motivo, de presos que no recibían el tratamiento médico que necesitaban, algunos fueron dejados sin comida hasta su muerte. Antiguos presos han declarado a investigadores de organizaciones de derechos humanos haber visto a otros presos morir por las torturas recibidas.

Meses después de nuestra visita, en una operación militar que duró unos pocos días, Abiy Ahmed logró detener a Abdi Illey. Hubo importantes disturbios, decenas de muertos, iglesias quemadas, pero las fuerzas especiales mandadas desde Addís Abeba lograron derrotar a la poderosa Liyu. Dicen que algo similar quiso hacer Abiy Ahmed en Mekele dos años más tarde con los del TPLF, pero esta vez consistió en un dramático fracaso. Un mal cálculo que alimentó la llama de la guerra. Una vez detenido Abdi Illey fue acusado de violar los derechos humanos y de fomentar violencia étnica y religiosa entre somalíes y oromos. Mientras era puesto en arresto domiciliario en Addís Abeba, Abiy Ahmed abrió la cárcel de Jijiga liberando a los presos, aumentando con ello enormemente su popularidad entre la población. Abiy Ahmed permitió la vuelta de dirigentes y exiliados del ONLF con los que llegó a un acuerdo y nombró como nuevo gobernador a un aliado suyo, Mustafa Mohammed Omar, cambiando la estructura de seguridad establecida con Meles en la región.

6. En 1992, el ONLF ganó las elecciones en la Somalia etíope y empezó a organizar un referéndum de independencia. Addís Abeba lo bloqueó. Se sintieron traicionados y volvieron a la guerrilla. Su actividad no ponía en peligro la estabilidad del gobierno, pero las bajas militares y los daños económicos ocasionados creaban ciertamente problemas.

## ¿Puede sobrevivir Somalia al cambio climático sin ayuda humanitaria permanente?

Jijiga es una ciudad que tiene poco que ver con la mayoría de las otras ciudades etíopes. Hay bastantes más mezquitas que iglesias, escriben con el alfabeto latino, comen arroz importado y las mujeres se cubren la cabeza con chales coloridos. En la rotonda más importante hay una estatua de Mohammed Said Abdullah, un imam que se rebeló contra la dominación colonial europea en las primeras décadas del siglo XX; al lado un mercado abierto ocupa las calles del centro. Nuestro conductor llenó el vehículo con aceite, mantas, pequeñas herramientas y electrodomésticos chinos. "Cuestan la mitad que en Addís Abeba", decía justificándose. Los comerciantes los traían de contrabando desde Berbera, un puerto en Somaliland, en el golfo de Adén.

Nazer estaba alojado en nuestro hotel. Vive en Berlín, pero nació en una aldea a los pies del Himalaya. Creció viendo cómo un glaciar cercano iba disminuyendo de un año al otro su tamaño. Acabó estudiando ingeniería y trabajando para una empresa no lucrativa alemana que tiene como finalidad ayudar a comunidades rurales a enfrentarse a la escasez de agua. Lo que ocurría en la Somalia etíope era similar a lo de Afar, pero multiplicado. Son cerca de 300.000 kilómetros cuadrados al sur de Etiopía, en donde viven 8 millones de personas. Nazer trabaja en la zona de Doollo y Daroor, donde la sequía es más prolongada que en otras partes de Somalia. Según contaba, la tragedia se desarrollaba en actos de fatalidad. La falta de lluvia obligaba a mover los rebaños en busca de pozos, pero en un segundo acto, debilitado por la falta de comida, el ganado más vulnerable sucumbía durante el viaje. En el acto final y trágico, viejos y niños sufrían dramáticamente la falta de alimentos que acompaña a la disminución del rebaño, aumentando las fatalidades humanas. Para sobrevivir están moviéndose con sus rebaños a las orillas de los ríos, poniendo presión sobre los cultivadores allí asentados muchas veces de clanes diferentes. Puede que todavía haya suficiente agua para todos y que negociaciones entre los ancianos de los clanes ayuden a resolver el conflicto entre los que llegan y los asentados, pero nadie está seguro de qué pasará si el cambio climático sigue agravándose.

La oficina del Progama Mundial de la Alimentación (PMA) no estaba lejos del hotel. Quería visitar Koliji, uno de los mayores campos de desplazados en la región. El PMA es el mayor donante de comida en el campo y pensaba que podrían ayudarme. Cuando llegué estaban preparando para el día siguiente un reparto de comida. Una mujer supervisaba que todo estuviese en orden. Después de la introdución de rigor me invitó a acompañarles a la entrega de comida mientras veían la manera de que pudiese visitar Koliji.

El punto de distribución estaba a un lado de la carretera a Hargeisa, no lejos de Jijiga. En una explanada al lado de una mezquita habían colocado la comida en montones. Algunas mujeres esperaban sentadas en el suelo aprovechando la sombra producida por uno de los muros de la mezquita. A un lado, conductores de pequeños carros tirados por burros hablaban en grupos. Según contaba uno de ellos, que vestía fuda y cubría su cabeza con un pañuelo puesto a modo de turbante, la sequía había acabado con la mayor parte del ganado y dependían de ayuda para no pasar hambre. Habían pensado que las cosas mejorarían, pero necesitaban la misma ayuda que el año anterior. Estaba contando que hacía apenas unos días cuatro personas habían muerto en la periferia de Jijiga a causa de las inundaciones provocadas por una tormenta *flash*, cuando el imam de la mezquita, megáfono en mano, empezó a llamar por su nombre a las mujeres. El imam tenía su barba teñida de henna naranja y vestía una túnica gris desgastada. Una a una las mujeres se levantaron y caminaron a sus montones. Los conductores acercaron sus carros y subieron los sacos de harina, frijol y arroz y las garrafas de aceite asignados. Un funcionario supervisaba la operación. Después las mujeres pasaban por una mesa donde otros funcionarios registraban en un libro lo que se llevaban. La mayoría firmaba el recibí con su dedo índice. Las veíamos alejarse por una llanura desnuda bajo un cielo nuboso amenazante subidas en los carros.

En el hotel conté a Nazer lo que había visto. Resultó ser un crítico de la ayuda. "Hay 41 ONGs internacionales y 70 locales trabajando solo en la Somalia etíope. Para casi todas ellas es más facil dar comida u otro tipo de donaciones que ayudar a las comunidades a autosostenerse. El romanticismo no es suficiente", decía. Contaba un caso en que una ONG llevaba agua en camiones aunque en la comunidad había pozos con agua. "Puede que con la ayuda los hombres se salven, pero no los animales". "Este tipo de ayuda no empodera a las comunidades, no las hace más resilientes, al contrario, las hace más dependientes, llegan a abandonar sus cultivos tradicionales de grano", decía. Según los estudios que había hecho él mismo, todavía quedaba agua para poder hacer algo más de lo que se hace. Su propio trabajo consistía en estudiar la manera de recoger el agua de lluvia, construir aljibes, buscar nuevos pozos y potabilizar el agua para consumo humano. "Todavía hay zonas en las riberas de los ríos que no están aprovechadas", decía. Según Nazer, el cambio climático estaba aniquilando el pastoralismo y la ayuda de comida permanente era su puntilla. "Si estos grupos humanos querían sobrevivir tenían que adaptarse ellos mismos a las nuevas condiciones ecológicas y producir su propia comida", añadía.

Visité Koloji con Moses Jojota. Lo hice "empotrado" en una misión de Naciones Unidas. Moses lleva dos décadas trabajando para el Programa Mundial de Alimentos. En Jijiga llevaba un año distribuyendo comida en los campos de refugiados. Viajamos en convoy. Éramos cinco vehículos, la mayoría todoterrenos Toyota con logotipos de varias organizaciones humanitarias. El campo de refugiados de Koloji está en la carretera a Harar después de atravesar el paso de Marda. Era fácil verlo desde la carretera: cientos de chozas semicirculares distribuidas anárquicamente, protegidas por un promontorio rocoso. Nada más llegar, un grupo empezó a arremolinarse alrededor del convoy. Unos guardias con palos impedían que se acercasen.

Habíamos aparcado enfrente de la oficina de la administración: un barracón de láminas de zinc y suelo de cemento. El administrador del campo, Abdullah Ahmed, tenía su despacho en una pequeña habitación. Su mesa y las sillas eran de plástico. Era un hombre maduro con barba encanecida bien cuidada. Vestía fuda, camisa blanca y una cazadora. La mayoría de los desplazados (técnicamente para ser refugiado tienes que vivir en campos de otro país) eran somalíes que vivían en comunidades de Oromia. Habían sido expulsados de sus comunidades a la fuerza o amenazados. Solían llegar también pastoriles sin razón aparente. Las condiciones de vida dentro del campo habían llegado a ser mejores que las que tenían fuera a causa de la sequía. Trataba de que no faltase lo básico, pero a pesar de ello las carencias eran muchas.

Farah, un empleado del campo, un hombre de mediana edad, viste una falda amarilla y protege su cabeza con una kufiya, parece agobiado, va a acompañarnos en nuestro recorrido. Abdullah Ahmed quiere que visitemos el centro de salud. Era fácil perderse. La imagen de aglomeración que se ve desde la carretera no cambia cuando estás dentro. Salvo lo que podríamos considerar una gran plaza, en donde mujeres vendían qat, el resto eran sendas improvisadas. Tenías que moverte entre cabañas cubiertas de plásticos. Varias mujeres construían una de ellas; parece que construirlas es un asunto de mujeres. Habían acabado de levantar la estructura de palos y empezado a hacer un "tabique" con cartones. Farah dice que era raro. "La situación empieza a estabilizarse en las comunidades y apenas llega más gente", decía. A un lado un grupo de hombres estaban sentados mascando qat.

Uno de ellos acusaba de su penosa situación a los políticos. Les acusaba de usar los conflictos de otros para esconder los propios. "¿Cómo explicar sino que llevemos años viviendo unos junto a otros y ahora estemos en la situación en que estamos?", preguntaba. Sus abuelos están enterrados en la comunidad cerca de Babile, de donde ha sido obligado a irse. Otro dice que no regresará a su pueblo sin importar lo que pase. Tenía un negocio de ropa de segunda mano. Mataron a dos de sus hermanos, quemaron su casa y saquearon el negocio. Mientras tomo notas el grupo que nos sigue se hace cada vez más grande, a pesar de que Farah no hace más que decirles que sigan su camino. Farah dice que vienen porque esperan que les demos algun tipo de ayuda.

La pobreza es palpable en el campo. Sólo vi dos "tiendas". Puede que hubiese más. Habían acondicionado dos cabañas abriendo la parte que daba a la "senda". Vendían galletas baratas, refrescos, *spaghettis*, cuchillas de afeitar, pilas, cigarrillos sueltos y chucherías. Un señor, aunque todavía no corresponde a su edad usa un bastón para caminar, me dice que nunca se imaginó llegar a la situación en que se encuentra. Tiene estudios universitarios. Trabajaba en la administración de la woreda. Dice que tuvo que renunciar a todo porque sino lo hubieran matado. Está traumatizado. Me dice que tiene grandes pesadillas cuando duerme. Parece que fue testigo de varios episodios de horror que no quiso contar.

El centro de salud, una habitación con paredes de zinc y suelo de tierra prensada, está en un estado deplorable. El responsable que nos recibe, un hombre joven, en vez de vestir una bata blanca lleva una camiseta amarilla y un pantalón vaquero, tiene en su mesa decenas de papeles desordenados y cajas de medicinas abiertas. Una silla de oficina está junto a lo que podía haber sido una vez una nevera móvil. El suelo está sucio, con cajas de medicamentos vacías y envoltorios tirados. Debajo de una de esas mesas donde se pasa consulta hay un fonendoscopio en el suelo. El responsable se queja de que la situación le desborda y no tiene ayuda. "Hay días que vienen hasta 200 pacientes", dice. No hay medicinas suficientes. Todo lo que tiene la farmacia, una ventanilla a un lado del centro, son cuatro aparadores semivacíos. En la pared hay carteles colgados con el plan de actividad de la semana, número de visitas y enfermedades y otras informaciones. Uno de los carteles explica qué hacer si hay una epidemia de AWD (como llamaban al cólera, una palabra maldita entonces en el gobierno). Parece que había habido una recientemente. Según la información de los carteles en el centro se habían tratado, en los últimos seis meses, 4.772 infecciones respiratorias graves, 2.541 casos de diarrea, 1.787 de infecciones urinarias, 740 de neumonía, 1.257 de malnutrición, 345 de malaria, 139 de heridas causadas por violencia; en la casilla de difteria no había número. El responsable vuelve a pedir más ayuda y medicinas, pero uno se pregunta cómo es posible el estado en que se encuentra el consultorio.

Ahmed La'ag es un hombre viejo. Es degaldo, su barba es blanca y usa bastón. Se cubre la cabeza con una cufiya de color amarillo. Viste sandalias, falda a rayas de color blanco y café, camisa y una chaqueta americana. Está fuera del centro de salud, sentado en un banco. Parece que espera ser atendido. Le pregunto sobre los problemas que tiene. Puso la nutrición en primer lugar antes que la salud o la vivienda, a pesar de que se quejaba de la aglomeración y la estrechez de las cabañas. "No puedo estirar las piernas sin molestar al vecino", decía. Dice que duermen más de seis personas en una cabaña pequeña.

Farah decía que los hombres están desocupados. No saben qué hacer. Pasan mucho de su tiempo mascando qat. Puede haber carencias, pero hacen todo lo posible para que las hojas que mascan no falten. Las mujeres, en cambio, se pasan el día trabajando. Van por agua a los camiones (las autoridades traen siete diarios de un río que hay a algo más de un kilómetro del campo), recogen leña (dependen de ella para cocinar), cuidan de los niños y cocinan. Diez mujeres habían muerto en dos años de picaduras de serpiente mientras la recogían. Parece que recolectarla empieza a ser un gran problema. Hace dos años costaba a una mujer dos horas, ahora necesitan todo el día. Muy pocas tienen burros y tienen que traer la leña en sus cabezas. Los daneses han construido un espacio para mujeres. Han pintado de rosa la parte de abajo de la pared de zinc. El suelo de cemento está cubierto con esteras. Había una decena descansando. Algunas con sus bebés en brazos, otras sentadas en sillas de plástico. Es un refugio de abusos dentro de un refugio de abusos. Una de las trabajadoras del centro decía que ha habido casos de violación cuando las mujeres se quedan solas recolectando leña. Se quejaba de que no había anticonceptivos en el campo, parece que no los distribuyen porque no gusta a los hombres. Dicen que "va contra su cultura". Como ocurría en Afar, el valor de los hombres se mide por el número de hijos, por eso es difícil que las mujeres planifiquen su familia. "Si las mujeres no se embarazan rápido se buscan otra. Las mujeres se embarazan para no perderlos", decía la trabajadora.

Moses me invitó a una reunión improvisada con varias mujeres. Quería saber por qué no estaba gustando el sorgo que el PMA estaba entregando. El PMA reparte cada tres meses comida para todos los habitantes del campo. Es distribuida por funcionarios del gobierno. Normalmente los refugiados reciben sacos de trigo, frijol, aceite y arroz; calculan su peso según el número de familiares y días. La diferencia con la entrega en la explanada de la mezquita es que en Koloji el PMA da, además, 210 birrs por individuo y mes. En sus intervenciones las mujeres insistieron en que preferían harina de trigo o arroz al sorgo. Moses tuvo que hacer callar a varios hombres que las interrumpían cuando hablaban. Resultaba que el sorgo no les gustaba porque al cocinar se ponía negro. "Estamos acostumbradas al pan blanco y al arroz", decían. Moses creía que en realidad su "rechazo" era por su menor valor en el mercado. El sorgo es similar al trigo en términos de nutrición. Sabe que parte del grano que reciben lo venden para sacarse algo del dinero extra que necesitan. En el mercado, un saco de trigo valía 660 birrs y el de sorgo 150. En medio están el maíz y el arroz, que costaban 450 birr. Moses decía que los comerciantes se habían quejado porque la venta del trigo donado distorsionaba el mercado al bajar los precios. Es por lo que decidieron dar dinero y sorgo en lugar de trigo.

Volví con Farah. Discutimos el futuro del campo. Según él, la violencia en las comunidades estaba remitiendo y empezaba la hora de que los desplazados volvieran a sus comunidades o buscaran un lugar fuera del campo en donde vivir. "Si no lo hacen, el campo se va a convertir en un asentamiento permanente, un nuevo nido de dependencia", decía. El gobierno quería cerrarlo lo antes posible. Estaba preocupado porque los desplazados demandaban servicios a las woredas cercanas, creando con ello más tensiones. Las woredas suelen dar hospitalidad cuando llegan, pero con el tiempo el apoyo se va deteriorando, y se ve cómo la calidad de los servicios, ya de por sí débiles, va decayendo.

Era difícil saber el censo del campo. Abdullah Ahmed tenía contabilizados 14.870 hogares y 90.000 individuos. Según Moses Jojota el PMA entregaba comida para 63.904. Contrariamente a lo que decía Farah debían estar llegando más desplazados, porque en los últimos meses los del PMA habían dado comida a 77.890. Los datos hablaban de que el conflicto o la sequía no estaban mejorando. Puede que haya 90.000 desplazados como dice Abdullah Ahmed. Ahmed La'ag, el hombre que entrevisté a la salida del centro de salud, había señalado que la falta de comida era el principal problema del campo. Puede que el PMA esté entregando comida a 77.890 cuando hay 90.000 habitantes en Koloji, por eso hay escasez.

Moses Jojota era partidario de que la gente volviera a la "normalidad" lo antes posible. "Tienen que volver a depender de ellos mismos. La ayuda es necesaria y la reciben bien, pero poco a poco va minando su autoestima", decía.

Volver a las comunidades requería seguridad y garantizar acceso a comida durante el tiempo que requiere volver a la "normalidad"; muchos de ellos trabajan la tierra y entre la siembra y la recolección pueden pasar meses. Hay, además, quien no puede o no quiere volver a sus viejas comunidades. Puede ser uno de cada tres, y buscar un nuevo lugar donde empezar no es fácil. Por otro lado la ayuda humanitaria a largo plazo es insostenible. Para Moses Jojota solo podía funcionar si estaba ligada no solo a la resiliencia y el desarrollo como decía Nazer, tenía que estarlo también a la resolución de los conflictos entre ellos.

## El lugar donde hay más refugiados que residentes

Hemos aterrizado a 800 kilómetros al oeste de Addís Abeba. Tiene algo de extraño que lo hayamos hecho en una llanura semipantanosa que penetra Sudán del Sur. En el avión había un príncipe qatarí acompañado por una misión de Naciones Unidas. Había venido desde Ginebra. La delegación ocupaba más de la mitad de los asientos. Parece que los vuelos a Gambella siempre están llenos de trabajadores humanitarios o consultores militares. La fundación del príncipe estaba pensando financiar actividades con los refugiados.

El aeropuerto está en muy buenas condiciones. Se nota que fue construido para usos militares. Aviones sudaneses lo atacaban frecuentemente durante la guerra civil que terminó dividiendo en dos a Sudán. Construyeron la pista en bloques. En caso de que sufriera daños era más fácil repararla. Estados Unidos tenía una base con drones protegida de los aviones sudaneses en Arba Minch, pero usaba el aeropuerto de Gambella para suministrar armas a una de las guerrillas que luchaba por la independencia. El presidente Clinton dio millones de dólares al SPLM (Movimiento de Liberación del Pueblo del Sur) de John Garang. Parece que George W. Bush siguió haciéndolo con su sucesor, Salva Kiir. Acabada la guerra de independencia Estados Unidos dejó de utilizarlo y también cerró su base en Arba Minch. Ahora, el Programa Mundial de Alimentos utiliza el aeropuerto como un centro de distribución en todo el Cuerno de África.

No se puede decir lo mismo de la carretera que va a la ciudad. Quince kilómetros de asfalto roto por el peso de los camiones. Las plantas la sitiaban. Desde el avión, cuando empezábamos a descender había visto una zona de bosque, pero al llegar se había convertido en una sabana de vegetación densa de arbustos y pequeños árboles. Ya en la ciudad hemos pasado el río Baro. Es ancho y caudaloso. Varias mujeres, más oscuras de piel y más altas que las del altiplano, apoyaban sus azadas en su hombro mientras caminaban por las aceras del puente.

Había quedado con Bonty Ejegu en uno de los cafés que hay a la orilla del río, bajo los árboles. Esperé que llegara viendo cómo jugaban al billar. Habían puesto varias mesas al aire libre. Bonty trabaja en los campos de refugiados. La guerra de Sudán había convertido toda Gambella en un refugio. La mitad de la población de Sudán del Sur había sido obligada a salir. Los nuer a Gambella y los dinkas a Uganda. Bonty había organizado una visita para el día siguiente a uno de los campos, pero quería explicarme algo sobre la situación. El día anterior habían establecido un toque de queda para los que trabajaban en los campos. Había riesgo de que estallase una nueva ola de violencia. Se había extendido el rumor en la ciudad de que una niña había sido degollada por su tío. Detenido por la policía, el asesino se habría convertido en gato y escapado de la comisaría. Él no creía la historia, pero la interpretaba como un mal presagio. En otras ocasiones los asesinatos y quemas de viviendas habían empezado por situaciones similares. "Muchos locales viven en un mundo en el que la magia y realidad se confunden y es difícil saber qué va a pasar. Hay rumores de que muchos estaban visitando a los curanderos para que les diesen medicinas para hacerlos inmunes a las balas", decía. De momento la visita seguía en pie.

El café estaba a un lado de un edificio de piedra, una vieja aduana abandonada.

Gambella había sido un puerto fluvial importante en el interior de África en los inicios del siglo XX. La región recoge el agua del altiplano permitiendo un sistema de ríos navegables. Barcos de vapor repletos de algodón y café salían periódicamente para Jartum, por entonces en manos de Londres. El río Baro desemboca, después de convertirse en el Sobat, en el Nilo Blanco. Regresaban con textiles de las fábricas inglesas y armas. El comercio enriquecía a los colonialistas ingleses pero no interesaba a los anuak, la población local que cultivaba la tierra y vivía lo más aislada y autosuficiente posible. Era fácil reconcer a los anuak porque modificaban sus dientes. Escinden sus caninos y se sacan cuatro incisivos antes de la adolescencia. Los mezhenger, otra de las etnias, se movían estacionalmente por el bosque donde los hombres vivían meses cazando y recolectando miel mientras sus mujeres se quedaban en las comunidades con otros maridos; cuando regresaban del bosque sus mujeres volvían con ellos. Los nuers, un grupo pastoril de Sudán del Sur, empezaron a penetrar en Gambella a principios del siglo XX. Lo hicieron con sus rebaños de vacas en busca de pastos aprovechando las orillas de los ríos. Son famosos por sus "profetas", individuos con comportamiento errático que las comunidades asocian con "poderes mágicos y especiales". Los anuak vieron su llegada como una amenaza. Acabaron armándose con rifles que compraban a cambio de marfil. Haile Selassie mandó policías y sacerdotes y faciltó el acceso a misioneros europeos. El Derg llegó a mandar a 500 estudiantes con la misión de alfabetizar a la población y educarla en el marxismo. Se creó una brecha generacional entre jóvenes modernos y viejos tradicionales que ayudó poco al desarrollo. El conflicto se agravó con la llegada del agronegocio. Clarearon el bajo bosque y la sabana, quemaron aldeas, lugares sagrados y desplazaron a miles de campesinos anuak, esparciendo el conflicto. Existe un documental, *Dead Donkeys fear no Hyenas* (Burros Muertos no temen a las hienas) que cuenta cómo un millonario saudí de origen etíope se puso de acuerdo con el gobierno de Meles y el Banco Mundial para convertir el parque natural de Gambella en una inmensa explotación agrícola de carácter comercial. Mohammed Hussein Al-Amoudi, como se llama el millonario, consiguió diez mil hectáreas en el centro del parque para producir arroz para la exportación. Los anuak que ocupaban el territorio fueron sacados a la fuerza. Lo que les ofrecieron a cambio fue ser jornaleros en su propia tierra. Un grupo prefirió resistir el saqueo de su territorio. Dañaron las instalaciones de Saudi Star –nombre de la empresa de Mohammed Al-Amoudi– y quemaron la cosecha. El gobierno desplegó el ejército. Tuvieron que huir a Yuba, la capital de Sudán del Sur, mientras los nuers huían de la guerra de Sudán en dirección contraria a Gambella.

Al día siguiente Bonty Ejegu llegó temprano a buscarme al hotel. Había asegurado la visita al campo de refugiados de Jewi, pero antes teníamos que pasar por la oficina de ARRA, la organización del gobierno a cargo del campo. Al llegar varios policías sin tan siquiera levantarse, estaban sentados en un banco, subieron con una cuerda la valla. Conocían a Bonty. La cita era en la oficina de uno de los directores regionales. Nos recibió en una pequeña sala llena de mapas colgados en la pared. Era un hombre joven. Vestía una camiseta a rayas blancas y azules. Una cruz de madera le colgaba del cuello hasta donde empezaba la camiseta.

En Gambella había siete campos instalados lejos de la frontera para proteger a los refugiados de posibles incursiones transfronterizas de grupos armados. Los campos se comprometían a proteger a sus residentes, a darles seguridad, comida y otros servicios mínimos. Para llegar desde la ciudad a los campos a veces necesitaban dos días de viaje. No era tanto por la distancia como por las dificultades de acceso. Tenían que ir en convoy por razones de seguridad y rodear zonas pantanosas intratables, sobre todo en época de lluvias. No ocurría lo mismo con los Centros de Recepción de refugiados que estaban cerca de la frontera. De allí los llevaban a Centros de Tránsito, donde informaban a los refugiados de su estatus migratorio y acordaban el campo a ser enviados. Resultó que

Gambella era el lugar con más refugiados de Etiopía. Lo extrordinario era que había una población mayor de refugiados que de residentes. Según los datos de ARRA había en Gambella 397.455 refugiados y una población oficial de 350.000 habitantes. El funcionario de ARRA decía que les ayudaba en su trabajo, que la mayoría de la población no llegaba a verlos como refugiados. La mitad, ellos o sus padres, habían llegado antes también de Sudán del Sur. Los veían como la continuación de una dinámica migratoria iniciada a principios del siglo XX, cuando los nuer empezaron a llegar a Gambella por las orillas de los ríos con su ganado.

Cuando visité Gambella era tiempo de sequía. Si no llueve el tránsito mejora y combatientes y refugiados aprovechan para moverse. No todos los que llegaban iban a los campos. Hay una red construida por familias, parientes e instituciones étnicas nuer que opera a través de la frontera. Muchos se quedan con amigos o familiares, aunque la gran mayoría vivía en los campos de refugiados. Su llegada estaba afectando a la tradicional estructura de la propiedad, ya en tensión por la llegada del agronegocio. En la ciudad estaban aumentado la prostitución, los crímenes y la gente sin techo. Desde que empezó la guerra civil en Sudán del Sur los casos de malaria se habían multiplicado por cinco, Gambella se había puesto a la cabeza de infectados de sida en Etiopía, los hospitales y escuelas estaban masificados y la luz se iba todos los días. Temían que el descontento explotase rompiendo el precario equilibrio étnico de poder que existía en las instituciones entre nuers y anuaks.

Jewi estaba a unos 20 kilómetros al sur de la ciudad, en una zona de bosque bajo no lejos del río Baro. A diferencia de Koloji, en donde todo parecía improvisado en una aglomeración, Jewi se asemejaba más a una comunidad estable y organizada. Había pequeñas casas construidas con láminas de zinc como en muchos pueblos de Etiopía, muchas de ellas recubiertas con plásticos, pero también había edificios construidos con ladrillos y cemento. Habíamos entrado por una "calle" ancha de suelo de tierra. El verde y la frondosidad contrastaba con el color gris de las rocas de Koloji. En Gambella el problema no era la sequía, sino las inundaciones, que en los últimos años eran impredecibles y frecuentes.

En nuestro trayecto al centro de mujeres en donde Bonty Ejegu había organizado el encuentro vimos un camión del Programa Mundial de

Alimentos. Los trabajadores descargaban sacos de grano con la bandera de USA impresa. Estados Unidos es el mayor donante del PMA. Mucho del trigo lo habían comprado a Etiopía, que aunque parezca paradójico está produciendo en las explotaciones del agronegocio de Bole más trigo que el que consume el país. Lo que ocurre es que los refugiados no pueden pagarlo. La noticia había debido de correr rápido.

Grupos de mujeres, algunas con pozales y carretillas, estaban empezando a llegar. El almacén estaba protegido por una alta valla de alambre. Más adelante, al otro lado de la calle, estaba la escuela. Era un edificio de cemento pintado en azul y blanco. Niños y niñas esperaban su entrada a clase bajo un porche. Un guardia armado con un rifle observaba distraído sentado sobre una gran piedra. La Cruz Roja había puesto un cartel con fotos de más de 300 personas desaparecidas, la mayoría niños. Se han denunciado secuestros posiblemente hechos por traficantes, pero también ocurre que muchos niños se pierden en la confusión que producen los asaltos armados a los poblados. Madres y niños toman direcciones diferentes, perdiéndose el contacto entre ellos. Hay emocionantes historias de reencuentro después de huidas épicas –estos paneles han ayudado–, pero también historias trágicas.

En plena guerra civil llegaban a Uganda cada semana 700 niños buscando refugio. Lo primero que hacían, decía Bonty, era buscar a su familia. Muchos estaban traumatizados hasta el punto que permanecían mudos durante semanas. Calculaba que el 85% de los niños tenía alguna historia de horror que contar. Habían visto cómo grupos armados habían quemado a vecinos dentro de sus casas o les habían disparado enfrente de sus familias, o cómo violaban a sus madres y hermanas, entre otras atrocidades.

Un grupo de mujeres esperaban sentadas sobre petates. Eran altas y delgadas, su piel oscura. Llamaba la atención su elegancia. Habían colocado pancartas con saludos de bienvenida y reivindicaciones sobre la planficación familiar, el matrimonio infantil y la lucha contra el VIH/sida. Al vernos se levantaron y empezaron a cantar y bailar.

Abdulwas Yusufi, un somalí alto y delgado, nos esperaba a la entrada. Estaba a cargo de Medical Corps, la organización que había abierto el espacio para las mujeres en Jewi. Había sido profesor de universidad en el área de la salud mental, pero había dejado la academia para introducir programas de salud mental en los campos de refugiados. Había más de

700 refugiados que recibían tratamiento, la mitad mujeres, pero debía haber muchos más sin atención.

Abdulwas, con barba y gafas, tenía la pinta del profesor que había sido. Afrontaba muchos desafíos en su trabajo. "No es fácil ayudar a unos refugiados que llegan para escapar de la muerte, golpeados por la pérdida de algún ser querido o con traumas encima, con los pocos recursos con que contamos", decía. La guerra civil había terminado pero seguían llegando refugiados. La violencia seguía y con ella los traumas. En los últimos meses habían llegado refugiados del hambre a consecuencia de las innundaciones. Las lluvias desordenadas y masivas que habían caído en los últimos años, probablemente a consecuencia del cambio climático, favorecían a la tierra pantanosa en detrimento de los pastos.

Nyabong tenía 35 años y seis hijos vivos. Acababa de llegar al campo y dependía completamente de la ayuda que recibía. Estaba sentada en una silla de plástico peinando a otra mujer. Solía venir al centro porque le gustaba que sólo hubiera mujeres. Los hombres traían su cultura machista con ellos a los campos. Varias mujeres habían sido violadas. Algunas, como ocurría en Koloji, cuando habían salido a recoger leña. Decía que necesitaban luz para protegerse de los violadores. Necesitaban placas solares. Nyabong pasaba horas haciendo collares y pulseras de cuentas coloridas. No había ido a la escuela y no había trabajado fuera de casa y pensaba que podía hacer algo de dinero con ello. La habían casado cuando tenía 12 años. No se acuerda del número de vacas que pagó la familia de su marido, "pero seguro que fueron más de 40", decía. Todavía existe la idea en las comunidades de que para que te vayan bien las cosas en la vida un hombre debe casarse con una mujer lo más joven posible. Puede que las familias se resistan a casar a sus hijas cuando niñas, pero acaban cediendo porque es el único bien material que poseen. Necesitan tener vacas para poder casar a sus hijos.

No lejos de donde estaban las mujeres un grupo de hombres mayores estaban sentados en sillas de plástico. El que dirigía la reunión llevaba un bastón en sus manos. Tenía una barba encanecida y cubría su cabeza con una gorra como la que usan los ciclistas. Bonty le preguntó si necesitaban algo. Parece que a veces las raciones de comida se reducían. Cuando salimos del campo vimos vacas de largos cuernos que regresaban de pastar.

# PARTE II

## En las zonas altas de Etiopía

*Civilización, religión y poder*

## Viaje al norte del altiplano

El firme de la carretera estaba en buen estado, pero aún así necesitamos dos días para llegar hasta Mekele. No es sólo la distancia, hay casi 800 kilómetros, tenía que ver con lo que podemos llamar la sociología de la carretera. Dejas Addís Abeba y nada más salir están los campesinos de Shoa, que parece que no han cambiado durante siglos. Los sociólogos que los han estudiado han quedado fascinados por su resistencia a la modernización. Mantienen sus mercados, se rebelan contra la urbanización que les amenaza, protegen sus iglesias. Pueden ser pobres, pero caminan dignos. En tramos ocupaban la carretera trillando el teff en el asfalto o moviendo sus rebaños hacia los pastos. Tienen burros, no coches. Además era época de lluvias. Tanto era el diluvio que estuvimos a punto de atropellar a una niña que salió a toda velocidad de la nada en uno de los pueblos que atravesamos. Eso no fue todo. Poco después de atravesar el túnel del Paso de Termaber y el pueblo de Debre Sina, nos encontramos con un desprendimiento de tierra. Los trabajadores tardaron más de dos horas en limpiar las rocas que bloqueaban la carretera. Por suerte no había dañado ningún vehículo. Una madre y una hija estaban desesperadas porque la madre tenía una cita en un hospital de Dessie para tratar su cáncer y no llegaba a tiempo. Temía que se la cancelaran y no le dieran otra en meses.

Después, a pesar de la tromba de agua que caía nos encontramos con un retén del ejército. Habíamos pasado el río Logi, uno de los contribuidores del Awash. Nos hicieron parar. Nos apuntaron con sus fusiles escondidos en las capas de lluvia, pero debieron de apiadarse de nosotros y no nos hicieron salir. Estábamos cerca de una de las prisiones más notorias en donde los presos trabajan en campos de frutales que abastecen Addís Abeba. Esta zona es conflictiva. Es un amplio corredor que transcurre en paralelo a los montes que separan a Wollo de Afar. Por este pasillo grupos humanos se han movido con sus rebaños o sus ejércitos en busca de territorio desde hace cientos de años; los últimos en hacerlo, las fuerzas de defensa tigriñas en su intento fallido de llegar a Addís Abeba durante la guerra entre Abiy Ahmed y el TPLF.

El último movimiento migratorio importante había ocurrido en los siglos XVIII y XIX, cuando tribus oromas pastoriles de Raya-Azebo, en la frontera entre Wollo y Tigray, convertidas al Islam, emigraron hacia el sur, unas hacia Ambo, otras hacia Harar. Era un camino inverso al que habían hecho en el siglo XVI en lo que se conoce como la gran migración oroma, cuando grupos pastoriles se movieron desde el sur en busca de nuevos territorios. Estas tribus pastoriles habían salido desde Borana, el territorio donde historiadores sitúan el origen de los oromos en la frontera entre Etiopía y Kenia, amenazando a otros grupos étnicos asentados más al norte que cultivaban la tierra. Eran tribus que iban y venían con sus rebaños en busca de un territorio benigno para sus hatos. Hubo tribus que fueron asimiladas y se asentaron. Se hicieron agricultores, estableciendo pequeños centros de poder. Las confrontaciones entre oromos y otras etnias se sucedieron. En estos centros de poder está el origen de lo que ahora son las zonas especiales oromas en Wollo que los amharas reclaman como suyas, un conflicto que se remonta a la época del emperador Tewodros II en el siglo XIX. El resentimiento en Wollo contra el poder imperial de Soha siguió con Haile Selassie. A ello se añade que afares y somalíes, empujados por el cambio climático, suben con sus rebaños de las zonas bajas en busca de agua y pastos. Como conseuencia, conflictos por el territorio eruptan periódicamente, más aún si las élites políticas los explotan en su provecho.

Este corredor puede ser muy fértil, hay incluso agricultura comercial en el valle del Borkena, pero puede ser mortífero en época de sequía. Fue aquí donde la BBC en1974 grabó su famoso programa que denunció al mundo la hambruna provocada por señores feudales que, en pleno siglo XXI, hacían negocio con el hambre. Como ocurre generalmente con las hambrunas no es que no haya cereal, el problema es que los precios son tan caros que los campesinos pobres no pueden comprarlo. Estos señores vendían el grano a precios impagables. Haile Selassie selló el fin de su Imperio al protegerlos. Testigos hablan de haber visto cientos de campesinos hambrientos arrastrándose por la carretera mendigando un trozo de pan o un puñado de kollo a los vehículos que pasaban. Los periodistas de la BBC grabaron su reportaje a las afueras de Dessie, donde hubo un gran campo de refugiados del hambre. Las imágenes son impactantes. Muestran el extremo de la miseria y el sufrimiento humano. Mientras el emperador negaba que hubiera hambre los precios de los cereales seguían subiendo sin que sus funcionarios hicieran nada para evitarlo. Decenas de miles de campesinos pobres sin cosecha por falta de lluvia y sin dinero para comprar el grano de los usureros murieron de hambre o emigraron a las ciudades en busca de refugio.

En Kombolcha la carrtera se bifurca; uno de sus ramales va hacia el Mar Rojo, al puerto eritreo de Assab, y el otro continua hasta Asmara, la capital de Eritrea, vía Mekele. Todavía hay un monolito que marca la división y conmemora la construcción de la carretera. En una placa se lee *Vittorio Emanuele III re Imperatore/ Duce Benito Mussolini/ Vicere Rodolfo Graziani/ Lazienda autonoma statale della strada apriva al trafico/ le romane vie dell impero*. Los italianos construyeron la carretera tras su ocupación de Etiopía; querían entrelazar su vieja colonia de Eritrea, la habían acabado de dominar en 1890, con Addís Abeba, la capital de un Imperio que Mussolini se había propuesto dominar. Los ingenieros italianos aprovecharon viejos caminos y añadieron puentes, túneles y drenajes para atravesar los barrancos y gargantas en Wollo y Soha y poder llegar a Addís Abeba. Casi un siglo después de la ocupación italiana las carreteras, el café expreso y el recuerdo de su brutalidad es todo lo que ha quedado de Italia en Etiopía. Fue precisamente en Kambolcha donde Haile Selassie fue derrotado, abriendo a las tropas de Mussolini el camino a la capital. Los italianos habían evitado las montañas de Tigray, donde habían sido derrotados en Adua en su primer intento de ocupación en 1896. ¿Cómo seguía en pie el monolito a pesar de las atrocidades cometidas por los colonialistas italianos en Etiopía?

El sueño imperial de Mussolini en el Cuerno de África (la África Orientale italiana) duró 6 años. La ocupación italiana se sostuvo en el racismo y la represión salvaje. Rodolfo Graziani, el hombre de Mussolini en Etiopía, defendía que "la raza blanca debe imponerse a través de su superioridad". Hubo segregación racial en los autobuses, las butacas de los cines, las escuelas, pero el colonialismo se valió sobre todo de la máquina policial y militar de represión fascista. El ejercito "civilizatorio" italiano llegó a usar armas químicas durante la guerra de invasión en

1935-1936. Miles de campesinos movilizados en defensa de su patria invadida, armados con sus viejos fusiles, murieron axfisiados a consecuencia de los gases venenosos genocidas.

Según Angelo del Boca en su libro *The Negus*, un ciudadano de cada 20 murió en los años de ocupación defendiendo su patria. Además, los italianos ejecutaron a 211.000 guerrilleros patriotas llegando incluso a arrojar a cadetes militares vivos desde aviones; masacraron a cientos de sacerdotes y monjes en monasterios e iglesias. Pero, a pesar de su brutalidad, el colonialismo italiano encalló en Etiopía. La guerra mutó en una insurgencia que duró tanto como la ocupación misma. Los italianos sólo ejercieron su poder en un tercio del país a pesar de que parte de la élite colaboró con ellos; unos bajo la idea de que el colonialismo traería el desarrollo y la modernidad y otros para resarcirse de viejos agravios personales cometidos contra ellos por Haile Selassie. La política de Graziani era enfrentar élites musulmanas y oromas contra las élites tradicionales cristianas amharas y tigriñas. Necesitaban presentar en la Liga de las Naciones que el pueblo etíope aceptaba la ocupación italiana. La ocupación duró hasta 1941, cuando un ejército organizado por los ingleses con la ayuda del emperador Haile Selassie, exiliado en Inglaterra, entró en Etiopía desde Sudán, todavía entonces una colonia inglesa.

El clímax de la represión fue la masacre de 1937 en Addís Abeba, los historiadores calculan en 30.000 los civiles asesinados. El 19 de febrero Tiruneh Moges Asgedom y Abriha Deboch, dos eritreos, intentaron asesinar a Rudolfo Graziani, el fascista italiano a cargo de la ocupación. El atentado tuvo lugar en medio de una recepción en el palacio Gennete Li'ul, ahora parte de la Universidad de Addís Abeba pero entonces sede del Governo Generale. El atentado, realizado con granadas de fabricación inglesa, fue organizado para mostrar a la Liga de las Naciones que Etiopía no aceptaba la colonización italiana.

En el ataque Graziani fue herido de gravedad y llevado al hospital, donde pasó semanas recuperándose. Decenas de funcionarios italianos fueron heridos, como lo fueron nobles y clérigos etíopes que asistían a la recepción, pero nadie murió por las explosiones. La respuesta al atentado fue terrible, sanguinaria y racista. Las tropas que custodiaban el palacio abrieron fuego indiscriminadamente dentro y fuera del recinto asesinando a cientos de los asistentes. Graziani tenía ya entonces fama de ser un carnicero. En Libia, donde había estado antes, le llegaron a apodar la "Hiena". Graziani aprovechó el atentado para limpiar Addís Ababa de patriotas que resistían la ocupación italiana. El mismo día que ocurrió el atentado sus huestes fascistas asesinaron a cualquier etíope que estuviese en un radio de 400 metros del palacio. Es difícil saber cuantos etíopes murieron asesinados ese día pero calculan su número en tres mil. La represion salvaje siguió durante tres días más. Los asesinos fueron militantes del partido fascista, los camisas negras, protegidos por soldados italianos. Se calcula que cuatro mil casas fueron quemadas, algunas con gente dentro. Muchas más saquedas y robadas durante esos tres días de orgía de sangre, destrucción y fuego. Hubo cadáveres abandonados durante días. Hay testigos que hablan de haber visto hienas y perros devorándolos. Dependiendo de qué historiadores, se calcula que en esos días de barbarie europea pudieron morir asesinados entre seis mil y treinta mil etíopes, la mayoría civiles inocentes. Las semanas siguientes Graziani aprovechó para aniquilar a la vieja clase política nacionalista que resistía la ocupación. Detuvo a 185 notables. Ejecutó a unos y deportó a Italia a otros. Siguió su represión con jóvenes intelectuales que habían estudiado en Inglaterra o habían tenido contactos con la Embajada Británica, a los que mandó ejecutar; su número pudo llegar a 200. Después cadetes de la Escuela Militar de Holetta, los Leones Negros, fueron arrojados vivos desde aviones. La Iglesia ortodoxa, que se había convertido en un núcleo de resistencia nacional, tampoco se libró de la masacre. En el monasterio de Debre Libanos, uno de los lugares más santos para los cristianos ortodoxos, 5.000 clérigos fueron ejecutados porque supuestamente habían escondido en su huida a Abriha y Moges. La masacre ha sido descrita como la mayor matanza a sangre fría religiosa en Etiopía desde la yihad del siglo XVI. Tanto Abriha como Moges lograron escapar de Addís Abeba. Un año después serían ejecutados tras ser detenidos en Qwar, cerca de la frontera con Sudán. Con la caída del fascismo, Graziani fue acusado por el tribunal de crímenes de guerra constituido por las Naciones Unidas por sus atrocidades, pero nunca llegó a ser juzgado.

Dormimos en Dessie después de atravesar el río Borkena y subir el monte Harego. En el hotel donde pasamos la noche un cartel advertía que no está permitido a dos individuos del mismo sexo dormir juntos. Parece que el dueño es un etíope cristiano pentecostal que vive en Australia. Hay una Biblia en la mesilla de noche. Dessie tiene un pequeño centro urbano moderno donde amharas de toda la zona hacen sus negocios. Esta isla de edificios altos está rodeada por un mar de casas de un solo piso con techos de zinc oxidado. Fuera de Addís Abeba la precariedad es siempre más visible que la modernidad, la pobreza que la riqueza. Lo que más impresiona en Dessie es una inmensa pared de roca orientada hacia el sur que parece protegerla, aislándola de los valles y mesetas del altiplano. Es difícil moverse en las zonas altas de Etiopía donde apenas han existido ciudades. Es un territorio partido por cañones, desfiladeros y montañas. Quizá por eso Etiopía ha sido durante más tiempo un proyecto que un Estado unificado. Estamos hablando de casi 3.000 años de historia. No era fácil para los emperadores someter a poderosos señores locales defendidos por un territorio escabroso.

El altiplano del Cuerno de África forma un inmenso y roto mazizo densamente poblado. Los campesinos dispersos por el territorio han labrado la tierra y producido granos con arados primitivos movidos por bueyes desde tiempos milenarios. Muchos siguen haciéndolo hoy. Estos campesinos están unidos por los ritos en sus iglesias y sus mercados. Aunque las autoridades quieren juntarlos en comunidades, les gusta vivir dispersos en mesetas o en las faldas de las montañas. Se socializan durante fiestas familiares y romerías a monasterios e iglesias. Hasta hace poco solían casar a sus hijas antes que menstruaran; parece que la costumbre ha ido disminuyendo notablemente, como ocurre con la mutilación genital. Pero la violencia sexual y física contra las mujeres es alta.

Estos campesinos han sido la base material de una civilización propia organizada jerárquicamente de un modo parecido al feudalismo europeo hasta que la revolución acabó con el emperador en 1974. Se trataba de un feudalismo excepcional en la África subsahariana donde los campesinos, históricamente, no han tenido interés en sostener señores o poderosos centros de poder. Son campesinos que, a diferencia de los pastoriles de las zonas bajas, no colaboran entre ellos horizontalmente para resolver sus problemas, y aceptan las jerarquías; son sus jefes quienes deciden por ellos. Hasta el fin del Imperio, cuando se estatalizó la propiedad de la tierra y se otorgó a los campesinos que la cultivaban derecho a explotarla, los señores feudales eran los dueños del territorio. Los campesinos tenían que pagar el gabbar y estaban obligados a alimentar a los funcionarios que pasaban por allí; además tenían que dar a sus señores dos o tres veces al año leña y miel y molerles el grano. Por si no fuera suficiente, los campesinos tenían además que dar "regalos" para las bodas y bautizos de los hijos de sus señores. Los trabajos artesanales los hacían castas que eran consideradas marginales e inferiores. El sistema feudal etíope era tan abusivo que *The Times* de Londres lo calificó en 1931 de mucho mas diabólico que la esclavitud. Este sistema de gabbar no se abolió hasta 1941; y sólo con la revolución de 1974 se terminó el feudalismo. De cualquier modo, el excedente del que estos señores se apropiaban era en términos absolutos modesto. Las condiciones ecológicas producían señores feudales y burocracias relativamente pobres para estándares de otros lugares, pero pudientes en términos locales. Raramente las dinastías construían ciudades para albergar su corte, las capitales eran campamentos móviles. La violencia de los señores obligaba a los campesinos a inclinarse ante de ellos, pero la posibilidad de la subversión apoyando a otros señores era real. Las guerras eran permanentes. Los amharas dicen "nosostros somos un pueblo para ser gobernado", pero al mismo tiempo también dicen; "te inclinas delante pero te pedes por detrás".

La carretera evitaba los barrancos y los valles del altiplano tanto como podía. Muchas veces atravesábamos gargantas estrechas de gran profundidad que parecían impenetrables. Llamaba la atención que a pesar de la altura no hubiera picos. Las cimas pueden llegar a los cuatro mil metros, pero suelen ser mesetas abiertas. En Alamata empezamos a penetarar las zonas altas de Tigray. Esta zona conoció la "primera woyane", un levantamiento contra Haile Selassie en la década de 1940 que fue sofocado brutalmente con ayuda inglesa. Mientras ascendíamos llovía a cántaros. Pequeñas cascadas de agua caían en cada curva cerrada que tomábamos. A veces la carretera se convertía en un pequeño torrente, pero el temido derrumbe esta vez no ocurrió.

En Mekele mi intención era visitar a un amigo que trabajaba en el gobierno regional. Quería que me ayudase a organizar un viaje a la frontera con Eritrea. La capital de Tigray tiene un aire diferente a otras ciudades etíopes: más densidad urbana, edificios continuos con más altura, más cafés y bares. Su oficina no estaba lejos del hotel en donde me hospedaba. Nada más entrar, casi sin saludarme me preguntó sobre la situación en Addís Abeba. Esos días era imposible no hablar de política. Quería saber qué pensaban de Abiy Ahmed en la capital. No hacía mucho que había sido nombrado Primer Ministro. "La popularidad de Abiy está en alza, aunque se está generando cierta impaciencia entre los jóvenes oromos", le digo. En aquellos días el retrato de Abiy estaba en cada taxi en Addís Abeba. En Mekele todavía continuaban llevando el de Meles Zenawi. Mi amigo, en su oficina, tenía todavía el de Abiy Ahmed en el suelo, esperando ser colgado. "No está claro lo que quiere Abiy Ahmed. Parece que dice lo que se le ocurre la noche anterior", dice.

La BBC acababa de publicar que un grupo de 40 hombres armados a bordo de un avión Antonov había aterrizado en el aeropuerto de Mekele, pero el avión había sido obligado a despegar por la policía estatal tigriña. No les habían dado tiempo ni a bajar del avión. Se especulaba que eran agentes federales con el propósito de detener a líderes del TPLF acusados de corrupción que se habían refugiado en su tierra natal. Se rumoreaba que la relación entre Abiy Ahmed y sus antiguos jefes tigriños no era buena. El mismo Abiy Ahmed había empezado a contar que sus antiguos jefes le habían humillado en varias ocasiones por ser oromo. Mi amigo contó que días después de ser nombrado primer ministro Gezahegn Gebremeskel, un exiliado etíope fue asesinado en Johannesburgo, supuestamente en un intento de robo. Gezahegn era un activista de la democracia y los derechos humanos. Había rumores de que el activista estaba advirtiendo de que Abiy Ahmed no iba a traer la democracia. Gezahegn Gebremeske conocía a Abiy Ahmed de cuando este estudiaba un máster en Pretoria. Según mi amigo, el objetivo de Abiy era atacar el federalismo de la constitución. "Hay rumores de que quiere sacar la estrella federal de la bandera", decía. Mi amigo tenía miedo de que la ofensiva de Abiy contra los altos líderes del TPLF en la capital, estaba cesándolos de sus altos puestos en la administración y empresas públicas, llegase a Mekele. "Si ataca a la federación, Etiopía puede convertirse en una Somalia", decía. Había cierta ansiedad sobre el futuro en sus palabras. Fuimos a comer carne cruda a un inmenso local muy concurrido en donde cantaban y bailaban música tradicional.

## En busca de los comienzos de la civilización

Wukro está a media hora de Mekele en dirección hacia la frontera con Eritrea. El conductor del taxi colectivo en el que viajo ha puesto música de Abraham Afeverki, un cantante popular eritreo. Había un cierto optimismo después del acuerdo de paz[7] entre Abiy Ahmed e Isaías Afwerki, a pesar de que ninguno de los dos líderes era popular en Tigray. Mucha gente tenía familia a ambos lados de la frontera; algunos no se reunían desde hacía más de veinte años, y pensaban que tras el acuerdo, las fronteras se abrirían y podrían volver a asistir juntos a bautizos, bodas y entierros. En septiembre, la frontera de Zalambessa fue abierta en medio de festejos, pero seis meses después Eritrea la cerró de nuevo a los eritreos. Solo etíopes con permiso especial podían pasar[8]. Los negocios a ambos lados de la frontera habían florecido en esos meses, pero resultó ser una ilusión. El conductor señalaba los vehículos con matrículas de Eritrea que veía llenos de mercancías. "Vienen a comprar. Se extrañan de que puedas elegir qué cerveza beber. En Eritrea solo hay una y más cara", decía el taxista, que veía a los eritreos como pobres. La paradoja era que los eritreos siempre habían visto a los tigriños como menos desarrollados y atrasados. Era una de las razones por las que se habían separado de Etiopía. Pero desde la independencia las cosas habían cambiado. Tigray no tenía el atraso de antes, mientras la economía eritrea languidecía. "No sé cómo les va a explicar Isaías a los eritreos que en Tigray hay más cosas y más baratas que en Eritrea", decía el conductor.

Wukro es un pueblo de carretera que ha crecido con desplazados y refugiados; muchos de ellos huérfanos de guerra. Sus alrededores son populares por las pequeñas iglesias excavadas en roca, normalmente en lo alto de montañas que rompen dramáticamente el altiplano. Hailu, un joven alto, delgado, de pelo rizado, contaba que el turismo atraído por estas pequeñas ermitas, muy tempranas en la historia del cristianismo, estaba cambiando el lugar, pero traía también problemas generacionales. "El dinero está creando conflictos dentro de las familias", decía.

7. En el verano del 2018 Abiy Ahmed visitó Asmara e Isaías Afwerke visitó Addís Abeba, formalizando los acuerdos de paz de la guerra de 1998-2000 que los gobiernos anteriores etíopes se habían negado a firmar durante 20 años. Etiopía se negaba a devolver Badme a Eritrea como había resuelto en 2007 una Comisión Internacional creada para resolver las disputas fronterizas. La comisión fue establecida como parte de los Acuerdos de Argelia que dieron fin a la guerra y que los dos países se habían comprometido a cumplir.

8. En enero del 2019 se abrió la frontera en Humera-Omhajer donde Etiopía, Eritrea y Sudán confluyen.

Los jóvenes querían hacer otra cosa que emigrar a los países del golfo. Treinta años de gobierno del TPLF había puesto a una región descuidada, como fue Tigray durante el gobierno de Haile Salessie, en la corriente del desarrollo nacional. Pero las parcelas son tan pequeñas que no producen excedentes. El suelo, agotado tras cientos de años de deforestación y cultivo, no da más de sí por mucho que el gobierno les dé abonos químicos. Todavía suelen cultivar como si nada hubiese cambiado desde que se introdujo el arado; siguen cosechando con hoz; trillan pisando las espigas junto a sus animales sin parar de dar vueltas. Mientras lo hacen los golpean con sus varas para que no se coman el grano. Hailu dice que su familia cultiva sobre todo cebada. Su padre tiene un camello al que ata el arado. Cuenta que su bisabuelo participó y sobrevivió en la batalla de Adua, aunque murió semanas después asesinado por tener una amante equivocada. Está tratando de convencer a su familia para que construyan un *lodge* para alojar turistas, los ingresos aumentarían y no tendrían que emigrar, pero no puede convencerles. "No quieren dejar de cultivar", decía.

Se sabe que Wukro era importante antes de que existiese una civilización propia en Etiopía. Los sabaenos, un pueblo del actual Yemen dedicado al comercio, establecieron en el lugar, hace 2.700 años, una colonia y construyeron un templo en medio de un valle rodeado por montañas. Conocido como Meqaber Ga'ewa estaba dedicado al dios Almaqah, quien se cree representaba la luna y era para los sabaenos su dios principal; para ellos la luna era masculina.

Nos habíamos desviado de la carretera a Mekele por un camino de tierra que atravesaba una pequeña planicie cultivada. Cuando llegamos al templo, en medio del valle un hombre viejo quitaba unas lonas. Le habrían debido de avisar de nuestra llegada desde el pequeño museo que habíamos visitado. Una estructura metálica protegía lo excavado. El templo había sido edificado sobre un podio dentro de un perímetro protegido por un muro. Los arqueólogos habían rescatado lo que se supone era el centro ritual: una habitación rectangular orientada hacia el oeste a la que fueron añadiendo más habitaciones. El templo funcionó por lo menos hasta el siglo IV antes de Cristo.

Se accedía a la habitación sacra por un pórtico; el piso era de baldosas de piedra y estaba cubierto con grandes listones también de piedra, salvo el área del altar, que se supone estaba abierto al cielo. Una capilla donde se celebraban sacrificios estaba en el centro de la habitación. Los sacrificios debían ser el corazón del rito dedicado al dios Almaqah. El altar de sacrificios tenía en sus lados falsas ventanas como decoración. En su cornisa habían escrito un texto grabado en piedra. Estaba escrito en sabaeno. *Wa'ran, el Rey, quien derrotó a los enemigos, hijo de Radiúm y Shakkatum, la compañera, reconstruyó el altar para Almaqah, cuando fue nombrado Señor del templo de Almaqah en Yaha; bajo instrucciones de Attar y Almaqah y Dat Hanyim y Dat Ba'dan.* Los arqueólogos piensan que Wukro debía pertenecer a una red de colonias con sus templos dedicados a Almaqah en lo que es hoy el norte de Etiopía y el sur de Eritrea con su centro en Yeha (Yaha), cerca de lo que hoy es Adua.

Dentro del altar se ha encontrado un canalón con forma de cabeza de toro por donde fluiría la sangre de los sacrificios. Se conectaba a una canaleta de 2 metros de largo construida en un solo bloque de piedra caliza que terminaba a su vez en una pequeña bañera también de piedra. Posiblemente habría figuras de dioses sobre el altar y estatuas de mayor tamaño a los lados junto a grandes incensiarios. Todavía sobrevivían sus plataformas. A los arqueólogos les llamó la atención una estatua de una mujer con un vestido decorado sentada en un trono. En su pedestal escrito en sabaeno se lee: *Almaqah, puede conceder la bendición (varón) descendencia.*

El ofrecimiento de líquidos al dios Almaqah, sobre todo sangre, debía ser el centro del ritual. Un toro era generalmente el animal sacrificado. Los fieles que habían sufragado el sacrificio se untaban con sangre de la bañera en el cuerpo. Esperaban recibir una ayuda o protección de los dioses. El dios Almaqah les aseguraría fertilidad, prosperidad y riqueza. Traían también pequeñas figuras de mujeres, hombres y animales, pequeñas jarras, ollas, incensarios… hechas en barro, que depositaban como ofrenda ante Almaqah. Las habíamos visto antes en el pequeño museo de Wukro donde se guardan los artefactos encontrados durante las excavaciones. El templo tenía que ser importante, porque llegaban fieles de lugares lejanos. Se sabe por el análisis geoquímico del barro con que han sido producidos. El incienso quemado, posiblemente sufragado por los creyentes, daría misterio a la ceremonia y escondería los olores del sacrificio facilitando la atención de Almaqah.

Antes que llegaran a Wukro, los sabaenos habían construido una civilización en lo que es hoy Yemen. No es tan conocida como la mesopotámica o egipcia, pero hace más de tres mil años las poblaciones del Sur de Arabia habían establecido su propia civilización. Tenía su manera de gobernar, su arquitectura autóctona, su escritura, sus oráculos, sus propios dioses. Almaqah era su dios más importante y sus templos existían en todas las ciudades y colonias sabaenas, aunque coexistía con otros dioses locales. Su capital estaba en Marib, a las puertas del gran desierto del sur de Arabia, donde se había construido una enorme presa que permitió convertir a la ciudad en un gran oasis. Los sabaenos podían alimentar enormes caravanas que cargadas de incienso y mirra atravesaban de sur a norte la Península Arábiga comunicando el Océano Índico con el Mediterráneo.

No era solo al Mediterráneo donde llegaban los yemeníes, los arqueólogos han descubiero que el intercambio entre las dos orillas del Mar Rojo es incluso anterior a la civilización sabaena. Excavaciones recientes han descubierto que hace 6.000 años existía ya un intercambio de obsidiana ($SiO_2$) establecido por grupos de cazadores recolectores. Estos grupos tejieron redes de intercambio entre zonas altas y bajas del Cuerno de África y entre estas y la costa del Yemen. La obsidiana, un cristal volcánico de color negro verdoso traslúcido, era muy apreciada en el paleolítico por su facilidad para trabajarla. Se ha encontrado obsidiana del Cuerno de África en Egipto. En el año 4500 a de C., en Niagada los artesanos ya la usaban para hacer cuchillos, pendientes y cuentas. Más tarde, cuando los artesanos egipcios empezaron a usar más metales y menos herramientas de piedra, seguían usando la obsidiana etíope para las pestañas de sus estatuas. Obsidiana etíope ha sido encontrada en la Tihama, la zona costera yemení del Mar Rojo, lo que habla del tamaño de la red de intercambio establecida por estos grupos de cazadores recolectores.

Cuando llegaron los sabaenos a Tigray encontraron un territorio ocupado por poblaciones locales que conocían la agricultura, la ganadería y el comercio, pero que todavía no habían organizado ningún centro de poder importante. Los sabaenos ganaron prestigio entre la población local con sus obras de irrigación más que con sus habilidades militares. En Qohaito, una colonia en lo que es hoy el sur de Eritrea que abría el camino al puerto de Adulis, todavía se conserva una presa construida por ellos. Es una época de la que no se sabe mucho con certeza. Los historiadores se quejan de que hay más conocimiento sobre los tempranos homínidos que habitaban Afar hace millones de años que sobre las primeras poblaciones en Etiopía que comenzaron a experimentar con la agricultura, el comercio y el poder hace unos pocos miles. No hay que descartar que el altiplano del Cuerno de África haya sido uno de los centros pioneros de la agricultura. Poblaciones autóctonas de cazadores-recolectores tuvieron que experimentar con plantas salvajes locales. Llegaron a domesticar autóctonamente teff (un cereal que necesita mucha agua y ha llegado a ser el grano nacional etíope), mijo de dedo (eleusine coracana), ensete dagusa (muy consumido en la actualidad en el sur) y varias especias. También hubieran podido producir variedades propias de cebada y trigo con semillas llegadas desde Antioquía a través del Nilo o el Mar Rojo. Como sabemos, grupos pastoriles habían domesticado el burro en la zona del lago Turkana. Es muy posible, además, que cuando llegaron los sabaenos estuvieran cultivando lentejas, sorgo, sésamo y algodón, productos llegados desde Sudán a través de los ríos que desembocan en el Nilo.

Los historiadores creen que la población principal que encontraron los sabaenos cuando llegaron era de habla cushítica, la familia de lenguas que se hablaba al sur del Nilo. Se piensa que los agaw podrían tener sus raíces en ellos. Estos grupos tenían su propia religión y cultivaban con hoz, posiblentente bajo el sistema de tala y quema, aunque seguirían cazando y recolectando. Crónicas de viajeros de Egipto y Grecia que visitaron Etiopía en el siglo II hablan todavía de abundancia de caza y de grupos de elefantes moviéndose por el altiplano. Es muy posible que grupos originarios se movieran en busca de refugio hacia el sur, entonces una zona de bosque, pero otros se quedaron y acabaron usando el arado traído por los sabaenos, frecuentaron sus templos y aprendieron su alfabeto.

## ¿El primer centro político en el África subsahariana?

Tuve una discusión en la estación de autobuses de Wukro para viajar a Adua. El conductor quería que ocupase solo uno de esos microbuses para 15 o 16 personas que comunican la Etiopía rural, además de que pagase más de tres veces el precio de todos los asientos juntos. La asociación de guías de Wukro había sacado unas reglas que supuestamente impedían a viajeros no etíopes usar los taxis colectivos como un local más. Al final llegamos a un acuerdo y pude viajar como cualquier otro pasajero pagando una especie de impuesto por no ser local. La mayoría de mis acompañantes bajaron en Adigrat, donde la carretera se bifurca. El ramal principal sigue hasta Asmara, aunque la frontera continuaba cerrada. El otro gira hacia el oeste hacia Shire. Parece que las rutas de las caravanas sabaenas tenían un trazado similar. Las colonias se distribuían en el eje Axum-Yeha-Matara-Kaskase-Adulis, un puerto al sur de Masawa desde donde embarcaban mercancías del Cuerno de África a los puertos del sur de Arabia, Egipto o India.

El paisaje entre Adigrat y Adua es dramático. Se atraviesa un desfiladero para meterse en una garganta o subir a una pequeña meseta con vistas espectaculares. Son un poco más de 100 kilómetros por una carretera en buen estado, o lo estaba antes de la guerra. Yeha, a donde íbamos, fue levantada donde las montañas empiezan a perder fuerza. Los sabaenos aprovecharon una pequeña cuenca con tierra fértil rodeada de montes de roca volcánica con fácil acceso al agua para establecer su principal centro administrativo en territorio africano. Estaban entonces las montañas repletas de bosques, algo que resulta difícil de imaginar hoy, hasta el punto de que los campesinos tienen que usar desperdicios de vaca para cocinar ante la falta de leña. Me encontré con un grupo de niños que los recogían y metían en sacos. De tanto en tanto se podían ver a un lado de la carretera camellos cargados de leña dirigiéndose a los mercados semanales. No sé de dónde vendrían.

Llegué a Yeha desde Adua en un bajaj que tenía pintado el retrato de Meles Zenawi. Meles, tras la caída del Derg, había sido hasta su muerte el hombre fuerte de Etiopía. Había nacido en Adua, donde seguía siendo considerado un pequeño dios. Veías sus retratos en lugares públicos. En la parada de "taxis" un niño llevaba un collar con su retrato al estilo de los que había en China en tiempos de Mao. Adua ocupa un lugar mítico en la lucha contra el colonialismo en África. La batalla es famosa porque los ejercitos de Menelik II derrotaron en 1896 a los colonialistas italianos llegados desde Masawa para conquistar y colonizar Etiopía. Una victoria que enfrió las ansias colonialistas italianas durante cuarenta años y facilitó la expansión del Imperio etíope hacia el sur. La derrota de un ejército europeo nunca había sucedido antes en el África subshariana. Con su victoria los africanos recuperaron algo de su autoestima, perdida tras las conquistas europeas. Etiopía ganó un enorme prestigio entre los africanos, hasta el punto de que la sede de la Unión Africana se encuentra en Addís Abeba.

Meles Zenawi se había opuesto a cualquier culto a la personalidad, pero a la entrada de Yeha le habían erigido una estatua. No sé por qué lo habían puesto al lado de un obispo. En la estatua Meles, vestido con una cazadora, saluda con una gorra con el brazo levantado. El obispo, vestido con su ropa eclesial, lo hace con una cruz ortodoxa. Están los dos encima de un pedestal pintado con la bandera federal de Etiopía en un terreno que apenas empezaba a ser urbanizado. El artista los había pintado de colores, como es habitual en muchas partes de África. Para un europeo el resultado conseguido tenía un cierto aire naif. Cuando estaba tomando fotos llegó un grupo de funcionarios locales. Estaban asistiendo a un curso en un edificio cercano que todavía estaba con andamios; era un centro de estudios del Frente de Liberación Popular de Tigary (TPLF) construido en honor a Meles. Él mismo había sido un apasionado del estudio. Siendo primer ministro se había matriculado en la Universidad Abierta de Londres para estudiar un doctorado. Los funcionarios se retrataron uno detrás de otro.

Lo primero que se ve al llegar a Yeha es un templo. Llama la atención la altura de sus paredes y la ausencia de ventanas. Usaron grandes bloques de piedra caliza perfectamente tallados para levantar los muros. Estamos hablando de hace casi tres mil años. Estos bloques pueden tener hasta tres metros de largo y pesar toneladas. Los arqueólogos alemanes que lo han excavado han encontrado a un lado varias tumbas cavadas en roca. El templo estaba dedicado, como el de Wukro, a Almaqah. Yeha, como sabemos por la inscripción del altar de Wukro, fue el centro político de Daamit, como llamaban los sabaenos al conjunto de sus colonias en el Cuerno de África. Su palacio Grat Be'al Gebri tenía tres pisos. Estaba construido sobre un elevado podio al que se accedía por escaleras; podría haber sido el mayor edificio de África de la época fuera de Egipto. Yeha era también un centro comercial y artesanal donde se fabricaban utensilios, herramientas y armas. Yeha controlaba directamente el comercio de una zona que se extendía desde el oeste de Axum, un territorio atravesado por ríos provenientes de las montañas Siemen que desembocan en el río Nilo en Sudán, hasta las orillas del Mar Rojo. Los comerciantes sabaenos desde Yeha podrían abastecer sus puertos de productos exóticos desconocidos o escasos fuera de África que eran muy apreciados.

Es muy posible que las oportunidaes agrarias que ofrecía el lugar hubieran podido haber sido consideradas para seleccionar Yeha como su capital. Las caravanas recorrían mucha menos distancia que las de Arabia, pero aun así necesitaban al menos cinco días para recorrer el camino desde Yeha al puerto de Adulis (250 kilómetros). La cuenca de Yeha podría producir los excedentes agrícolas necesarios para alimentarlas. Los arqueólogos han ido encontrando diferentes colonias a lo largo de la ruta que las caravanas recorrerían. En Mezber, caravanas provenientes de Yeha se juntarían con caravanas cargadas con incienso y sal provenientes de Wukro; seguirían a Matara y Qohaito, desde donde iniciarían el descenso hacia el Mar Rojo.

El puerto de Adulis estaba ubicado en la bahía de Zula, a 40 kilómetros al sur de Masawa. Es difícil saber cuándo empezó a funcionar como un centro de intercambio "internacional", pero en las capas excavadas más profundas se han encontrado fragmentos de vasijas de vidrio pertenecientes a la XVIII dinastía de Egipto (1550-1295 a.C.). En Egipto existen desde muy temprano referencias a la Tierra del Punt en el mar de Eritrea, donde los egicios se abastecían de incienso, obsidiana y otros productos "exóticos" como pieles raras o madera de ébano. Es muy posible que Adulis fuera uno de esos puertos. En el siglo I o II d. C. todavía continuaban llegando caravanas a Adulis desde Axum, según lo escrito en *Periplo en el Mar de Eritrea* por un marinero griego que viajó por el Mar Rojo durante esas fechas. Se comerciaba con oro, marfil, cuernos de rinoceronte, caparazones de tortuga, pieles especiales, maderas, animales salvajes y obsidiana, entre otros. Los griegos y romanos, por su parte, traían a Adulis ropa, aceite de oliva, vino, instrumentos de hierro, cobre, bronce y cristal. El reino de Aksum habría empezado a controlar el puerto. Había ganado poder impulsado por el monoteísmo que se estaba abriendo camino en la región con la decadencia del Imperio Romano. La práctica de estas nuevas religiones estaban revolucionando los ritos y hundiendo el comercio de las resinas. Los sabaenos, sin recursos suficientes, no pudieron mantener el poder de Yeha, posibilitando la emergencia de Axum. El nuevo Estado acabó integrando a la minoría sabaena de origen semita con la población mayoritaria autóctona. El arado y el comercio continuaron. Lo mismo pasó con el alfabeto, y las lenguas semíticas llegadas desde Arabia que, evolucionadas, se siguieron hablando por las clases altas.

## La civilización axumita

Tenía que haber sido una masiva estela de 33 metros de altura indicando la tumba de algún hombre poderoso, posiblemente un rey, pero yacía rota en piezas en el suelo de Mai Shum en una terraza a los pies de Beta Giyorgis. La estela estaba tallada, lista para ser levantada. Tuvo que caer a tierra mientras la erigían en el año 350 de nuestra era, haciéndose pedazos. No debía ser fácil manipular las estelas. Se requería, aparte de riqueza, un elevado nivel de organización y habilidad para mover los cientos de toneladas que pesaban. Estos enormes monolitos de piedra tenían que haber sido transportados con tracción humana y animal desde la colina de Godebra, a las afueras de la ciudad, donde estaban las canteras. Es posible que hubiesen domado elefantes, pero de todos modos se requería coordinar una numerosa fuerza de trabajo para picar las canteras, traer los bloques y esculpirlos. Luego, mediante rampas, cuerdas y apoyos había que encajarlas en fosas para ir levantándolas poco a poco hasta que, erigidas, marcasen las tumbas. Es cuando tuvo que caer la gran estela.

Los arqueólogos han excavado su mausoleo, escondido bajo la superficie. Encontraron varias cámaras con cadáveres junto a ollas de cerámica, cristalería, cuentas, marfil tallado, espejos de metal y espadas ceremoniales. Eran las tumbas de una élite "rica". La muerte y sus cuidados separaban a los gobernantes del resto de la población.

Las grandes estelas estaban talladas simbolizando un edificio de varios pisos. En la base, una puerta falsa de entrada como las que todavía existen en iglesias de Lalibela; después, ventanas similares a la tallada en el altar sabaeno del templo de Wucro, separadas por representaciones de vigas como si señalaran pisos en ascensión; el ápice solía ser un semicírculo plano donde mediante clavijas de metal se sujetaba alguna placa con inscripción. En todo el cementerio, hoy el parque de las estelas, solo una (20,6 metros) de las tres más altas ha sobrevivido tal como fue erigida. La más grande tenía 13 pisos, era la que yacía rota; otra fue llevada a Roma, había caído a tierra muchos siglos después de ser erigida. Mussolini se la llevó en 1937, sus piezas fueron reensambladas para ser levantada en la Piazza di Porta Capena como un signo de su victoria militar en Etiopía. Los italianos la devolvieron recientemente, tras años de insistencia de las autoridades etíopes.

Axum está a 35 kilómetros de Yeha. Habíamos llegado siguiendo la gran cresta que viene desde Adigrat; era sorprendente que 2.000 años después siguiera siendo un centro administrativo en un mundo de campesinos profundamente religiosos.

Seglamenn es una comunidad cercana a Axum desde donde se divisa el valle del río Mai Negus/Hase. Estaba siendo excavada por arqueólogos italianos. Buscan entender cómo pudo nacer una civilización tan temprana en un territorio relativamente aislado del Mediterráneo. Los arqueólogos mostraron interés en el lugar después de que un campesino encontrara una inscripción en una piedra. En la misma, escrita en sabaeno, se habla de la reerección o restauración de un templo dedicado a un dios llamado Hawbas. Lo que llamó la atención a los arqueólogos era que Seglamenn no era una colonia. La mayoría de la población eran no migrantes sabaenos. Cuando estos llegaron Seglamenn era ya un centro agropastoralista importante con actividades artesanales, industriales y comerciales. La población local cultivaba cereales, eragrostis (una hierba dulce), frijoles, linaza, pero seguía recolectando plantas silvestres; el ganado era importante, tenían vacas, ovejas, cabras, burros y camellos. Sus artesanos trabajaban el cuero, producían ropa y hacían cristal. Se han encontrado evidencias de que comerciaban con el Valle del Nilo y el Mar Rojo. Los sabaenos no habrían empezado la "civilización" en Etiopía.

En Kidane Mehret, otra comunidad cercana a Axum, arqueólogos han encontrado indicios de la existencia de una cultura autóctona. Una arquitectura de casas rectangulares construidas en piedra no recubierta, con techos de paja. Era una comunidad de cultivadores que seguían cazando y recolectando. Las excavaciones vuelven a mostrar que no había una influencia directa sabaena cuando se estableció. Se han desenterrado artefactos de cobre, pero no de hierro; muchos de los instrumentos recobrados fueron fabricados en hueso y en piedra. La influencia del último paleolítico está presente, pero conocían la cerámica, algunos metales y tallaban el marfil.

Estas poblaciones originarias habían conseguido hacia el siglo I desplazar a Yeha como centro de poder. Lo sabemos por el geógrafo Strabo, que nombra Axum en su tratado escrito en esa época. El libro *Periplo en el mar de Eritrea* se refiere al gobernante de Axum como "príncipe superior y educado que conoce el griego". En el siglo III, cuando empiezan a erigirse las grandes estelas, Axum es ya reconocido como el centro de poder número uno de la región. Es verdad que las estelas se encuentran a lo largo de todo el Cuerno de África desde que habían llegado los pastoralistas, como ya sabemos por los pilares que marcaban las tumbas igualitarias del lago Turkana y, muy posteriormente, en otros lugares como en Gedeo (Tututi) y Gurage (Tiya) al sur de Etiopía, pero nunca alcanzaron ni antes ni después la sofisticación y poderío que encuentran en Axum. Era la prueba de que poblaciones africanas habían establecido una poderosa civilización en el África subshariana al inicio de nuestra era.

La aristocracia sabaena de orígen semítico se habría fusionado con la población cushita indígena para dar nacimiento a una nueva elite de raíces africanas cada vez más independiente de Marib. La nueva élite adoptó una nueva lengua semítica pero diferente a la sabaena, como muestran las inscripciones de la época. La piedra del rey Ezana, probablemente del siglo IV, encontrada cerca de Axum, expresa bien estos reajustes que están ocurriendo entre las élites políticas. Contiene el mismo texto en tres lenguas, el ge'ez, el sabaeno y el griego con dos alfabetos, el griego y el sabaeno. El ge'ez, del que se derivan el amariña y el tigriño, sigue usándose hoy en Etiopía en los ritos religiosos del cristianismo ortodoxo. El amariña y el tigriño siguen escribiéndose con el alfabeto sabaeno.

Hacia el siglo IV los reyes de Axum habían expandido sus fronteras hacia el oeste y norte, disputando territorios y tributos a los viejos reinos nubios de Meroe, al norte de Jartum, en el Nilo. Estos reinos seguían construyendo pirámides para sus muertos, aunque ya no escribían con jeroglíficos. Se han independizado de los egipcios y han establecido poderes locales cuando lo ocupan los axumitas. Axum controla también a los pastoriles beja del norte en lo que hoy es Eritrea; el puerto de Adulis en el Mar Rojo y empieza a hacer incursiones en la Tihama, la zona costera del Mar Rojo en Yemen, amenazando al poder sabaeno y después a sus herederos. La ciudad debía sentirse segura porque no construyeron muros u otras estructuras de defensa. En el sur, en zonas boscosas del rugoso altiplano, grupos de lo que llegarían a ser los agaw resistían la dominación política del nuevo estado.

El reino de Axum debe su éxito a su privilegiada ubicación para controlar las rutas comerciales que surtían a los puertos del Mar Rojo con productos africanos. Los ríos Takezze y Marib pasan por su territorio camino del Nilo. El Takazze nace cerca de Lailibela, atraviesa las montañas Simien y corre hacia el oeste separando Amhara y Tigray para unirse en Sudán con el Atbara, desembocando en el Nilo en las cercanías de Meroe. El río Marib separaba a Axum de las tribus pastoriles del norte. Sabemos que Axum controlaba el puerto de Adulis al menos desde el siglo I. Hacia el siglo III Axum emite moneda para facilitar el comercio. Las monedas son acuñadas en oro, plata y cobre. El comercio con el Mediterráneo debió ser importante, sobre todo con los griegos. El peso de las monedas está basado en el sistema monetario romano y sus inscripciones están en griego. Los ptolomeos, la dinastía de origen griego-macedonio que gobernó Egipto en los albores de nuestra era, tenían bases comerciales en el Mar Rojo.

Monedas de Axum han sido encontradas en Palestina y Egipto, pero se sabe que Adulis comerciaba también con puertos de la India y la costa este africana. Las monedas tienen la efigie del rey y signos religiosos anteriores al cristianismo.

Donald Levine, un sociólogo profesor de la Universidad de Chicago ya fallecido, estaba interesado en entender cómo se modernizan sociedades tradicionales. Llegó a escribir profusamente sobre Etiopía. Le atraía su resistencia a dejar atrás sus tradiciones. En sus libros ha contado cómo las rutas comerciales, tan importantes en los orígenes de la civilización en el Cuerno de África, han sido fundamentales a lo largo de su historia contribuyendo decisivamente a la formación de Etiopía como una unidad de diferentes culturas y lenguas. Comercio y poder imperial no han estado tan alejados entre sí. Como sabemos, todavía el Emperador Menelik II, en los albores del siglo XX, financiaba su expansión imperial con caravanas de marfil y esclavos que atravesaban de oeste a este el sur de Etiopía. Estas caravanas que atraviesan desde el principio de la historia el Cuerno de África para llegar a los puertos del Mar Rojo con productos africanos es lo que explica para Levine cómo un territorio de difícil comunicación geográfica, tan diverso ecológica y étnicamente, de diferentes religiones, pudo convertirse en una misma entidad civilizatoria. Levine explica cómo gente de diferente origen recorría largas distancias para vender o comprar productos. Usaban como dinero barras de sal cuando no tenían monedas. El comercio ponía juntas a las etnias separadas. Había mercados regionales donde las comunidades intercambiaban sus especialidades. Todavía en la primera mitad del siglo XX, en el mercado de Debre Tabor, una población amhara no lejos del lago Tana, traían caminando ginger de Chilga a seis días de camino, mantas de lana de Gaint a tres días, algodón de Tigray a once días, plata elaborada de Dessie a 10 días, sal de Afar a 14 días y café de Jimma a un mes. Había otros mercados regionales en Axum, en Harar, en Bonga (cerca de Jimma) y en Gondar. Había también caravanas desde las zonas lacustres del valle del Rift, Konso, Arboré, o el Valle del Omo que unían el sur con el norte. Los del norte llevaban incienso, mirra, cuentas, algodón y sal y los del sur esclavos, oro, civet, cera, pieles y ginger. En el sur el comercio ponía juntos a oromos, gurages y sidamos separados por guerras tribales. En el norte a amharas, afares y tigriños.

## ¿Como llegó Etiopía a ser cristiana antes que Europa?

Enfrente del parque de las estelas está la nueva Iglesia de Santa María Zion, el lugar más venerado en Etiopía. Cuando la visité, cientos de mujeres con su cabeza cubierta con chales blancos rodeaban el recinto sagrado. Muchas mujeres no entran en las iglesias porque están menstruando o han tenido relaciones sexuales la noche anterior. Lo tienen prohibido. Algunas apoyaban sus manos sobre el muro que delimitaba el recinto sagrado. Mostraban la misma devoción que los cronistas dicen que ha habido en Axum desde que sus emperadores adoptaran el cristianismo como religión de Estado en el siglo IV. La caída de la gran estela tuvo que ser interpretada como un mensaje divino de que algo no andaba bien con la vieja religión. Los historiadores ponen la conversión en manos del Emperador Ella Amida en el año 330, cuando Axum acuña por primera vez una moneda con la cruz en un lado y la efigie de Ella

Amida en el otro. El emperador romano Constantino, cuya capital estaba en Bizancio, había ya legalizado el cristianismo, aunque él mismo no era todavía cristiano. En esa época solo los reyes armenios habían dado un paso semejante adoptando el cristianismo como religión de estado.

Hasta el año 2019 no hubo evidencia arqueológica solida que confirmara la llegada tan temprana del cristianismo, pero ese año unos arqueólogos publicaron el artículo "Beta Samati: discovery and excavation of an Aksumite town" en la revista *Antiquity*, publicada por la Universidad de Cambrige, en el que anunciaban que habían descubierto la iglesia cristiana más antigua conocida en el África subsahariana hasta la fecha. Era un edificio de 18 metros de largo por 12 de ancho construido en el viejo estilo romano de las basílicas, grandes edificios usados para la administración pública. Análisis de radiocarbono hechos a varios artefactos encontrados en el lugar –estuvieron excavando entre el año 2011 y 2016– permitió a los arqueólogos datar su uso religioso en una fecha tan temprana como el siglo IV. Entre los artefactos encontrados en la basílica había varios objetos con imágenes de toros y otros símbolos precristianos, pero también había cruces. En más excavaciones hechas en los alrededores se encontraron un anillo de oro, figuritas de ganado, cruces, incensiarios, sellos y fichas probablemente destinadas al comercio. También se encontró un colgante de piedra en el que había grabada una cruz. Cerca del muro oriental del templo hallaron una inscripción pidiendo el favor de Cristo. Los arqueólogos creen que cristianismo y paganismo convivían en los primeros años de culto. Han encontrado evidencias de que se celebraban ritos cristianos paganizados.

El cristianismo llegó a Axum desde el Mar Rojo traído desde el Mediterráneo por comerciantes cristianos sirios y griegos. En diversas excavaciones en el puerto de Adulis se han encontrado dos iglesias cristianas construidas en fechas similares a la de Beta Samati. La ligazón del cristianismo con el comercio parece confirmarse por la propia ubicación de Beta Samati a orillas de la vieja ruta de las caravanas, a 45 km de Axum camino al Mar Rojo. En las excavaciones los arqueólogos han encontrado almacenes comerciales adosados a las iglesias con productos locales y del Mediterráneo. Religión y comercio tenían que estar muy cerca. La influencia del cristianismo se fue desplazando desde el comercio a la élite política y desde esta a la población. Las excavaciones han mostrado que la ciudad de Axum estaba socialmente dividida cuando el estado adopta el cristianismo. Había grandes palacios, áreas para la élite como Ta'akha, pero había otras zonas más modestas donde vivían artesanos, quizá esclavos; y en las afueras asentamientos para campesinos. De hecho hasta finales del siglo V el cristianismo no fue de devoción popular; no se han encontrado cruces u otros signos cristianos fuera de las iglesias y palacios. Fue en el siglo VI, con la llegada de misioneros sirios conocidos como los nueve santos, cuando el cristianismo penetra en la población. Estos misioneros sirios se desperdigan por el territorio convirtiendo los viejos lugares sagrados pre-cristianos en capillas cristianas. El primer monasterio que se supone construyeron, Debre Damo, está en una colina, inexpugnable por sus paredes verticales, a un lado de la carretera entre Yeha y Adigrat, no lejos de Axum. Estos propagadores del cristianismo empezaron celebrando sus ritos en arameo hasta que acabaron adpoptando el ge'ez, la lengua local, para sus misas.

La principal razón que llevó al emperador Ella Amida a adoptar el cristianismo como religión de Estado estaba vinculada a la geopolítica. El poder de Axum tenía que actuar para asegurar sus rutas comerciales en el nuevo orden que la crisis del Imperio Romano estaba creando. Tanto el judaísmo como el cristianismo, dos religiones monoteístas, empezaban a ganar adeptos. El Islam, otra religión monoteista, se añadiría más tarde para poner orden al caos que había creado la decadencia romana. El patriarca de Alejandría empezó a nombrar a los obispos de Axum. Mientras, el rey axumita establecía alianzas con Bizancio. Hacia el siglo VI Axum se había convertido en una potencia regional. Julián, un embajador del emperador Justiniano de Bizancio, quien llegó a Axum en la primera mitad del siglo, dice que era "la ciudad más grande de la zona". Describe al rey "vistiendo ropa de lino refinadamente adornada con bordados en oro", viajando en un "carruaje arrastrado por elefantes" y viviendo en un "palacio con cuatro torres". El poder de Axum empezó a declinar con la revolución islámica. Comerciantes árabes convertidos al Islam comenzaron a controlar los puertos marítimos debilitando el comercio de los cristianos axumitas. Fue para Abisina el comienzo de un aislamiento que duraría siglos y solo se rompería con la llegada de turcos y portugueses en el siglo XVI.

A escasos metros de la vieja catedral hay un pequeño y renovado edificio de base cuadrada. La vieja Santa María Zion fue construida por el emperador Fasilidas de Gondar en el siglo XVII, pero nadie está seguro de cuándo se construyó el pequeño edificio que está a su lado. Se supone que en él se guarda el Arca de la Alianza, la caja de madera construida por las tribus judías en el Sinaí por orden de Jehová para guardar la tabla de los diez mandamientos. Solo el sacerdote asignado para su custodia tiene permitdo el acceso a la habitación donde supuestamente se encuentra. El pequeño edificio está vigilado día y noche por guardias armados. ¿Por qué en un recinto cristiano se venera con tanto celo uno de los símbolos más importantes del judaísmo? ¿Cómo llegó el Arca de la Alianza hasta Axum si se supone que el templo de Jerusalén fue construido por los judíos para albergarla?

Uno de los libros más sagrados de Etiopía es el *Kebra Nagast: la Reina de Saba y su único hijo Meneliik*, también conocido como "el libro de la gloria de los reyes". El libro parece estar escrito para responder a estas preguntas, pero es también un libro de política: legitima a los emperadores su derecho a gobernar. El libro narra de forma épica el encuentro en Jerusalén entre el Rey Salomón y la Reina de Saba; y cómo su hijo Menelik trajo el Arca de la Alianza a Etiopía como prueba de que Dios habría seleccionado a los etíopes como su nuevo pueblo elegido, otorgando a los sucesores de Salomón el derecho a gobernar Etiopía.

El libro cuenta cómo la Reina de Saba viajó a Jerusalén atraída por la sabiduría del Rey Salomón. Después del encuentro, que acabó en romance, la reina regresó embarazada a Etiopía, donde nació su hijo Menelik. Una vez alcanzada la edad adulta Menelik regresó a Jerusalén a visitar a su padre. El Rey Salomón lo recibió de muy buenas maneras, hasta el punto que le ofreció el trono de Israel, pero Menelik amablemente declinó. Después de pasar un tiempo en Jerusalén, Menelik decidió regresar con el Arca de la Alianza. Lo hizo sin el consentimiento del Rey Salomón y de los sumos sacerdotes. El libro cuenta cómo fue ayudado por los primogénitos de la élite israelí con quienes Menelik había hecho amistad. Cuando se enteró el Rey Salomón del robo mandó detenerlos, pero no tuvo éxito. Menelik y sus compañeros lograron embarcar llevándose con ellos el Arca de la Alianza a Etiopía. La conclusión que el *Kebra Nagast* saca de todo ello es que la apropiación del Arca de la Alianza por Menelik no hubiera podido ocurrir si Dios no lo hubiese aprobado. Menelik tuvo que actuar protegido por un mandato divino. La presencia del Arca de la Alianza en Etiopía era la prueba de que Dios había designado a Etiopía como su nuevo pueblo elegido. Manelik I y sus descendientes tenían legitimidad divina para gobernar y fundar una nueva dinastía salomónica mientras el Arca estuviera en su poder.

En Axum había visitado el palacio Dungur, en donde se supone habría vivido la Reina de Saba. Hay un cementerio enfrente donde podría estar su tumba. Pero el relato del *Kebra Nagast* no concordaba con las fechas dadas por los arqueólogos tras sus excavaciones. El palacio habría sido edificado en el siglo VI de nuestra era y en el cementerio no había rastros de su tumba. Si el *Kebra Nagast* estuviese en lo cierto la Reina de Saba habría vivido en Axum hace 3.000 años, tiempos en que según la Biblia vivió el rey Salomón. Una fecha en la que la ciudad de Axum no había sido establecida. Las únicas evidencias que ofrece el libro están basadas en la Biblia, pero hasta las citas contienen errores. Existen otras explicaciones de cómo el Arca de la Alianza pudo llegar a Axum. Graham Hancock escribió en 1992 un libro de ficción, *The Sign and the seal*, para explicarlo, pero no ofrece ninguna prueba. El libro nada en suposiciones y especulaciones indocumentadas. Tampoco se ha encontrado en las inscripciones axumitas de la época ninguna mención a judíos, ni ningún rastro del uso del hebreo, ni alusión al Arca de la Alianza.

Quizá el libro guarda otras intenciones escondidas en un relato basado en leyendas más que en hechos. No hay ninguna evidencia que sostenga lo que expone. Se sabe que el *Kebra Nagast* fue escrito en el siglo VI por un sacerdote copto, no por un rabino. Además, se trata de una fecha de mil años después de que supuestamente hubiese viajado la Reina de Saba. Posiblemente, los emperadores –Axum se encontraba en su apogeo– querían tener su propio libro sagrado que legitimara su poder. El libro durmió en el ostracismo con la decadencia de Axum hasta que fue recuperado en el siglo XII por reyes locales al sur de Axum, quienes se planteaban reconstruir el viejo imperio. Se sabe que fueron añadidos varios capítulos al texto original en la época. Es muy probable que el culto al Arca de la Alianza fuese introducido para legitimar el poder de esta nueva dinastía que estaba naciendo en torno a Lalibela, donde grupos de poder agaws habían adoptado el judaísmo. La refundación del Imperio necesitaba legitimación y qué mejor que un libro que había sido popular en los tiempos de mayor esplendor de Axum. Reclamar el derecho a gobernar por descender de una línea salomónica podía resultar atractivo en un momento que reinos judíos y cristianos se disputaban el poder. El libro, de hecho, discute sobre lo que hace a un rey ser genuino. La respuesta del *Kebra Nagast* es que la legitimidad descansa en la genealogía probada por la posesión de algún objeto sagrado. La posesión del Arca de la Alianza confirmaría la descendiencia directa del Rey David (la línea salomónica de los reyes) de los emperadores etíopes. Es muy probable que Yekuno Amlak, el rey que estableció la nueva dinastía en Lalibela, hubiese recuperado el libro para legitimar la nueva dinastía instaurada. Se sabe que en esa época el *Kebra Nagast* se difundió profusamente. El mismo rey se presentaba a sí mismo como un heredero de Salomón. Todavía el emperador Haile Selassie, en la segunda mitad del siglo XX, reclamaba su derecho al trono por ser descendiente del Rey Salomón y la Reina de Saba.

## En la frontera con Eritrea

Mi amigo de Mekele me había concertado una cita en Shire para visitar Ademyte, una comunidad kunama en la frontera con Eritrea. Shire no está lejos de Axum, alrededor de una hora y media en taxi colectivo, por lo que fue fácil llegar. La ciudad había sido establecida como una guarnición militar, pero se ha expandido como un cruce de caminos. Allí se encuentran las carreteras que vienen de Gondar, Mekele y Humera. Se trataba de una visita organizada por un equipo dedicado a la salud de la mujer. No sabían si íbamos a salir al día siguiente como estaba previsto. Esparaban a alguien de Addís Abeba, pero no llegaba. Habían recibido una llamada informándoles de que la carretera entre Bahir Dar y Gondar estaba cortada. Jóvenes de la zona habían reaccionado con furia tras conocer el asesinato en el centro de Addís Abeba de Simegnew Bekele, el ingeniero a cargo de la construcción de la Gran Presa Renacimiento del Nilo, quien era de la zona[9]. Al día siguiente la situación

9. Simegnew Bekele había muerto de un tiro en la cabeza. Tenía programada ese mismo día una rueda de prensa en la capital. Días antes Abiy Ahmed había insinuando que el gobierno anterior del TPLF podría haberse beneficiado de la corrupción en las obras

no mejoraba y no había ningún indicio de que fueran a abrir pronto la carretera. Así que el equipo decidió no esperar y salir para Ademyte como estaba previsto.

En el hotel me presenté al jefe del equipo, el doctor Hagos. Era un hombre de mediana edad. Había estudiado medicina con el propósito de ser cirujano; ahora trabajaba en la salud pública. Estaba encargado en el gobierno regional de acabar con prácticas tradicionales dañinas para la salud de la mujer. El doctor tenía interés en los kunama debido a que es una de las pocas etnias vivas que quedan en el Cuerno de África con una historia de matriarcado. Las mujeres kunama, no los hombres, otorgan la pertenencia a la etnia. Para ser kunama tu madre debe ser kunama, no importa quien sea tu padre; incluso tradicionalmente no se consideran parientes los familiares de este, lo que facilitaba la libertad sexual de las mujeres, algo no bien entendido por los campesinos cristianos y los pastoralistas musulmanes adscritos al patriarcado. En la tradición kunama solo las mujeres podían ser "sacerdotes"; eran conocidas como "andinnas", un puesto no hereditario al que se llegaba en procesos de iniciación acreditado con tatuajes y marcas en la piel. Estas mujeres, después de adquirir poderes espirituales, visitaban las comunidades y hacían curaciones y protecciones. Lo paradójico era que las mujeres kunama se someten en la actualidad a una severa mutilación genital asociada normalmente con el patriarcado. Una práctica dañina que el doctor Hagos se había propuesto eliminar.

A la mañana siguiente salimos muy temprano. Ademyte está al noroeste de Shire, literalmente en la frontera con Eritrea. Para llegar tienes que tomar la carretera que va a Humera hasta llegar a Shiraro y desde allí desviarte hacia el norte y tomar otra más pequeña. En total son entre dos y tres horas de viaje; además, el doctor Hagos quería entrevistarse antes con funcionarios locales en Shiraro, donde está el centro administrativo de la woreda.

La woreda de Shiraro es un territorio roto por montañas y llanuras

---

de la presa. La rueda de prensa nunca llegó a celebrarse. Bekele murió horas antes dentro de su coche en la plaza Meskel mientras esperaba el cambio de un semáforo. Algunos testigos dijeron que habían visto a una persona correr con una pistola en la mano –parece que las cámaras no funcionaban ese día– pero la policía semanas después dijo que se había tratado de un suicidio. La familia guardó silencio y emigró a Canadá.

que se extiende desde la frontera con Eritrea hacia el sur durante más de 30 kilómetros. El Frente de Liberación Popular de Tigray, el TPLF, empezó allí su lucha armada aprovechando la cercanía a la frontera. Uno de los que viajaba en el mismo Toyota todo terreno decía que a pesar de las mejoras que ha habido desde entonces es difícil encontrar una familia que no dependa de las remesas que envían esposos o hijos para salir adelante cada mes. Era, decía, su "póliza de seguros contra cosechas que no son suficiente para vivir todo el año". A pesar de que hay suelo fértil donde se cultiva comercialmente sorgo, sésamo y legumbres, sin los dólares recibidos no podían sobrevivir a la sequía o a gastos extraordinarios por enfermedades o accidentes. Una situación de la que se aprovechaban *brokers*, contrabandistas y traficantes que habían convertido la migración en una de las industrias más rentables de la zona aprovechando la cercanía fronteriza con Sudán. En las comunidades sus tentáculos identificaban a clientes potenciales y calculaban lo que las familias podrían pagar por el viaje. El precio solía ser alrededor de 200 libras sudanesas en un pago de una vez solo para cruzar la frontera con Sudán. Pero los *brokers* solían ajustar los precios con la información que recopilaban. Mi acompañante se quejaba de que en Europa, en vez de combatir las causas que alimentan la emigración prefirieran poner trabas en el camino a los emigrantes. En Etiopía, policías europeos estaban entrenando a policías migratorios para mejorar el control de las fronteras. "Es muy probable que sólo consigan enriquecer más a traficantes y contrabandistas al subir los precios", decía. En Sudán, los europeos estaban financiando y equipando a milicias árabes acusadas de genocidio en Dafur, los temidos janjaweed, reciclados para bloquear el paso de los migrantes. Luego serían uno de los actores de la guerra civil, las Fuerzas de Apoyo Rápido, que asoló Sudán. "Parece que contener la llegada de africanos a Europa es lo único que les importa", decía. Se quejaba de que les trajeran sin cuidado los métodos que usaban para ello. "Solo son jóvenes que quieren salir de la pobreza y tener oportunidades. ¿Por qué no les ayudan?", decía.

En Ademyte, los montes de Eritrea se ven en el horizonte. Entre ellos y donde estamos nos separa una llanura no cultivada donde todavía hay minas de la guerra de 1998-2000. Parece que la última guerra (2020-2022) también ha sido devastadora. Por esta zona entraron las tropas eritreas de Tokombiya que tomaron Sheraro. Todavía quedaba un tanque abandonado de la primera guerra en el que jugaban unos niños. Las casas estaban diseminadas en un espacio sin calles y sin aparente estructura.

Eran construcciones sencillas de piedra y tejado de láminas de zinc. Habían construido recintos a su alrededor para guardar y proteger a sus animales. Una pequeña tienda de la comunidad ofrecía productos básicos. Un joven alto de cara alargada y estrecha cargaba unos sacos en un camello.

Enfrente de la casa en donde estaba previsto celebrar la reunión habían colocado sillas y bancos de metal bajo la sombra de dos grandes árboles.

Cuando llegamos, dos mujeres tostaban granos de café en una pequeña cocina de latón calentada con leña; luego los molieron con un mortero de madera.

No empezó la reunión hasta que acabaron de preparar el café. Las dos mujeres en una ceremonia nos rociaron de humo con un incensario y nos obsequiaron una taza de café. Eran las mujeres que estaban a cargo del programa del doctor Hagos en la comunidad.

Es posible que los kunama sean uno de los grupos vivos más antiguos de esta zona del Cuerno de África. Su lengua es de origen nilo-sahariana.

Habitan zonas bajas del suroeste de Eritrea y noroeste de Etíopía, cerca de la frontera con Sudán. Los nara y los poderososos beni-amer han sido sus "enemigos" históricos. Han competido durante siglos por territorios, pozos y animales. Este conflicto ancestral acabó enquistándose de forma perversa en la guerra de independencia de Eritrea (1961-1991). La guerrilla del Frente de Liberación Popular de Eritrea (EPLF) reclutó guerrilleros entre los beni-amer, quienes asesinaron a varios kunama. Para protegerse de las agresiones de los beni-amer, los kunama buscaron protección en el gobierno de Addís Abeba. Cuando se proclamó la independencia de Eritrea en 1991 Isaías Afwerki los consideró traidores y enemigos, expulsándolos de Barentu, una ciudad al oeste de Asmara donde muchos de ellos vivían. Tuvieron que emigrar a otras ciudades eritreas pero otros pasaron la frontera estableciéndose como refugiados en Etiopía.

Durante el viaje habíamos hablado sobre la guerra de 1998-2000. "Lo de Badme[10] fue una excusa. La guerra no fue una confrontación por territorio", decían unánimamente. Lo que ocurrió fue que "el gobierno en Addís Abeba acabó interpretando la política de Eritrea como que quería aprovecharse de Etiopía y entró en una dinámica de guerra a regañadientes".

Tras la independencia los dos gobiernos, liderados por antiguos guerrilleros que habían luchado contra un enemigo común, habían acordado dejar la frontera abierta. La línea era arbitraria. Había sido trazada bajo intereses coloniales, no de las comunidades. Había familias que vivían a ambos lados de la línea. Los intercambios continuaron en birr, la moneda etíope, pero no favorecieron a los dos países de la misma manera. Eritrea acabó sacando provecho. "Para que te des una idea, Eritrea compraba café en Etiopía y lo exportaba como si fuera eritreo, obteniendo las divisas para ellos". Cuando empezaron las conversaciones afloraron viejas rencillas personales de los tiempos de la lucha de liberación entre los líderes. "Eritrea se veía a sí misma homogénea y fuerte y veía a Etiopía débil, dividida étnicamente, con un ejército endeble. Isaías Afwerke decidió sacar partido económico, pero nunca previó la fuerte reacción de Etiopía", decía mi amigo. Según él, los servicios de seguridad etíopes empezaron a pasar informes al gobierno calificando la situación como "inaceptable" a pesar de que Meles no quería una confontación militar. "Se produjo una situación loca. Etiopía empezó a prepararse para una guerra que sus líderes evitaban. Al final estalló por sorpresa. Llevó a Etiopía un año rehacer su ejército; incluso abrió las puertas de regreso a militares del Derg, hasta que al final ganó la guerra".

10. La guerra empezó en Badme cuando soldados eritreos en marzo de 1998 mataron a vatios soldados. Todavía no está claro cómo esta pequeña "invasión" acabó en una guerra que duró dos años. Badme, un pueblo cercano a Ademyte, no era especialmente valioso. Su ubicación en una llanura cultivable no tiene nada especial y no da ninguna ventaja militar. Además solían venir trabajadores temporales de los dos países para faenas agrícolas. Pero por razones no claras los dos países lo reclamaban como suyo hasta el punto de empezar una guerra. Durante la lucha contra el Derg estuvo primero bajo control del Frente de Liberación de Eritrea (ELF) pero luego pasó a manos del TPLF. Badme parecía una nimiedad para dos gobiernos cuyos líderes habían colaborado para derribar al Derg y habían llegado a acuerdos para una independencia amigable de Eritrea. Pero esa nimiedad combustionada por otras razones se convirtió en una guerra. Al final de la guerra Etiopía había recuperado militarmente Badme pero la Comisión Internacional reconocida por Etiopía que delimitó la frontera tras la guerra se lo dió a Eritrea.

La guerra fue librada como una guerra de trincheras. Algunos soldados que participaron contaban que tenían los dedos entumecidos de tanto apretar el gatillo. Eran oleada tras oleada de reclutas de ambos ejércitos intentando avanzar. Murieron al menos 160.000 soldados (60.000 etíopes y 20 mil eritreos han sido reconocidos oficialmente) y un millón de personas desplazadas. Ciudadanos de los dos países que no tenían nada que ver con la guerra sufrieron sus amargas consecuencias. Hubo personas nacidas en Etiopía, que nunca habían puesto un pie en Eritrea, que fueron deportadas después de extirparles la ciudadanía porque sus padres eran eritreos. Los policías se presentaban de madrugada en las casas, arrestaban a los presentes y los metían en autobuses para llevarlos a la frontera. Solo podían llevarse con ellos lo que cabía en una bolsa. Hijos, hermanos o esposos que no estaban en casa fueron dejados atrás o viajaron en autobuses con destinos diferentes. Algunos niños tardaron meses en reunirse con las familias. Las comunicaciones entre Eritrea y Etiopía se cerraron. En la frontera, junto al sello de salida, los policías etíopes escribían en los pasaportes "Expulsado. Nunca volver". Los eritreos procedieron a tomar represalias. UNICEF estimó que al menos 60.000 etíopes fueron expulsados de Eritrea y vivían como podían en Tigray y Afar.

Tras la derrota en la guerra, Isaías Aferwerki volvió a acusar a los kunama de haber ayudado a Etiopía. Habrían dejado entrar al ejército etíope a través de su territorio. Muchos kunamas fueron perseguidos y arrestados; otros huyeron a Etiopía y acabaron en campos de refugiados como había sucedido anteriormente. Fue con ellos con los que Isaías Aferwerki volvió a vengarse cuando sus tropas atravesaron la frontera para ayudar a Abiy Ahmed en su guerra contra el TPLF. No se sabe el número de asesinados, cuántos fueron llevados de regreso a la fuerza a Eritrea y los que lograron huir del ejército eritreo.

Acabamos juntándonos bajo los árboles más de 40 personas, mujeres activistas, la delegación de Mekele, los funcionarios de la woreda que se sumaron en Shiraro, un grupo de hombres viejos entre los que había un sacerdote ortodoxo y un policía de uniforme, que parecían fuera de lugar. Detrás de las sillas y bancos había hombres jóvenes sentados en el suelo. La mujer que había preparado el café presidía la reunión con un libro de notas en sus manos. Se había vestido elegantemente para la ocasión. La mujer explicó en qué consistía su trabajo y las dificultades que encontraba. No era solo la mutilación genital lo que sufrían las mujeres, a veces del tipo más duro, sino que cosían los labios vaginales como en Afar, había también matrimonios infantiles arreglados, cortes en el cuerpo, matrimonios entre primos de primer grado... El grupo que lideraba lo formaban más de veinte mujeres que hacían visitas de puerta en puerta. En la libreta que llevaban estaba el registro de las visitas, las campañas planeadas, fechas, los problemas que encontraban y los compromisos hechos por las mujeres que visitaban para dejar atras las prácticas dañinas. Los diferentes grupos iban interviniendo. Un hombre joven de la administración de la woreda, que vestía un pantalón vaquero y una camiseta amarilla y que se había unido al grupo en Shiraro, felicitó a las mujeres por su esfuerzo. Quería que introdujeran en las visitas algo de educación agraria para mejorar la productividad. Pensaba que si mejoraban sus ingresos sería más fácil abandonar las tradiciones perjudiciales. Los viejos callaban. Se habían quitado los chales blancos de algodón, los shamma, que usan como abrigo en el altiplano. Permanecían sentados en sus sillas con rostro serio. El sacerdote llevaba un sombrero religioso amarillo; examinaba un folleto que el doctor Hagos había traído para apoyar el trabajo del grupo de mujeres. Cuando llegó su turno les recomendó "dejar de hacer tantas fiestas que no consiguen otra cosa que empobrecer a las familias". El doctor Hagos en su intervención premió el esfuerzo del grupo de mujeres, les prometió más apoyo. Haría todo lo posible para conseguir más recursos económicos para sus actividades y las emplazó a seguir haciendo su trabajo.

## ¿Por qué los jóvenes se van de Eritrea?

Poco después de regresar de Tigray a Addís Abeba conocí a Eden. Trabajaba entonces de cajera en una tienda que vendía comida italiana en Bole mientras esperaba respuestas de universidades de Estados Unidos a sus solicitudes. No hacía mucho que había llegado de Adi Harush, un campo de refugiados eritreos al sur de Shire. Nos vimos varias veces en uno de esos cafés modernos que han florecido en los últimos años en esta parte moderna de la ciudad. "En Eritrea no tienes salario, nada. Hombres y mujeres están allí años haciendo el servicio militar sin ingresos, sin familia y sin saber hasta cuándo. Te roban el futuro", decía cuando le pregunté por las razones de su salida de Eritrea[11].

Es mejor que Eden –tenía entonces 25 años– cuente ella misma su historia.

"Salí de Eritrea porque hay muchos problemas en nuestro país. En Eritrea el desarrollo se ha parado. A la escasez hay que añadir que no hay nada que hacer. Sentía que lo que se me ofrecía no era suficiente para lo que yo quería. Sabía que podía hacer algo diferente que se me negaba. Tenía talento para aprender y experimentar y no había dónde.

"Cuando decidí irme estaba haciendo el servicio militar obligatorio en Asmara. Es un servicio que no sabes cuándo termina, cuándo te dicen 'puedes volver a tu casa'. Según la ley, las mujeres pueden estar hasta los 40 años, y los hombres hasta los 50. Conocí a gente que había ido a la guerra en 1998 cuando tenían 18 años y todavía seguían haciendo el servicio militar.

"No solo te entrenan para la guerra, trabajas sin salario en proyectos públicos, a veces te dan algo insignificante, hay soldados que trabajan para proyectos personales de altos mandos. Yo llevaba tres años en el ejército cuando me fui. Me llamaron a filas con 22 años. Podría haber estado otros diez haciendo todos los días lo mismo. La idea me asustaba".

Los días que nos vimos coincidió con que un tribunal en Canadá había aceptado una demanda contra una empresa minera de Vancouver, Nevsun Resources, por abuso de derechos humanos en una mina que tiene en Eritrea, en Bisha. En concreto, le acusaban de usar esclavos como mano de obra. Según la demanda, explotaba a más de mil soldados para extraer oro, cobre y zinc. Trabajaban 12 horas al día, seis días a la semana. El salario neto que recibían era de 17 dólares al mes. En otro caso, en Amsterdam una organización de eritreos había puesto una demanda contra la Unión Europea por financiar la construcción de una carretera donde trabajaban conscriptos. La "ayuda" estaba ligada al fondo especial

11. En 1994 Eritrea, nada más separarse de Etiopía, impuso un servicio militar obligatorio. Los jóvenes lo aceptaron como contribución a la construccion de un nuevo Estado nacional. Pero tras la guerra contra Etiopía la situación cambió. Los jóvenes empezaron a ver el servicio militar por su duración como una carga. La salida al rechazo fue la emigración. Se estima que el 12% de una población de 6 millones podría estar viviendo fuera del país. El régimen se aprovecha de las remesas que envían a sus familias y de un impuesto al ingreso en el extranjero.

creado por Bruselas en 2015, un fondo de 4.600 millones de euros, supuestamente para "afrontar la raíz de las causas de la migración". Bruselas lo aprobó, a pesar de que Eritrea está en el Índice Global de la Esclavitud, un informe en el que se denuncia la esclavitud moderna actual. Eritrea estaba denunciada por obligar a la juventud a trabajar sin paga o con una paga miserable.

Le pregunté cuándo pensó en salir, qué pensaba su familia y si fue fácil.

"Primero decidí pedir un pasaporte. Pero no me lo dieron. Me dijeron que tenía que acabar antes el servicio militar. Me enteré de alguien a quien le habían dado uno alegando problemas médicos. Lo intenté de esta manera pero tampoco funcionó. Tienes que pertenecer a su árbol, conocer a algún militar con influencia para que te lo den. La unica salida que tenía era salir sin papeles.

"Mi familia no sabía que había decidido irme. Si se lo decía no me lo hubieran permitido. Mucha gente ha muerto en el camino. Estarían en continua alarma. No quería preocuparles más de lo necesario. Además no podían ayudarme con los gastos. Recurrí a una amiga que vivía en Canadá para que me prestara dinero. Estuvieron dos semanas sin tener noticias mías, me imagino que suponían las razones.

"No era la primera vez que mi familia afrontaba una situación así. De los cinco hermanos y hermanas que tengo dos lo habían intentado ya. Yo era la tercera en intentar salir. Tres hermanas están ahora casadas y viven en Asmara, la más pequeña estudia en la universidad. Una de mis hermanas mayores intentó salir desde el puerto de Assaba a un puerto de Yemen, su destino era Arabia Saudí, pero fracasó. Había pagado 5.000 nafkas por una travesía que dura medio día pero fue engañada por los contrabandistas. Pillaron el dinero y no se presentaron a la cita. No volvió a intentarlo. El que tuvo éxito fue mi hermano, que salió cuando tenía 16 años. Vive ahora en Jartum. Estaba muy influenciado por las historias que contaban de gente que había salido y quería imitarlos tan pronto como pudiera. Hay mucha presión entre los jóvenes por salir. Pensaba seguir la ruta de Libia[12] pero tanto mis padres, como

12. La ruta a Libia es considerada la más peligrosa de todas. Traficantes y contrabandistas han organizado una trama de robo, secuestro y explotación con los migrantes (incluso convirtiéndolos en esclavos y haciendo negocio con sus órganos) aprovechando el vacío estatal creado por el derrocamiento de Gadafi. A pesar de que muchos que fue-

mis hermanas y yo misma hicimos todo lo posible para que desistiera. Es muy peligrosa. Ahora tiene 19 años y parece que se queda en Sudán".

Los contrabandistas y traficantes son diferentes. Los primeros son operadores que se mueven al borde de la legalidad. Su trabajo es facilitar el viaje de la gente que quiere emigrar. Les ayudan a sacar los pasaportes, a conseguir visas o, si no tienen papeles, a conectarlos con guías que les pasan por las fronteras. Su negocio acabaría si los gobiernos facilitaran el movimiento de las personas. Los segundos son criminales que se aprovechan de los migrantes valiéndose de la indefensión legal en que se encuentran. A veces lo hacen conchabados con contrabandistas y policías pero muchas veces actúan por su cuenta. Saben que unos migrantes sin papeles no pueden denunciar sus abusos, extorsiones y chantajes. Actúan con total impunidad. Es una industria criminal que se ha expandido enormemente, capaz de modificar rutas rápidamente o diseñar otras nuevas. Libia fue el corredor más usado por los jóvenes eritreos para llegar a Europa hasta que estalló la guerra civil. Después de atravesar el Sahara embarcaban en sus puertos rumbo a Italia. Con los combates, los centros de detención fueron cerrados. Sin ninguna protección el número de migrantes eritreos secuestrados, esclavizados y asesinados por los traficantes se disparó. Ha habido incluso masacres. Esa fue una de las razones que llevó a Eden a salir de Eritrea por la frontera etíope.

"Decidí viajar a Etiopía en vez de a Sudán porque los precios son más baratos. Mi meta era Canadá. La mayoría prefiere salir por Sudán. Es la ruta más fácil para llegar a Europa. Hasta hace poco había una vía popular a través de Libia y una menos frecuentada a través del Sinaí. La ruta de Libia es la que había seguido mi amiga que ahora está en Canadá. Es una vía cara y peligrosa. Hay muchas historias de gente que ha caido en manos de traficantes o es violada al pasar las fronteras. Tenía miedo de ser una víctima y preferí la vía etíope.

"La ruta a Etiopía es más barata y segura, pero exige estar bien físicamente. Caminamos durante siete días líderados por un guía. Mi amiga pagó 1.500 dólares por mi 'pasaje' hasta la frontera. Luego me enteré de que algunos del grupo habían pagado hasta 2.500 dólares. La mayoría

---

ron liberados de las redes de explotación y trata no pudieron seguir su viaje y se quedaron estancados en la guerra de Libia. En el año 2023 había 256.000 migrantes registrados en Libia, entre ellos 30.803 mujeres y 23.102 niños.

había pedido el dinero a amigos o familiares que ya estaban fuera. Uno del grupo que hizo un pacto con los contrabandistas para pagar a la llegada a Etiopía fue amenazado porque no llegaba el dinero. Cuando llegamos a la frontera el guía llamó al familiar y le advirtió que si no arreglaba el problema 'el caminante lo pasaría mal'.

"Siete días de camino era algo que yo podía hacer. Era soldado y todos los días hacíamos algun tipo de ejercicio. Entrenábamos, corríamos, nos preparaban para la lucha. Nos tenían siempre haciendo algo para que no pensáramos en otra cosa y sabía que podía aguantar. Salimos un grupo de 13. Caminábamos solo durante la noche para evitar a los soldados patrullando. Si nos hubiesen detenido habríamos sufrido severos castigos. Puedes estar hasta seis meses o un año en la cárcel".

Le pregunté por el camino y qué clase de dificultades tuvieron.

"El territorio no es fácil, además caminábamos a veces por zonas deshabitadas para que no nos vieran. Subíamos montañas para volver a bajarlas, para subir otras y bajarlas de nuevo, así durante la mayor parte del viaje. Otras veces teníamos que caminar por arena. Dormíamos en cimas o en cuevas donde era difícil que nos detectaran. El sol pegaba fuerte aunque solíamos caminar de noche. Era duro. Atravesamos zonas selváticas donde solo viven animales. Vimos leopardos y hienas. Teníamos miedo porque sabíamos de historias de gente mordida por las fieras. Tuvimos suerte y no sufrimos ningún ataque.

"Al tercer día un chico del grupo entró en pánico y se negó a seguir. Tuvimos que dejarlo. Después nos enteramos de que el muchacho pudo regresar sano y salvo a Asmara. Lo intentó de nuevo por la ruta de Sudán, donde la mayoría del trayecto se hace en vehículo. Tuvo éxito esa vez y llegó a su destino. En los siete días que caminamos solo una vez pasamos por un pueblo. Lo hicimos lo más silenciosamente posible. Me acuerdo de que ese día dormimos en una huerta. No sabíamos si avisarían a los soldados. Lo mas difícil de llevar era el cansancio y la falta de agua. Teníamos un litro y medio cada dos días. No podíamos cargar más para no tener demasiado peso. Cada dos días llegábamos a algún río donde podíamos abastecernos. A veces el agua estaba sucia; fue un milagro que no nos enfermáramos. Hubo momentos difíciles. Una compañera de la que me hice amiga no hacía más que caerse los últimos días. Llegó un momento en que estaba tan exhausta que no pudo caminar más. Fue un momento tenso y difícil. No podíamos abandonarla. Sabíamos que podía morir si la dejábamos. Los chicos decidieron cargarla.

"El guía nos abandonó al llegar cerca de la frontera. Nos señaló el camino hacia el pueblo más cercano ya dentro de Etiopía. Tres horas, nos dijo. Fue entonces cuando ocurrió el momento más trágico del viaje. Uno de los chicos con sobrepeso tenía destrozados literalmente los pies de tanto caminar. No hacía más que sangrar y como había ocurrido con la chica de quien me hice amiga llegó el momento de que no podía más. Pesaba mucho y nadie podía cargarlo. Estábamos inseguros, pero decidimos que uno del grupo se acercarse a un pueblo. Tuvimos suerte porque pudo conseguir un burro. El muchacho logró recuperarse y ahora está viviendo en Estados Unidos con su mujer, quien había salido antes.

"Pasamos la frontera por un lugar alejado de los puestos fronterizos. En esta área no hay minas de la guerra como ocurre en la zona de Tserona. Preguntando llegamos a una oficina de las Naciones Unidas para refugiados. Nos dieron agua, comida, jabón, una manta, curaron a los que tenían problemas. Después nos llevaron en coche a Shire a la oficina de emigracion. De allí, las autoridades nos llevaron al campo de refugiados, donde nos registraron.

"Estuve en el campo de Adi Harush durante nueve meses. Éramos solo gente de Eritrea. En el campo había seis zonas diferentes, a nosotros nos asignaron una que estaba cerca de la carretera. Nos dieron un lugar donde vivir, agua, comida y otros productos básicos. Eran raciones muy pequeñas y solo nos daban 60 birrs al mes. Muy poco para lo que necesitábamos. Vivíamos con la ayuda que de tanto en tanto mandaban familiares. Éramos diez personas en una casa de unos 20 metros cuadrados. La mayoría prefería dormir afuera porque dentro había poco espacio. Con todo nos ayudaron, aunque no nos dieran todo lo que necesitábamos.

"Queríamos salir del campo y tener permisos de trabajo cuanto antes. Cuando preguntábamos a trabajadores del ACNUR (la organización de los refugiados de Naciones Unidas) cómo iba nuestro proceso para obtener permiso de residencia, nos decían que no era fácil porque éramos eritreos. Nos autorizaron a salir del campo 45 días después de nuestra llegada. Pero resultaba difícil movernos, el campo está alejado de Shire, el centro urbano más próximo. Tuve suerte porque STV, una ONG que ofrecía empleos dentro del campo, me dio uno. Trabajé durante seis meses. Después vine a Addís Abeba. Ahora trabajo en una tienda de alimentación, pero el salario es muy bajo, solo 900 birrs. Se aprovechan de nosotros. Mis compañeros locales cobran tres veces más. Es completamente injusto pero no tengo otra posibilidad."

Cuando entrevisté a Eden, Etiopía y Eritrea habían hecho las paces. Abiy Ahmed se había comprometido ante Isaía Afwerki a cumplir los acuerdos de paz que durante 20 años Addís Abeba se había negado a reconocer. Le valió el premio Nobel de la Paz. El acuerdo, aprobado por Naciones Unidas, entregaba Badme a Eritrea. Se trataba de una decisión jurídica controvertida al dar a Eritrea el título legal de un territorio que había pertenecido históricamente a Etiopía. Una decisión tomada sin tan siquiera preguntar a la gente de Badme. Basaron la decisión en viejos tratados coloniales del siglo XIX.

Eden decía que a pesar del acuerdo la frontera seguía cerrada y los jóvenes seguían saliendo porque nada había cambiado dentro del país[13]. La represión política continuaba junto a la falta de empleo con un salario aceptable. Se calcula que el 12% de la población ha huido del país. Los eritreos son el mayor grupo que pide asilo en Etiopía y el segundo grupo más numeroso en Europa[14]. Como veremos, la guerra fue cruel con ellos. Lo único bueno, decía Eden entonces, es "que las comunicaciones telefónicas se han abierto y puedo llamar a mi familia cuando quiero. 'Cuídate. Cuídate', me dicen. Conocen los riesgos de una mujer sola y joven en una ciudad desconocida".

## ¿Está haciendo la modernización a los etíopes más religiosos?

En Hawassa hay una pequeña colina a orillas del lago, no lejos del mercado de pescadores. La visité un sabado gracias a Tadese. Lo había

13. La frontera entre Eritrea y Etiopía en Zalambessa estuvo abierta durante seis meses. Una de las razones de que Eritrea volviese a cerrarla pudiera ser que la salida de jóvenes se multiplicara. *The New Humanitarian* publicó en noviembre del 2018 que autobuses esperaban del lado etíope de la frontera la llegada de eritreos que iban a pedir asilo político. Unos con destino a campos de refugiados, otros con destino a Addis Abeba.
14. ACNUR, la Agencia de Refugiados de las Naciones Unidas informó que en noviembre del 2020, cuando estalló la guerra de Tigray, había registrados 96.223 eritreos en cuatro campos de refugiados al oeste de Tigray, en Mai Aini (21.682), Adi Harush (32.168), Shimelba (8.702) y en Hitsats (25.248). A ellos había que añadir los refugiados en Afar (51.800) y Addís Abeba (30.722).

conocido en Addís Abeba, pero llevaba casi diez años viviendo en la ciudad. Trabajaba asesorando al gobierno regional en temas de salud. "Si vienes vas a ver algo nuevo que empezó no hace mucho. Suelo hacer *jogging* en la zona y nunca antes lo había visto. Todos los sábados se juntan pequeños grupos a cantar, gritar y rezar como si hubiera una nueva fiebre religiosa. La mayoría son sectas cristianas pentecostalistas. Cada una con su líder, que dice haber sido elegido por algún ángel o profeta y alguno hasta por Dios directamente", me había dicho cuando lo conocí en Addís Abeba. Un día de septiembre decidí hacerle caso y viajar a Hawassa. La fiebre religiosa se había extendido también a la capital y, como ocurría en la ciudad del lago, las pentecostales eran las sectas preferidas.

El sábado que subí la colina llovía. El camino estaba fangoso, pero los fieles no se amilanaban. Para no caerse caminaban con cuidado protegidos por paraguas a modo de bastones. Al llegar a la cima se sumaban al círculo de su secta. Habría más de una docena. Los congregados recitaban salmos y cantaban dirigidos por su pastor. Algunos fieles se arrodillaban mientras otros levantaban los brazos hacia el cielo. Una mujer en trance temblaba empapada de agua. Agarrada a un árbol luchaba para no caerse sobre las piedras. Parecía una competición por hacer más ruido.

Hawassa es la ciudad más importante del sur, la zona más poblada y diversa del país. Cuando el Imperio atravesó el río Abay desde Gojjam en su expansión hacia el sur hasta llegar al lago Turkana, había más de 50 etnias sin Estado que hablaban su propio idioma y tenían su propia religión. Los sidamos de Hawassa, una de las etnias más númerosa, de habla cushita, poblaban las orillas del lago Hawassa en el Valle del Rift. Los amharas los asimilaron relativamente pronto ayudando a los emperadores abisinios en su proyecto expansionista colonizador. Hasta hace poco la ciudad era un centro administrativo donde vivían junto a funcionarios amharas y tigriños, campesinos y pescadores sidamos. Pero en los últimos años la ciudad ha estado sometida a un importante cambio socio-económico. Puede ser la ciudad más dinámica de Etiopía fuera de la capital. Además de la expansión universitaria, un moderno polígono industrial ha sido construido. Empresas extranjeras del sector de la confección, sobre todo asiáticas, se han instalado tras un acuerdo entre el gobierno federal, marcas internacionales de ropa y China, que ha financiado la construcción del polígono. Se está formando una nueva clase obrera, más de treinta mil mujeres trabajan en las nuevas factorías ocho horas al día, seis días a la semana, cosiendo ropa por 27 dólares mensuales. Como ocurre en otras partes de Etiopía, un viejo mundo de campesinos está colapsando y otro urbano lucha por nacer en condiciones nada fáciles. La última vez que visité Hawassa habían cercado la colina donde se reunían las sectas pentecostalistas impidiendo el acceso. Estaban construyendo un nuevo *resort* turístico aprovechando las vistas magníficas sobre el lago. Los grupos pentecostalistas continuaban en los alrededores con sus rezos y plegarias.

Tadese asociaba el ascenso de las sectas al estrés que estaba viviendo la ciudad. Urbanización, industrialización, consumo, cambio de valores, crisis política, una combinación no fácil de digerir. Decía que el *boom* pentecostal era reciente, "uno o dos años a lo sumo"; lo veía como un signo de una situación cada vez más caótica y llena de incertidumbre.

El *boom* de los pentecostalistas podía ser algo novedoso en Hawassa, pero venía preparándose desde hacía tiempo. Misioneros europeos protestantes empezaron a llegar en el siglo XIX. La mayoría fueron al sur –Menelik II prohibió su presencia en el norte ortodoxo– donde se encontraron con que cada grupo étnico creía en espiritus y dioses diferentes y tenían su propia cosmología y ritos. Un sacerdote católico, Martial de Salviak, que vivió varias décadas entre los oromos, publicó en 1901 el libro *The Oromo, Great Africa Nation, an Ancient People in the State of Menelik* en el que se asombra de que los oromos tengan una religión bien elaborada diferente a las religiones de origen semítico pero monoteísta como ellas. Los oromos no tienen escritura y no tienen una Biblia o un Corán, pero sus sacerdotes como oráculos podían leer las tripas de los toros sacrificados en los grandes ritos religiosos anuales. Estas religiones autóctonas eran tan poderosas que, aunque sus fieles adoptasen el cristianismo, lo expresaban de manera propia, lo que ayudaba a la existencia de diferentes sectas cristianas. Estas sectas conocieron un importante impulso en los años sesenta del siglo pasado cuando fue claro que la monarquía ortodoxa era un freno al desarrollo y al progreso de incipientes sectores económicos modernos no amharas.

Muchas de las nuevas sectas fueron establecidas entonces por oromos que identificaban ser pentecostalista como una forma de luchar contra Haile Selassie y su imperio legitimado por la Iglesia ortodoxa. Entonces sólo el 1% de los etíopes se declaraban pentecostalistas; seis décadas más tarde los sociólogos dicen que su número puede llegar hasta el 25%. Una cifra difícil de verificar sin un censo al que se oponen temerosos los amharas nacionalistas ortodoxos. La mayoría de los nuevos pentecostalistas son jóvenes educados que quieren progresar económicamente, haciendo negocios como recomienda el neoliberalismo; viven en pequeños núcleos urbanos en el sur y oeste del país o en la capital. Son atraídos al pentecostalismo por la "modernidad" formal y el mensaje de prosperidad individual que transmite. El pentecostalismo se lo permite sin tener que renegar de la existencia de lo sobrenatural, tan arraigado en su cultura. Facilita a estas incipientes clases medias la ruptura con lo viejo sin excesivos traumas, permitiéndoles afrontar el rápido cambio social que viven. Les es más fácil encarar los problemas cotidianos de dinero, de salud, de relaciones personales en un mundo moderno con ritos religiosos similares a aquellos con los que habían crecido pero con sermones que legitiman su afán de riqueza. Encuentran en estas iglesias un confort que no tienen en un mundo cada vez más impredecible.

Antes de salir de Addís Abeba había hablado de ello con Paul Gifford. Paul es un profesor emérito de SOAS en la Universidad de Londres que ha escrito varios libros sobre la cristianidad en África. Su último trabajo, *The Plight of Western Religion: The Eclipse of the Other-Worldly,* acababa de ser publicado. Él atribuía el éxito de estas sectas a que habrían sido capaces de envolver el conocimiento tradicional en una forma moderna, ligándolo además a una nueva ética: la de "trabaja duro y serás recompensado por Dios".

Paul Gifford decía que estos nuevos conversos siguen comunicándose con sus viejos espíritus en cierta manera como lo hacían antes pero a través de una nueva iglesia. Pueden llamarse luteranos o protestantes, pero sus nuevas creencias estan mezcladas sin duda con las viejas. En el norte es diferente, porque llevan dieciséis siglos expuestos a las enseñanzas oficiales monásticas y a la literatura de monjes y sacerdotes cristianos, por eso es más difícil su penetración, aunque predicadores ortodoxos están empezando a copiar a los pentecostalistas.

"De un lado, los predicadores de estas iglesias pentecostalistas hablan de que la prosperidad está en todas partes. Dios quiere que tú seas rico. 'Si eres un buen cristiano serás rico', les dicen. Tendrás un coche, una beca, una visa a Estados Unidos. Esta 'garantía celestial' de conseguir tus sueños es lo que ofrecen en sus sermones los pastores pentecostalistas.

El otro lado es que las iglesias pentecostalistas admiten la existencia de un mundo dominado por espíritus, algo presente en la mayoría de las viejas religiones africanas. Si te divorcias, un espíritu ha dañado tu matrimonio. Si entras en bancarrota es por el trabajo de algún otro espíritu. Lo que ofrecen los pentecostalistas es que sus pastores serán capaces de identificar a los malos espíritus. Si tu hija tiene malaria, un pastor podría identifcar al que ha ocasionado la enfermedad y además podría sacarlo fuera del cuerpo de la enferma, curándola", decía Paul Gifford.

Los primeros historiadores griegos que visitaron Etiopía incluso antes del cristianismo hablan de la religión como un distintivo de sus habitantes. Llegaron a escribir que los etíopes habrían sido los primeros en adorar a dioses. El "excepcionalismo" que existe en el *Kebra Nagast* se alimenta de esta idea que ha ido convirtiéndose en una identidad. Etiopía habría sido elegida por Dios, con todo lo que significa para el orgullo de un pueblo. No hay que olvidar que en Etiopía el cristianismo no significa colonialismo, como ocurre en la mayoría de los países africanos. Etiopía era cristiana antes que Europa. El resultado ha sido una práctica religiosa única. El aislamiento ha contribuido a un desarrrollo ritual en términos propios plagado de sincretismo. Muchos rasgos religiosos precristianos han sobrevivido. El uso de tambores y la danza. Los latiguillos que llevan los sacerdotes para expantar a los malos espíritus. Las peregrinaciones masivas y festivas a lugares sagrados posiblemente pre-cristianos y pre-islámicos. El uso de huevos de avestruz y campanas de piedra metálica como ornamentos ya usados por grupos de cazadores-recolectores. Los ayunos durante días y días. Los humos embriagantes que salen de los quemadores de incienso. Los baños purificadores en agua bendita. La forma de pintar de los artistas religiosos que se retiran del mundo y aislados ayunan hasta ser inspirados por algún espíritu que guiará su obra.

Paul Gifford ponía una raya que separaba la religión entre África y Occidente. "En el oeste hace ya 100 años que nadie cree que la malaria la causan espíritus. Si tú acudes a un sacerdote católico en Europa y le preguntas '¿dónde está el espíritu que ha enfermado de malaria a mi hija?', te mirará raro y te preguntará si tienes agua estancada, te dirá que uses mosquiteras cuando duermes y te mandará al hospital. En Etiopía la Iglesia católica o las grandes Iglesias protestantes son ONG. Obtienen dinero de Alemania o Estados Unidos y se lo dan a las hermanas de Santa Teresa para ayudar a madres solteras, establecer escuelas o fundar un orfanato. Los católicos no identifican espíritus, que es lo que la gente espera de una religión en África. Cuando llegan a casa piensan que estas iglesias no sirven", decía.

La razón reside en la debilidad del pensamiento científico. África vive en términos religiosos una situación similar a la que conoció Europa en el siglo XVIII, cuando la ciencia comenzaba lentamente a desplazar a la religión como forma dominante de pensamiento. En Europa la transición duró dos siglos. Fue ayudada por la expansión del Imperio Británico, que mostraba la eficacia de ese nuevo pensamiento frente al tradicional para resolver problemas, incluidos los militares. Puede que con el tiempo el pensamiento científico acabe dominando también en África, pero es un proceso que suele durar generaciones y acostumbra a conocer avances y retrocesos. Es esta manera de pensar precientífica donde se alimentaba el pentecostalismo para expandirse.

El pentacostalismo que ha llegado a Etiopía no viene de California, donde nacieron las grandes iglesias pentecostalistas a comienzos el siglo XX. Lo trajeron pastores de Nigeria, que se caracterizan por su visión empresarial. Estos pastores han convertido a la "cristianidad" en uno de los sectores económicos más pujantes del continente. Los nigerianos no han inventado la relación entre religiosidad y riqueza, tiene raíces bíblicas, pero lo han elevado a alturas difíciles de imaginar. Esta relación había sido rescatada por el pentacostalismo en su fundación. La idea de que si tú das el 10% de tus ingresos a Dios (a la Iglesia) tú serás rico y si tú no pagas el 10% serás pobre por robar a Dios, pues Él no está feliz contigo, existe desde el principio. Una vieja idea que hace que un feligrés pentecostalista en África no vea con malos ojos los proyectos empresariales de sus pastores y mucho menos los vea como una estafa, como posiblemente ocurriría en Europa. Si le va bien al pastor con el dinero es porque está muy cerca de Dios, piensan.

"Vengo visitando estas iglesias durante años y no puedo decir que haya visto a pastores cínicos. Ellos son creyentes genuinos. Puede haber ladrones, pero la mayoría creen en el mensaje que transmiten. Se han hecho ricos porque Dios les ha ayudado. Están convencidos. Ellos satisfacen lo que sus fieles esperan de ellos y estos a su vez no se sienten timados. La religión africana trata acerca de explicación, predicción y control de los acontecimientos y los pentecostalistas responden bien a esta demanda de sus creyentes. Si no ocurre lo que esperan pueden echar la culpa al pastor acusándole de no tener suficiente poder; de no ser capaz de descifrar bien el espíritu que produce la enfermedad o que impide un matrimonio feliz, o ganar dinero. Buscarán a otro pastor más eficaz y se pasarán a otra iglesia. El pastor les responderá: 'tú no has dado el 10% que debes dar. Tú no crees lo suficiente. Es tu culpa, no la mía'. Esa búsqueda de un pastor con poder es muy común en África. Los trasiegos son muy frecuentes. Lo normal es que gente que ha estado un año, una temporada, con un pastor cambie de iglesia. 'Yo no he sido rico, no he podido comprar un coche, este pastor no es poderoso, busco otro', dirán", contaba Paul Gifford.

El poder político puede usar el "excepcionalismo etíope" en su beneficio o ser víctima del mismo. El ataque a la religión durante el régimen del Derg hubiera podido contribuir a su caída, mientras el uso de la misma por Abiy Ahmed, él mismo un cristiano pentecostal, habría contribuido a su ascenso. El renacimiento religioso que había en Hawassa podía observarse en todo el país. Las iglesias estaban más llenas que nunca y más gente hacía ayuno. El exorcismo se estaba convirtendo en algo popular de nuevo; incluso enfermos de clase media acudían al agua sagrada de los monasterios para curarse. El país vivía una situación proclive para líderes carismáticos en que la gente pudiese confiar. Eso explicaría en parte la gran popularidad que tuvo Abiy Ahmed cuando accedió al poder en la primavera del año 2018. Había un aire de pesimismo sobre el futuro y un nuevo líder hablaba de optimismo basado en "visiones divinas".

Abiy Ahmed repetía entonces que tenía una misión mesiánica que cumplir: la de un profeta que lideraría la "salvación del país". Abiy reclamaba un fuerte liderazgo que contrastaba con el gobierno débil e inestable de Hailemaram Desalegn. Él mismo solía contar que cuando tenía siete años su madre cristiana ortodoxa le dijo que "sería el séptimo rey de Etiopía". Su fe en el pentacostalismo era tan fuerte que convirtió a su mujer, Zinash, Tayachew, a quien conoció cuando los dos estaban en el ejército; Zinash, una amhara de Gondar, ahora canta góspel en YouTube. Se sabe que antes de reunirse con su gabinete lo hace con sus consejeros espirituales, con los que ha formado un "gabinete de cocina". El propio Abiy Ahmed, cuando declaró la guerra a Tigray, lo presentó como "un plan de Dios" dentro de su “misión divina”. Daniel Kibret, un diácono, uno de sus consejeros espirituales, cuando hablaba de los tigriños usaba imágenes bíblicas asociándolos con Satán. En agosto del 2022, después del tercer llenado de la presa del Renacimiento, dijo ante las camaras de televisión “que el Nilo era un regalo de Dios dado a nosotros para que los etíopes hagan uso de él”. Abiy Ahmed estaba llenando sus discursos con alegorías del excepcionalismo para reclamar un liderazgo carismático. No resulta difícil establecer un paralelismo entre él, un fiel pentecostalista, y sus correlegionarios de fe, quienes buscan la ayuda divina para tener éxito en sus proyectos personales. Muchos de ellos jóvenes emprendedores que buscan en el poder de sus pastores ayuda para consolidar el éxito de sus negocios. El mismo Abiy solía predicar en su iglesia pentecostal defendiendo la vía individual de salir de la pobreza de una manera congruente con el “ser buen cristiano te hace rico” del pentecostalismo.

## En el lago Tana camino de Lalibela

Meses antes había viajado al lago Tana. Había pasado el Nilo Azul en Yeabay Sheleko, la impresionante garganta que parte el altiplano y separa Shoa de Gojjam. En el lago Tana el Nilo Azul descendía rápido hacia las cataratas de Tissisat, adonde habíamos llegado en las primeras horas de la mañana. Nos encontramos con campesinos conduciendo burros cargados de ajos y tomates que se dirigían hacia el mercado en Bahir Dar. Los había visto antes agachados en grupo en los campos trabajando palmo a palmo la tierra. No eran los únicos que se movían por la carretera. Estudiantes vestidos de uniforme se dirigían en grupo a las escuelas. Tis Abay debía ser ya un lugar importante en el siglo XVI. Los portugueses construyeron un puente para atravesar el Nilo, encajonado en una garganta tras su gran caída. Cuando lo cruzamos tuvimos que dejar paso a un hombre en una litera improvisada fabricada con bambú y cañas. Lo cargaban dos hombres jóvenes. Intercambiamos algunas palabras. Venían del monasterio Adyame Yordanos Wonkshet a una hora de camino. El monasterio se había hecho tan popular que llegaban diariamente decenas de peregrinos, muchos de ellos enfermos, en busca de una bendición o un milagro. Su fundador, Aba Yohanes, pertenece a un grupo de predicadores de la Iglesia ortodoxa que están imitando a los pastores pentacostalistas para no perder creyentes. Están recuperando el exorcismo para resolver los problemas de sus fieles e introduciendo un enfoque empresarial en sus actividades. En torno a su figura, Aba Yohanes ha desarrollado un buen negocio. Tiene casi 100.000 seguidores entre facebook y YouTube. Produce textiles, cds, libros. Su objetivo es convertir el monasterio en un centro recreativo para turistas religiosos. Espera peregrinos de todo el país y de la diáspora en Europa, Medio Oriente o Estados Unidos, a los que les recomienda participar en rituales exorcistas para resolver sus problemas. Estos innovadores ortodoxos creen que, de esta manera, los pastores pentecostalistas dejarían de ser los únicos a los que les va bien, deteniendo así la sangría de fieles de la Iglesia ortodoxa etíope.

Estos nuevos predicadores se han dado cuenta de que ya no es suficiente hablar de las milagrosas curaciones de la Virgen María o Jesús para atraer a los fieles a los monasterios. Hay que hacer comprensible y viable el mensaje. Todavía las misas se celebran en ge'ez y los fieles no entienden lo que escuchan. Las canciones que cantan son del siglo XVI mientras que en los servicios protestantes cantan canciones que escuchan en programas de televisión. En enero del 2023 hubo una importante escisión en la Iglesia ortodoxa. Los obispos rebeldes argumentaron que se habían separado de la Iglesia debido a la negativa de esta a permitirles decir la misa en oromo, su lengua vernácula. Estos nuevos críticos predicadores ortodoxos sienten la pérdida de audiencia y quieren recuperarla, propugnan que los fieles dejen de ser espectadores y pasen a participar, como ocurre en el pentecostalismo en los ritos.

En el monasterio cientos de fieles participaban esa mañana en una ceremonia exorcista de masas. Muchos eran enfermos. Aba Yohanes, vestido con ropa de obispo, rezaba, predicaba o cantaba para acabar con los malos espíritus que se habían apoderado del cuerpo de los presentes. Los peregrinos permanecían arrodillados entre árboles esperando la bendición con el agua sagrada para liberarse de los espíritus malignos. Adisa decía "que todos creen que es el Mesías y puede hacer milagros". Aba Johanes los rociaba con el agua sagrada de la zona montañosa del monasterio mientras los bendecía para sanarlos.

Había conocido a Adisa en Bahir Dar en un concurrido café, en una avenida que recorre la orilla del lago Tana. Bahir Dar es la capital amhara. Ha empezado a llegar industria, sobre todo del plástico, y hay un importante desarrollo en infraestructura. Empresas chinas estaban construyendo un nuevo puente sobre el Nilo y un nuevo estadio. Pero lo que daba vida a la ciudad eran sus mercados, los bares culturales amharas y las iglesias ortodoxas en torno al lago. El café tenía un patio lleno de plantas. Parece que es frecuentado por universitarios. Adisa estudiaba administración de empresas. Empezamos hablando de religión y acabamos haciéndolo de política. La situación esos días era cada vez más explosiva. Acababa de haber tres días de paro. Tenía pensado seguir hasta Lalibela como había hecho hacía casi veinte años cuando visité por primera vez Etiopía y quería saber si había programado algún corte de carretera para esos días. Por lo que me explicaba era difícil saberlo con antelación porque seguían las consignas de las convocatorias a través de las redes sociales. Los líderes más importantes de la oposición residían entonces en Estados Unidos, donde se habían refugiado de la persecución política tras las elecciones del 2005. Hay una diáspora importante, sobre todo en Washington DC, con negocios de aparcamientos y restaurantes, muy activa políticamente. Veían la cadena ESAT, una televisión por satélite establecida por exiliados ligados a Ginbot 7 en Washington, Londres y Amsterdam, o escuchaban sus emisiones por radio para enterarse de la situación o si había alguna protesta convocada. No sé cómo lo hacían porque el canal estaba bloqueado por el gobierno. Adisa echaba pestes de los tigriños. Les acusaba de haberse apropiado de territorio amhara al sur del río Takazze. Echaba la culpa del malestar que vivía el país al federalismo étnico y su corrupción. "Era mejor cuando había una república sin importar las etnias. Uno podía sentirse etíope y no amhara, oromo o tigriño", decía. En los bajabs había visto fotos de Mengistu, el hombre fuerte del Derg hasta hacía poco, considerado un dictador. "Todo está en manos de los Geber. Encuentras sus negocios allí donde vas. Se están quedando con todo", decía. Geber es un apellido asociado popularmente a Tigray. "No tenemos otra cosa que corrupción y nepotismo". Adisa no era nada optimista sobre el futuro. "Nos enfrentan a oromos y amharas para salvarse ellos", decía de los tigriños.

El camino a Tis Abay había cambiado desde la primera vez que había visitado las cataratas. El lugar estaba entonces mucho menos poblado. Ahora, además de una carretera asfaltada, nuevas casas de barro con tejado de zinc se veían a ambos lados de manera continua. Adisa decía que estaban concentrando a campesinos aprovechando el agua del lago. Les habían dado tierra y construido acequias. Señaló varias chozas redondas que quería enseñarme. Tenían tejados en forma de cono rematados con cruces. Se trataba de una escuela religiosa. Paul Gifford me había dicho en Addís Abeba que antes de la caída del emperador Haile Selassie podía haber en estas escuelas entre 200 y 300 estudiantes. En muchas áreas rurales no había otras. En1935 solo había 700 estudiantes enrolados en un sistema de educación moderna en todo el país. Todavía en 1960 sólo el 1% de la población tenía nivel de secundaria. En las últimas décadas la expansión de la escuela pública había debilitado a las religiosas, pero en esta zona amhara continuaban teniendo buena salud. No hay cientos de estudiantes como antes, pero no están vacías. Aprenden ge'ez y memorizan textos sagrados.

Están al menos siete años aprendiendo a recitar y cantar antes de pasar un examen e irse a los seminarios de Gondar. Los mantienen los campesinos con sus limosnas. Estos campesinos amharas siguen tan apegados a sus creencias que si consiguen ahorrar algún dinero construyen una nueva iglesia antes que un centro de salud. Ven a los sacerdotes como a uno de los suyos, se pueden casar aunque solo sea una vez y cultivan la tierra como ellos.

He alquilado una combi para viajar a Lalibela. A primera hora de la mañana estaba lista en el parking del hotel. El conductor se llama Hailu, como nuestro guía de Wukro. Vive en Bahir Dar, aunque es de una pequeña comunidad del lago en la zona de Zege. Parece que venir al hotel ha estimulado su rabia contra el gobierno. No he hecho más que subirme y ha empezado a despotricar contra los tigriños. Me parecía escuchar a Adisa. "¿Cómo es posible que Al-Amoudi sólo haya pagado 1,5 millones de dólares por el hotel con los edificios y la enorme extensión de terreno que tiene en la orilla del lago?", decía. Mohammed Hussein Al-Amoudi era el millonario saudí de origen etíope con inversiones en construcción, agricultura y minería de una punta a otra del país. Le acusaba de haberse quedado con el hotel cuando se privatizó debido a su amistad con Meles Zenawi. "Se lo dieron regalado como los otros negocios", decía. Al-Amoudi no había hecho ninguna nueva inversión y el hotel tenía un aspecto decaído. Antes de venir, Hailu había escuchado

La Voz de América. Había rumores de que era inminente el nombramiento de un nuevo primer ministro. Empezaba a rumorearse el nombre de Abiy Ahmed para el cargo, un oromo que era bien visto en Bahir Dar porque su madre era una amhara cristiana ortodoxa. Acababa de ser elegido presidente del OPDO, el partido oromo federado aliado con el TPLF, un cargo que necesitaba, era sólo vicepresidente, para poder ser considerado para el puesto. Lemma Megerssa, el gobernador del kilil de Oromia cuyo nombre había sido barajado como primer ministro, no podía serlo por no ser diputado federal y habría accedido a que Abiy Ahmed ocupase su lugar en el partido y en el gobierno.

Me habían recomendado a Hailu en el hotel. Era un hombre en quien podía confiar, me habían dicho. Había empezado como guía de turistas visitando monasterios en el lago y ahora, a los 47 años, tenía su propia *combi*. Estaba casado y tenía varios hijos. Hailu contaba que su mujer fue elegida por su madre, "el matrimonio de todos mis amigos fue arreglado", decía. En el campo "ninguna acción puede tomarse sin el consentimiento de los padres. Hubiese sido diferente si hubiese nacido en la ciudad", dice. "Es difícil que entiendas la mentalidad de los campesinos, hay mucha ignorancia todavía" proseguía. Me cuenta que en Gonji, una comunidad amhara al sur de Bahir Dar, acababan de linchar a tres empleados del sector salud. Estaban visitando la woreda para investigar si había gusanos intestinales y tratar a niños afectados. Los campesinos pensaron que querían envenenar a sus hijos. Acabaron linchándolos en el mercado. Solo uno, Haileyesus Mulu, sobrevivió. Creyeron que estaba muerto.

Hace tiempo que habíamos pasado el puente sobre el río Abbay cuando una camioneta *pick up* llena de soldados sentados en la caja nos adelantó a toda velocidad. "Tienen miedo de los francotiradores, por eso van rápido. Varios vehículos militares han caído por barrancos después de dispararle al conductor desde las alturas, por eso ahora no usan vehículos militares", me decía Hailu. Contaba que estaban intentando desarmar a los campesinos y sus milicias nacionalistas. Hacían operaciones que duraban dos o tres días en busca de armas, pero los campesinos huían con ellas hacia las alturas. Habían llegado a disparar a jóvenes que se negaban a recoger las piedras que habían puesto en la carretera para entorpecer los movimientos de los soldados. Transitábamos por la carretera que va a Gondar. El desvío a Lalibela está a 63 kilómetros al norte de Bahir Dar. Cuando viajé por primera vez era el único tramo asfaltado que había, el resto era un camino de tierra hasta llegar a Lalibela. Nos costó entonces todo el día, más de 12 horas. Hailu dice que ahora está todo el trayecto asfaltado y que el viaje suele durar entre cinco y seis horas. Después del cruce llegamos a Debre Tabor. Parecía difícil creer que hubiese sido uno de los mercados más importantes del país y capital temporal de Etiopía a mediados del siglo XIX, cuando el emperador Tewodros sacó la capital de Gondar. Había sido una excepción en la historia de una civilización que hasta el siglo XX fue ajena a las ciudades y sus capitales habían sido los campamentos móviles del Emperador. La figura deTewodros (1855-1868) estaba en ascenso esos días entre los amharas. Su retrato, un hombre de rasgos finos con ojos saltones, pelo largo recogido en una cinta en la frente, vestido con túnica, se veía en Bahir Dar junto a los de Menelik II y Haile Selassie. Su fama descansaba en que había sometido a los poderes locales, algo que nacionalistas amharas creían que era necesario hacer de nuevo. Lo hizo con una gran violencia, algo que parece inscrito en la historia del país. Etiopía, a los ojos del nuevo nacionalismo amhara, sería un país agrietado por el federalismo. Una grieta que habría que cerrar reforzando el poder amhara. El retrato medieval del emperador Tewodros contrastaba con lo que los historiadores piensan de él; lo ven como el primer emperador de la era moderna. Habría conseguido dar continuidad al Imperio en una época de desintegración territorial y crisis nacional. Este período de división en el que ningún poder local era capaz de imponer una autoridad central es conocido como Zemene Mesafint, la era de los Príncipes.

Los historiadores ven la coronación de Tewodros (coronado en 1855 como rey de reyes) como el comienzo de un proyecto unificador que permitirá después a Menelik II refundar el Imperio triplicando su tamaño.Tewodros habría empezado a cambiar la balanza de poder entre la monarquía, la nobleza local y la Iglesia a favor de la primera. Además Tewodros fue el primer emperador que tuvo que lidiar con el nuevo colonialismo que buscaba mercados para sus fábricas, no expandir el cristianismo. No estaba preparado para ello y lo afrontó con su visión del poder feudal. Lo que admira de los europeos son sus armas modernas, no sus instituciones liberales o su vigor económico. Necesitaba los cañones para asegurar su proyecto de restaurar la gloria del viejo Imperio feudal abisinio.

Llegó a secuestrar a misioneros y diplomáticos ingleses y alemanes para intercambiarlos por sus ansiadas armas modernas. Esta estrategia habla de la incomprensión del mundo exterior al que se enfrentó y que al final, aislado, le costó la vida[15].

Desde Debre Tabor la carretera aprovecha una llanura relativamente ancha del altiplano en dirección de oeste a este para atravesarlo; parece un corredor natural; llega a la carretera que desde Kombolcha va a Mekele, pero nos desviamos antes en dirección norte hacia las montañas. La primera vez que había hecho el mismo recorrido el firme era de terracería, apenas pasaban vehículos. La gente caminaba o se movía en burros o a caballo con toda clase de bultos. Vimos entonces algunos entierros, caminaban por la carretera con el muerto a hombros sobre una litera. Los automóviles tenían que pararse. De vez en cuando nos cruzábamos con algún autobús viejo abarrotado, la mayoría de marca Fiat, o con camiones de fabricación soviética que renqueaban. Niños con gorros de lana y varas cuidaban rebaños. Era a principios del siglo XXI, veinte años después era diferente. Estaba más poblado. Habían construido varios asentamientos nuevos con casas de barro y techo ondulado de zinc. Se veían a ambos lados de la carretera. El firme estaba asfaltado y el tráfico era fluido. La sensación de calma que tuve la primera vez se había desvanecido. La mayoría de los vehículos con que nos cruzábamos parecían chimeneas. Hailu decía que es imposible comprar coches nuevos por los impuestos y la gente compra de segunda mano. Los traían de Japón. De cualquier forma, el paso continuo de vehículos había cambiado dramáticamente el paisaje, acercando la ciudad a la vida rural, tensando las expectativas de los jóvenes campesinos.

15. Tewodros mantuvo una correspondencia con la reina Victoria. En una de sus cartas le propone a la reina una alianza para frenar a los poderes islamistas cuando Inglaterra está centrada en sus disputas por mercados con Francia y Alemania. Sudán, todavía fuera del contol inglés, está amenazando con invadir Etiopía. Los ingleses, hartos de sus provocaciones, mandarán en 1868 una expedición militar desde Bombay para liberar a sus diplomáticos secuestrados convertidos en rehenes. Ningún poder local defenderá a Tewodros, vengándose de la violencia extrema de este cuando los sometió. Derrotado, se suicidará en Magdala (Amba Mariam), una montaña al sur de Lalibela en donde se había refugiado. No caer en manos de extranjeros ayudará a mantener la idea de resistencia al colonialismo en la batalla de Adua, facilitando la continuidad de un proyecto propio para Etiopía.

Lalibela estaba protegida por las montañas. No la vimos hasta que la tuvimos encima. Una señal marcaba el aeropuerto pero seguimos subiendo por una carretera en obras. Las iglesias cavadas en roca seguían invisibles. Era la hora que acababa el mercado y campesinos se subían a bajabs con bidones de plástico amarillo y sacos de grano medio llenos de regreso a sus comunidades. Nuestro hotel estaba en una esquina de la ciudad. Cuando llegamos el sol se escondía entre las olas que formaban las montañas del altiplano

## La ciudad santa de Lalibela

Durante la madrugada mujeres vestidas de blanco surgían de la nada entre las sombras del amanecer. Cubrían sus cabezas con chales de algodón también blanco. Caminaban en silencio como zombis sobre el mazico rocoso donde están excavadas las iglesias. En la semioscuridad tenían que guiarse por el murmullo santo que salía de la iglesia Beta Gabriel-Rafael. En su interior, entre el olor a cera y el humo besaban con fervor la cruz que les acercaban los sacerdotes. Mostraban la misma devoción que los cronistas dicen que existía cuando Lalibela habría sido fundada.

Volví a las iglesias horas más tarde. Abraham me esperaba en la entrada al recinto. Vestía pantalones vaqueros y una camiseta de color rojo con una raya dorada en el pecho. Había perdido su pelo. Tenía su credencial de guía colgando del cuello. "Es una buena manera de ganarse la vida", dice. Tuvo que atender durante meses un curso y luego pasar un examen para tenerla. En otras partes de Etiopía puede ser una mina, una plantación agrícola, un polígono industrial; aquí es el turismo lo que daba a los jóvenes empleo e ingresos.

En el recinto, su tamaño no puede ser mayor de cuatro campos de fútbol, había 13 iglesias, algunas de tamaño considerable. Todas ellas excavadas en la roca. Estaban divididas en dos grupos separados entre ellos por más de cien metros. Es difícil imaginar cómo pudieron convertir la roca en iglesias de tanta belleza, pero los arqueólogos piensan que han llegado a saberlo. Primero construían túneles estrechos a muy baja profundidad para explorar la roca. Llegaban a ellos a través de pequeñas entradas como chimeneas. Solían terminarlos en cámaras en forma de domo. Una vez estudiada la roca desechaban el basalto por su dureza y seguían excavando la escoria basáltica, que no suele ser profunda y es una roca fácil de cortar. Los escombros producidos los depositaban en trincheras cercanas creando montículos que han acabado como cementerios de peregrinos. Más tarde aprovechaban los túneles y los convertían en galerías. Los domos los tranformaban en pequeñas habitaciones. Una vez hecho el trabajo entraban en una segunda fase. Excavaban las galerías hasta formar una red de cámaras cúbicas en las que iban levantando techos. Dejaron túneles intactos para comunicar las iglesias de cada grupo entre sí. Después las adornaban con pilares y puertas de estilo axumita. En una tercera fase reducían los niveles de afuera para crear fachadas, accesos y ventanas. Si era necesario volvían a rebajar el suelo cavando la roca hasta que las iglesias acabasen de ser construidas.

Fue un trabajo de décadas. La obra parece que recibió un gran impulso en tiempos del rey Lalibela (1185-1225), cuando se acabaron de tallar las grandes iglesias. Lo sabemos por Zara Yaeqob (1434-1468), un emperador que publicó la biografía del rey Lalibela doscientos años después de su muerte. Según la misma el rey Lalibela recibió una revelación divina en la que se le encomendaba construir las iglesias; la voz prometió ángeles que trabajarían de noche para ayudarle. Según la publicación, Lalibela logró terminar el proyecto con su ayuda y pasó a ser considerado un rey santo.

Su tumba, en la Iglesia del Calvario, en el grupo de iglesias de Beta Medhane Alem, se convirtió en un centro de peregrinación. Francisco Alvares, un sacerdote portugés que visitó la ciudad de Lalibela siglos después, el año de 1520, la describe –ahora esta cerrada al público– como una cripta excavada en roca, cubierta por una piedra que nadie podía mover.

Cuenta el sacerdote portugués que los fieles aprovechaban un agujero abierto para meter sus brazos y tomar el polvo usándolo para curar enfemedades.

La elección de Beta Medhane Alem (El Salvador) para su tumba no tuvo que ser casual. Es la iglesia que los arqueólogos creen que es una copia en roca tallada de la primera Santa María de Zion de Axum, la iglesia construida por los axumitas cuando adoptaron el cristianismo. Su reproducción sería una forma de reclamar la continuidad del viejo poder imperial como un medio de legitimación.

La iglesia de Beta Medhane Ale estaba sobre un podio al que subes por escaleras como ocurría en los templos axumitas. La nave tenía cuatro pasillos, como se supone que tenía también la iglesia original de Santa María de Zion. Su bóveda era de barrote. Los marcos de las ventanas y puertas parecían sacados de las estelas de Axum. Todo estaba tallado. Su techo ligeramente inclinado seguía la forma de la montaña.

Lalibela es hoy un lugar religioso, pero durante siglos fue un centro de poder de la dinastía Zague (1150-1270), a la que pertenecía el rey Lalibela. Un período sobre el cual no hay mucha documentación. Los historiadores creen que Zague era una familia de Lasta, como se conocía entonces a la región que está alrededor de Lalibela. Su fundador, Mara Tekle Haymanot, era un príncipe que llegó al poder a finales del siglo XI o principios del XII. Axum estaba en caída libre como centro político. El hundimiento había obligado a la población a emigrar hacia el sur, hacia Lasta y Wag, lo que es hoy Lalibela y Gondar. En su expansión al sur encontraron a agaws, un grupo de lengua cushitica que habitaba el lugar y que muy posiblemente profesaba el juadísmo. Todavía siglos después jesuitas portugueses los vieron practicar ritos hebreos en zonas marginales[16].

Los campesinos cristianizados que llegaron de Axum hablaban una lengua semítica y usaban el arado. En su emigración hacia el sur establecieron un puente entre el viejo Imperio Axumita y un emergente Estado abisinio que se estaba configurando alrededor de Lalibela. El motor de este nuevo centro de poder era la aristocracia local, que según los historiadores hablaba agaw.

Es muy probable que estos grupos locales agaws encontraran en el judaísmo un medio de resistencia a la expansión cristiana del norte. Todavía en comunidades alrededor de Gondar, al norte del lago Tana, se sigue practicando el judaísmo[17]. Los qemant, una población que vive

16. Cronistas jesuitas que viajaron por el interior de Etiopía durante los siglos XVI y XVII cuentan que todavía en el año 1620 grupos de agaws al sur de Gojjam practicaban "ritos hebreos" y al sur de las montañas Simens judios falashas resistían la cristianización de los emperadores.

17. Hasta las últimas décadas del siglo XX la presencia de comunidades de judíos alrededor de Gondar, conocidas como falasha o Beta Israel, era importante. Estos judíos vivían en sus propias comunidades marginados social y políticamente, dedicándose sobre todo

en la zona, todavía celebra ritos ancestrales judíos[18]. Hay pocos registros históricos de la época, pero lo que sí se sabe es que la mayoría de la población local acabó cristianizada, contaminando los ritos ortodoxos cristianos de judaísmo y animismo. Lalibela misma fue construida como una pequeña Jerusalén. Existe una iglesia Calvario, el Santo Sepulcro, un monte de los Olivos, un monte Tabor, un río Jordán, el lugar donde Jesucristo fue bautizado. Esta "nueva Jerusalén" construida por ángeles confirmaría que Dios habría hecho de Etiopía su nuevo pueblo elegido. Hacia los siglos XI-XII el sincretismo entre cristianismo y judaísmo habría tomado forma con la fusión de la aristocracia semítica de origen axumita y la nobleza indígena agaw bajo el dominio cultural de la primera. Una lengua semítica acabará imponiéndose junto al cristianismo a la vez que los restos de la vieja aristocracia de Axum es destruida. Los historiadores hablan de que una reina de nombre Gudit, posiblemente de religión judía, atacó Axum en el año 960 matando al emperador y destruyendo sus iglesias. Un siglo después se ha producido una simbiosis entre los descendientes de Gudit (se habían hecho cristianos) y los descendientes de Axum (habían adoptado el Arca de la Alianza judía como

al trabajo artesanal. En 1985 hubo una operación organizada desde Sudán por Israel con la ayuda de Estados Unidos en la que salieron 8.000 judíos rumbo a Israel. La más importante sin embargo fue la "operación Salomón", organizada por el ejército israelí en 1991. 14.200 judíos salieron de Etiopía en 36 horas para asentarse en Israel. Todavía en el año 2023 familias judías seguían emigrando a Israel.

18. Los qemant es una minoría de habla amhara que viene luchando por autoadministrarse desde la década de los noventa del siglo pasado. Reclaman tener una propia identidad histórica y religiosa que los diferencia de los amharas. En sus ritos todavía hacen sacrificios de animales mientras leen la Biblia en ge'ez. Son ritos identificados con un judaísmo arcaico. Según el censo de 1994, había 172.000 quemant, la mayoría viviendo en la zona de Gondar en las inmediaciones del lago Tana. Son comunidades en conflicto por la tierra con amharas, a pesar de que hablan la misma lengua. En una visita a Gondar en 2019 la sede de una asociación qemant, un edificio de cuatro pisos, tenía parte de sus muros chamuscados y todos los cristales rotos. Una multitud de nacionalistas amharas la había atacado incendiándola. Habrían muerto cinco qemants, entre ellos uno de sus líderes que estaban negociando la propiedad de la tierra de una comunidad. La violencia ha ocasiondo cientos de muertos. Durante la guerra de Tigray del 2020-2022 tres mil qemants del valle del río Shinfa y de Chilga huyeron de sus comunidades refugiándose en Basinga, un pueblo sudanés. Según lo que dijeron a trabajadores humanitarios de las Naciones Unidas las milicias amharas habrían quemado sus casas y asesinado a varios de ellos a machetazos. "Quieren robarnos la tierra. Nos acusan de no ser amharas y dicen que la tierra es suya. Nos amenazan con matarnos si nos quedamos".

el símbolo más importante de su religión). Es cuando Lalibela, construida como una nueva Jerusalén, toma impulso. Más tarde, en el año 1270, Yekuno Amlak estableció una nueva dinastía tras reclamar su derecho a gobernar por ser descendiente del Rey Salomón y la Reina de Saba, recuperando la mitología del siglo VI del *Kebra Nagast.* El concepto "rey de reyes" empezaba a abrirse camino al sur de Axum. La supuesta construcción de Lalibela por ángeles confirmaría que Dios habría seguido considerando Abisinia como su nuevo "pueblo elegido", asegurando la continuidad histórica del Imperio Axumita y su dinastía salomónica.

Volví a visitar Lalibela meses más tarde. Había hablado con Abraham sobre mis intenciones de conocer alguna de las comunidades de campesinos que rodean las iglesias, Lalibela no se hubiese mantenido mil años como un centro religioso sin su apoyo. Me recomendó como guía a Hebtu, de una comunidad vecina. Era más jóven que él y estaba tomando clases para llegar a ser guía oficial. Trabajaba en un pequeño hotel ayudando en todo, igual hacía tareas en la administración que salía a comprar lo que necesitaban en la cocina. Tenía una sonrisa permanente. Antes de visitar las comunidades quiso enseñarme una tumba que estaban construyendo. "Creo que te puede interesar", me dijo.

Varios jóvenes con pelo afro y camisetas con la bandera de Etiopía estaban poniendo ladrillos. Abraham saludó a algunos de ellos. Trabajaban solo por comida y alojamiento. Eran militantes amharas nacionalistas. Se autonominaban fano (campesinos cristianos luchando por la patria). La tumba que construían estaba a un lado de la calle que bordea el macizo donde están excavadas las iglesias, no lejos de la iglesia de Beta Ghiorgis. Era la tumba de Asaminew Tsigé, un general nacionalista amhara, que había muerto en un enfrentamiento con fuerzas de seguridad en las cercanías de Bahir Dar. Su foto estaba expuesta en una de las paredes de lo que iba a ser su tumba. Sentado, vestía un uniforme militar de trabajo. Su muerte había formado parte de una historia extraña. En junio del 2019 la prensa se hizo eco de una información de la Oficina del Primer ministro en la que se acusaba a Asaminew Tsigé de liderar un complot contra el gobierno regional amhara. Habría asesinado al gobernador, Ambachew Mekonnen, después de enterarse de que iba a ser cesado de su cargo de jefe de la seguridad regional. Ambachev Mekonnen era un aliado de Abiy Ahmed. Horas después, la policía habría matado a Asaminew Tsigé en un enfrentamento cuando iba a ser detenido. Asaminew Tsigé, un expreso político, había sido condenado a cadena perpetua por organizar un fracasado golpe de estado en el año 2009 contra Meles Zenawi. Abiy Ahmed le había amnistiado después de llegar al poder. El general era una figura popular entre jóvenes amharas. Los había llamado a armarse y a unirse en milicias locales para defender a la nación amhara. La confusión era grande porque el mismo día de la muerte de Asaminew Tsigé, el jefe del estado mayor del ejército, el general Se'are Mekonnen, había sido asesinado por uno de sus guardaespaldas en su casa de Addís Abeba, en Bole. Abiy Ahmed habló públicamente de un golpe de estado fracasado, aunque ningún movimiento de tropas había sido reportado ese día o los anteriores.

Hebtu me llevó caminando a varias comunidades cercanas. Solían estar en vaguadas donde hay agua, pero no era fácil llegar. Los valles eran angostos sin apenas árboles, lo que nos obligaba a bajar y subir pronunciadas pendientes siguiendo senderos estrechos. El sol pegaba fuerte a casi tres mil metros de altura. Llegamos a varias cimas que en el altiplano se conocen como ambas. Eran planas. Estaban reservadas a iglesias o monasterios. En el camino nos encontrábamos con grupos que iban o venían del mercado o de visitar a familiares. A veces eran parejas con bidones de plástico, fardos de leña o sacos medio llenos cargados por burros. Había visitado antes el mercado de Lalibela. Era simple y básico. Una explanada de tierra donde comerciantes y campesinos vendían y compraban sus productos. Las mercancías estaban puestas sobre telas o lonas en el suelo. Había granos, especias y unas hojas de una planta con las que hacían la bebida local. Vendían también ollas de barro para preparar café y pequeños aperos de estaño para el trabajo agrícola. En la puerta de un edificio algunas mujeres hacían cola para moler el grano. El mercado hablaba de la pobreza de estos campesinos. En una de las ambas a la que llegamos nos encontramos con dos sacerdotes saliendo de una de las iglesias que los fieles nunca abandonan. Cubrían su cabeza con turbantes. Hebtu les besó la cruz que llevaban y les dio unas monedas. Puede que Lalibela se esté desarrollando con el turismo pero no ocurría lo mismo con sus alrededores, donde los campesinos viven en chozas de piedra con tejado de paja, sin electricidad o agua corriente. Sus parcelas son pequeñas y su tecnología atrasada. Usaban viejos arados tirados por bueyes para labrar, cosechaban con hoces y trillaban pisando las espigas como ocurría en los altos de Tigray. En una de las comunidades que visitamos separaban a mano guisantes de sus vainas. Dos vacas estaban atadas a un árbol. En las laderas no había árboles. Estos campesinos tenían que exprimir un suelo exhausto de nutrientes después de cientos y cientos de años de continuo cultivo. El gobierno distribuía abono, pero cada año les resultaba más difícil producir la comida que necesitaban. En Lalibela, la población se ha duplicado en veinte años y la media de edad es de 19 años. La presión por la tierra es cada vez mayor. Hebtu decía que no había los problemas de Konso. "Un amigo mío acaba de casarse y le han dado tierra y hay otro lote ya preparado para otro hermano", decía. Pero el propio Hebtu había renunciado a la tierra porque "apenas se puede vivir de ella". Es por lo que trabajaba en el hotel y estudiaba para ser guía. Estaba pensando en moverse a Addís Abeba.

# PARTE III

## ¿Esta Etiopía en camino de la desintegración?

*Desestructurando-estructurando el Estado*

# El emperador y los estudiantes

Bahru Zewde es uno de los historiadores de la Etiopía moderna más reconocidos. Ha escrito copiosamente sobre el periodo de Haile Selassie y el movimiento de los estudiantes revolucionarios. Cuando lo entrevisté era profesor emérito en la Universidad de Addís Abeba, pero ha enseñado en Illinois y Hamburgo. Lo había conocido en Berlín durante una de sus estancias como profesor invitado. Nos encontramos en un café en Bole. La situación era entonces tensa. En Tigray habían celebrado elecciones regionales a pesar de la oposición de Abiy Ahmed, mientras que en Addís Abeba los soldados habían hecho maniobras en uno de los nuevos parques de la ciudad en una abierta advertencia al TPLF.

Bahru asociaba la crisis con el camino que había tomado el país tras el derrocamiento de Haile Selassie, en particular con el "secuestro" del nacionalismo por estudiantes radicalizados. En sus libros Bahru ha escrito cómo el problema nacional había emergido como uno de los dos temas más importantes de la Revolución de 1974. El otro había sido el problema de la tierra. Según lo que decía, los actuales dirigentes del TPLF habían participado en el movimiento estudiantil impregnando a la organización con ideas nacionalistas intolerantes, ajenas a un compromiso. "Los estudiantes trajeron a escena una legítima cuestión, pero la solución que dieron no tuvo en cuenta las condiciones que existían; pensaron más en su agenda política que en los intereses del país. Ahora estamos pagando las consecuencias", decía.

En esos días de preguerra en medios amharas había mucha discusión sobre el tema y en algunos círculos se respiraba cierta nostalgia de los tiempos de Haile Selassie. No era por la monarquía. Lo que añoraban era los tiempos en que había una apuesta clara por una Etiopía unida y en que el país tenía un estatus internacional reconocido. Ponían el ejemplo de Abebe Bikila, un oromo que ganó descalzo la maratón en las olimpiadas de Roma convertido en un símbolo de Etiopía, no importaba que fuese oromo. Asociaban a Haile Selassie con una grandeza nacional etíope perdida a causa del federalismo étnico. "Todo el mundo respetaba a Haile Sellasie. Etiopía era respetada hasta el punto que podías ir a Alemania sin visa", decía el profesor. Los taxis llevaban más retratos del Emperador que antes, sobre todo en Harar y las ciudades amharas de Gondar y Bahir Dar. Hasta Abiy Ahmed parecía nadar con la corriente. Jon Lee Anderson, un periodista que en medio de la guerra visitó Addís Abeba, contó en la revista *The New Yorker* cómo el primer ministro le enseñó personalmente el palacio del Jubileo construido por Haile Selassie para conmemorar sus 25 años de Emperador. Abiy Ahmed le mostró habitaciones adornadas con oro; tronos y trajes de gala del Emperador; los regalos y tesoros acumulados en sus numerosos viajes dentro y fuera del país, incluida una colección de 200 vehículos, entre ellos exclusivos cadillacs y un bentley. Abiy Ahmed habría querido mostrar al periodista la grandeza que había tenido Etiopía cuando había un poder centralizado.

El profesor Bahru decía que con la revolución de 1974 la identidad panetíope, una monoidentidad compartida por la mayoría, no importaba la lengua hablada, fue severamente dañada por el discurso de los estudiantes. El Derg, el régimen de los militares que tomó el poder tras la caída de Haile Selassie, pudo mantener la monoidentidad etíope pero la victoria de los estudiantes nacionalistas étnicos guerrilleros acabó sustituyéndola por una multi-identidad federal basada en la lengua. Esta antítesis multiétnica al panetiopismo estaría ligada a una mala interpretación de la historia, a una exageración de los efectos negativos de la colonización amhara del sur de Etiopía. Lo que ahora conocía Etiopía, según el profesor, sería, al modo hegeliano, una especie de síntesis de esta evolución identitaria contradictoria que ha conocido el país desde la caída del Imperio. Etiopía estaría volviendo a una monoidentidad incorporando las identidades existentes post-revolucionarias. El propio Abiy Ahmed, un oromo que se considera a sí mismo antes que nada un etíope, ha nombrado en algunos discursos la "panetiopía", un concepto que el régimen anterior había borrado del ideario colectivo. Llegó incluso cuando fue nombrado primer ministro a establecer una comisión sobre la "identidad". Le gusta presentarse como multi-identitario, unas veces etíope pentecostal, otras veces como hijo de una amhara cristiana y de padre oromo musulmán. La cuestión para el profesor Bahru era si

Abiy Ahmed será capaz de lograr la sintesis identitaria que dice representar o fracasará poniendo en peligro la misma existencia de Etiopía como Estado.

Antes de llegar a Addís Abeba había leído *Emperador*, un libro escrito por Ryszard Kapuszinski, un periodista polaco ya fallecido buen conocedor de África. Estuvo en Addís Abeba cubriendo la revolución, pero el libro que escribió fue sobre un Emperador al que ve –eso es lo que le atrae– como una increíble anomalía del siglo XX, un superviviente de un mundo bizarro inexistente en el mundo moderno europeo. La fascinación que Haile Selassie generaba en el racionalismo europeo se remontaba a 1930, cuando fue coronado Emperador. Wilfred Thesiger, que asistió al evento, lo describe como un hombre pequeño y frágil que mandaba un ejército poderoso. Thesiger queda seducido por ritos ancestrales llenos de pomposidad. El nuevo Emperador está rodeado de príncipes coronados con melenas de leones, sacerdotes danzando con bastones dentro de la iglesia, coros cantando en una lengua ancestral que se hablaba en los inicios del cristianismo; ve como el Patriarca de Alejandría corona a un nuevo Emperador, arrodillado, casi aplastado por su inmensa corona. Un mundo perdido que no se cansarán de fotografiar las revistas de actualidad occidentales hasta la muerte de Haile Selassie en agosto de 1975. Un relato donde la pobreza inmensa de los campesinos parece ser una anécdota. Leonard Mosley, otro de los invitados, describe Addís Abeba, que ya tiene entonces cien mil habitantes, como un barrio de chabolas adornado como un pastel de bodas para la ocasión. En sus relatos todavía las hienas están a cargo de mantener limpia la ciudad. Está escandalizado porque Haile Selassie se gastó para su coronación el equivalente a una tonelada métrica de oro. Cuarenta años después, cuando Ryszard Kapuszinski llega a Addís Abeba para ser testigo de sus últimos días, la ciudad ha cambiado. Existen edificios modernos, avenidas, automóviles; una incipiente clase media sostiene una vida urbana moderna; hay un renacer de la música, el arte y la literatura, pero no ha ocurrido lo mismo con la política. El Emperador sigue gobernando como lo había hecho desde que fue coronado. Se vale de la sumisión de poderes locales, la cooptación de cuadros provinciales y la división de la corte; lo hace con el ejército, la policía y la Iglesia, con la represión, todo bajo su personal y férreo control. El Emperador trae a palacio gente valiosa de provincia, pero sin alcurnia, para contrarrestar las intrigas de la corte, pero estos nuevos funcionarios son cada vez más críticos con lo que ven. Kapuszinski cuenta que la mitad del tiempo de las reuniones de gobierno se dedican a discutir promociones y depromociones de la élite y la otra mitad a escuchar informes de la policía. Haile Selassie llegó a crear en 1959 un gabinete privado con el ministro del Interior, el jefe de las fuerzas armadas y funcionarios de las agencias de seguridad y la inteligencia. Su secretario personal, que manda más que el Consejo de ministros, tiene el estrambótico nombre de ministro de la Pluma. Haile Selassie llegó a tener su policía personal que supervisaba a la policía ordinaria, que también controlaba. Había establecido por primera vez un ejército moderno pero los jefes militares los escogía entre sus familiares[19]. Tenía súbditos que lo veneraban a cambio de nada. Su legitimación seguía descansando en su supuesta ascendencia salomónica. Para la mayoría de los campesinos, la mayoría de la población, todavía bajo el feudalismo, ajena al desarrollo de Addís Abeba, Haile Salessie era una figura semidivina a pesar de su fama de tratar mejor a sus perros chihuahuas y sus leones que a ellos. En la víspera de su caída era un hombre rico, pero el país seguía siendo uno de los más pobres de África. No era extraño que con este cuadro los estudiantes se organizaran para derrocarlo.

Había intentado modernizar la administración del Estado, pero había fracasado. Los hermanos Germane y Mengistu Neway le habían dado un severo aviso ya en 1960, cuando organizaron un golpe de estado para derribarlo. Reclutados a su corte por el propio Emperador para ayudarle en su proyecto modernizador, pronto llegaron a la conclusión de que el mismo Emperador era el principal obstáculo. Pertenecían a una nueva élite educada en el extranjero, becada por el propio Emperador. Habían visto cómo funcionaba la máquina estatal en otros sitios más modernos. Los dos hermanos murieron en su desafío al poder. Uno ejecutado en la horca, otro herido de bala en la refriega. Haile Selassie se había propuesto cambiar el sistema feudal de gobierno existente con adminis-

19. El emperador Tewodros en la década de 1850 había intentado establecer un ejército moderno, pero fracasó. En la batalla de Adua, Ras Mikael había comandado 50.000 soldados, pero estos eran población en armas, campesinos movilizados por príncipes y señores de guerra feudales. Solo hacia 1920 se puede hablar de la existencia de un ejército moderno en Etiopía.

tradores pagados con salarios públicos como ocurre en los estados modernos y consolidando un ejército nacional bajo su mando, pero los intereses de la aristocracia local seguían dominando. Es verdad que quitó poder a poderosos señores regionales, pero también es cierto que los reciclaba como parlamentarios, diplomáticos, gobernadores de otras provincias o jueces en vez de acabar con ellos. Siguieron en la élite aunque sin recursos económicos o militares propios sometidos a su persona, pero a la vez obstaculizando cualquier reforma. El sistema de explotación de los campesinos siguió con la aristocracia amhara situada en lo alto de la pirámide social. La aristocracia ligada a la corte encontraba además otras fuentes de enriquecimiento de la mano de las inversiones extranjeras que llegaban. La aristocracia amhara era propietaria de grandes extensiones al sur y al oeste del país, ahondando el conflicto étnico. Desarrollaron enclaves de agricultura comercial en Arsi y Wolayta o ingenios azucareros en el valle del Awash o aprovecharon el corredor crea-do en Shewa por el ferrocaril a Yibuti para instalar un incipiente tejido industrial, pero el sistema feudal, tan oneroso para los campesinos, la gran mayoría de la población, seguía en pie. Hay un aparente despertar económico en los años sesenta con nuevos proyectos industriales (textil, cemento, química), pero una década más tarde los intereses de la aristocracia y la oligarquía seguían dominando. Son los años en que los jóvenes estudiantes empiezan a ponerse en pie de guerra porque están ansiosos de modernidad y no ven un porvenir.

Haile Selassie había creado nuevas estructuras formales sin tocar la estructura de un poder feudal centralizado que ahogaba a las regiones. Había llegado a casar a una hija de 14 años con Gugsa, el "rey" de Mekele, cuando este tenía 55 años, para ganar su apoyo. El fracaso de la intentona de los hermanos Neway forzó al Emperador a hablar más de reformas, pero el resultado acabó siendo el mismo. Angelo de Boca en su libro *The Negus* dice que en los años sesenta hace falsas reformas para dar la apariencia de que camina hacia una monarquía constitucional, pero cuando llega la hora de nombrar al primer ministro lo hace a su antojo, despreciando al parlamento. John Markakis, un chipriota educado en los Estados Unidos que fue profesor en la Universidad de Addís Abeba en la década de los sesenta y acabó envuelto en el movimiento estudiantil, ha dicho que en el departamento de ciencias políticas donde él trabajaba estaba prohibido hablar de política nacional por orden directa del Emperador. Haile Selassie actuaba como si lo hubiese nombrado realmente Dios. Hacía lo que le daba la gana. Trataba a los estudiantes como un patriarca benevolente que les castigaba cuando lo consideraba oportuno. Llegó a mandar matar a varios líderes estudiantiles con completa impunidad.

En 1974, cuando una revolución inesperada derriba a la dinastía milenaria salomónica, Etiopía sigue siendo una sociedad rural y analfabeta (el 90% de los etíopes no sabían leer ni escribir en 1970). El 80% de la poblacion trabaja en la agricultura, la mayoría en el sector de subsistencia. (El sector primario aportaba el 60% del Producto Interior Bruto y el 90% de las exportaciones). En la industria, en todo el país no hay más de 100.000 empleos, quiza menos. Hay economistas que ponen la cifra en 50.000. Etiopía tenía entonces 41 millones de habitantes. Según estadísticas del Banco Mundial, el PIB per capita anual era de 126 dólares, uno de los más bajos del mundo, que contrastaba con el *glamour* imperial que fascinaba a la prensa europea. Había razones para un estallido social. El detonante fue una huelga de maestros que se propagó como una mancha de aceite.

Hubo una cadena de adhesiones a la movilización; primero se sumaron los taxistas, abrumados por el precio de la gasolina; después los estudiantes, ya movilizados desde hacía meses, pararon las universidades y las escuelas: a ellos siguieron los sindicatos llamando a una Huelga General que paró el país cuatro días, el movimiento se hizo imparable. Acabaron sumándose los militares de media y baja graduación, a los que la desatada inflación se les había comido los salarios. La revolución fue un levantamiento popular, sobre todo en las ciudades. Todas las medidas tomadas por el Emperador para parar la revuelta fracasaron. Sacrificaron a chivos expiatorios dentro del gobierno para calmar a las masas enfurecidas. Usaron una represión brutal, pero no pudieron implantar el dominio del miedo. Era algo difícil de creer que una figura vista hasta ese momento como mesiánica, venerada por la mayoría como un ente elegido por Dios, una figura casi divina, perdiera el corazón de los etíopes. Los militares rebeldes lo tendrían en cuenta en su estrategia. Para junio anunciaron la formación de una coordinadora que será conocida como el Derg. Su líder era el mayor Tafar Takla-ab, que acabaría reemplazado por Mengistu Haile-Mariam, un mayor de la tercera división. Fueron ellos quienes, en junio del 74, asaltaron el poder, tomaron el palacio derrotando a la guardia del Emperador. Su acción revolucionaria daba expresión a las ansias de cambio de una población cansada de sufrir una aristocracia feudal axfisiante. En septiembre el Emperador será formalmente detenido, acabando un periodo de un aparente doble poder que había durado dos meses. Haile Selassie es víctima de su maxima virtud: el disimulo. Los militares aprovechan los dos meses que conviven con él en el poder antes de asesinarlo para que firmase los decretos que necesitaban para que la población consintiese su gobierno. Tenían miedo de que la veneración a la persona del Emperador fuese más fuerte que la opresión que sufrían. Más tarde, cuando ya no les hacía falta, lo sacarán del palacio de gobierno. Detenido en otro de sus palacios, Haile Selassie morirá meses después con toda seguridad asesinado, asfixiado con una almohada mientras dormía. Esta vez no había sido un golpe elitista como el de los hermanos Neway, se trataba de una auténtica Revolución que la mayoría de los historiadores comparan con la Revolución rusa o la francesa por las transformaciones profundas que trajo a Etiopía.

## Los militares y los estudiantes revolucionarios

El Museo Memorial de los Mártires del Terror Rojo se encuentra en el centro de Addís Abeba. Es un edificio pequeño medio escondido con una estructura discreta pero moderna en una de las grandes avenidas que convergen en la plaza Meskel. Como otros museos del genocidio sus salas son una historia de terror político. Una narrativa de violencia en la que perpetradores y víctimas llegan a confundirse en el tiempo con los vaivenes de la Revolución. Está la famosa foto de Haile Selassie cuando es sacado de palacio para no regresar más. Será la última foto pública con vida que se conozca del Emperador. Acompañado de militares baja solo las escaleras rumbo a un volkswagen escarabajo que le espera para llevarlo a la sala de espera del patíbulo.

A un lado de la foto en la pared del museo está la directriz del Derg de noviembre de 1974, dos meses después del asalto al poder, con la lista de funcionarios condenados a muerte, entre ellos el general de origen eritreo Aman Amdom Michael, hasta entonces cabeza visible del Derg. En la orden firmada por Mengistu Hailemariam, primer Vicepresidente, se ordena preparar tumbas para 54 prisioneros. En las paredes están las fotos de estos desgraciados ministros y generales del Imperio purgados en luchas intestinas. Pero sobre todo las llenan fotos de hombres y mujeres jóvenes, la mayoría estudiantes militantes y activistas revolucionarios que habían sido importantes en la caída del Emperador, torturados, asesinados o desaparecidos por sus sucesores en el poder.

Está la foto de Mengistu Hailemariam convertido ya en el líder del Derg en marzo de 1977, arrojando una botella llena de "sangre" delante de una multitud. Era el anuncio de la carnicería que vendría después tras declarar al Partido Revolucionario del Pueblo de Etiopía (EPRP) "enemigo del Estado". Está junto a la directriz del mismo mes emitida por el Gobierno Militar Provisional de la Etiopía Socialista en la que se incluye una lista de 755 personas con su nombre y foto que deben ser buscados y detenidos, etiquetados como "bandidos contrarrevolucionarios" y "agentes del imperialismo". La mayoría estudiantes revolucionarios. La directriz abría el tiempo de su cacería hasta liquidarlos.

En esta cacería humana miles de personas fueron detenidas y sometidas a interrogatorios y torturas antes de ser asesinadas. Cuando cayó el Derg y se empezó a investigar lo que había sucedido, las autoridades judiciales encontraron 725 fosas comunes en las que había 4.855 cadáveres. En el museo hay expuestos cráneos y huesos traídos de las tumbas. Estos jóvenes fueron víctimas de un sistema carcelario diseñado para aplastarlos. En kebeles[20], en campos militares, incluso en fábricas, los militares establecieron centros de detención donde torturadores interrogaban a los estudiantes detenidos para ubicar su posición en la organización. Los militantes que habían pertenecido a comités de dirección eran ejecutados. Los otros, trasladados a cárceles. La decisión final era tomada en la prisión de Meakelawi, convertida en un centro de muerte. Todavía en 1985, cuando el movimiento estudiantil estaba ya desarticulado, el Derg seguía fusilando a militantes. Muchos lograron huir a las montañas incoporándose a la guerrilla. Según documentos de la Inteligencia militar del Derg había, en 1987, 121.247 guerrilleros, la gran mayoría organizados en el Frente de Liberación Popular de Eritrea

20. Kebele, la organización administrativa más pequeña. Está formada por hogares y residentes en un territorio. Registra nacimientos, bodas, muertes, recolecta impuestos locales y está a cargo de la seguridad pública.

(EPLF) y en el Frente de Liberación Popular de Tigray (TPLF).

El museo se inauguró en 2010, veinte años después de que el Derg hubiese sido derrotado y tres años más tarde de que su líder, Mengistu Haile-Mariam, fuese condenado a muerte en ausencia, por genocidio[21]. A pesar de ello hubo una polémica sobre su sentido y necesidad. Posiblemente no es casual que en mayo del 2023, cuando volví a visitar el museo, no hubiera cristales en la fachada. Dentro, algunos artefactos habían desaparecido de las salas de exposición. Cuando pregunté a uno de los trabajadores del museo qué había sucedido, no quiso entrar en detalles. Según lo que contó, un grupo de manifestantes habría buscado refugio de la policía el día del Islam. En la refriega entre manifestantes y policía el museo habría sido dañado. Pero otras fuentes aseguraban que el museo había sido atacado y saqueado a propósito. El legado de los estudiantes seguiría siendo divisivo y polémico décadas después.

Nebiot es una mujer joven, nació en 1990. Ha vivido varios años en el extranjero. Su padre trabajaba en una organización internacional. Cuando regresó a Addís Abeba hace unos años su abuela empezó a hablarle de un tío (hermano de su madre) del que nunca antes le habían hablado. Se enteró por primera vez de que en 1975, en pleno gobierno del Derg, su tío de 15 años había desaparecido después de participar en una manifestación de estudiantes contra la dictadura militar. Se puso a investigar qué había sucedido. Supo que varios compañeros llegaron a ver cómo era detenido por la policía y sacado del lugar. Nebiot contaba que ella misma se quedó sorprendida de que algo así le hubiese pasado a su familia. Por lo que le había contado su madre, Addís Abeba era en la década de los años setenta una ciudad en proceso de modernización. Había una nueva clase media que frecuentaba restaurantes y cafeterías en Piassa, ordenaba ropa de moda a través de catálogos de Sears y frecuentaba discotecas o cines o jugaba al tenis en nuevos clubs. Podía haber una oportunidad económica para estos jóvenes con privilegio. Nebiot quería saber qué había empujado a su tío a dar la espalda a una po-

21. El líder del Derg juzgado en ausencia había sido condenado primero a cadena perpetua pero después el Tribunal Supremo lo condenó a muerte. Fue de cualquier modo una condena símbólica porque en el año 2023 Mengistu seguía viviendo libre en Zimbabue, donde se había refugiado en 1991 tras su derrota.

sible vida confortable de clase media para adoptar una lucha revolucionaria que al final le costó la vida. Pero sobre todo quería conocer las razones del silencio. No podía entender cómo un tema tan vital se lo hubieran ocultado. Tampoco entendía que después de más de 40 años no se supiera qué le había pasado a su tío. Ahora está escribiendo una novela en la que quiere contar lo que ocurrió. Cómo murió, quien lo asesinó, dónde lo enterraron y por qué del silencio.

"Cuando empecé a documentarme me dijeron que muchos estudiantes desaparecieron en salas de tortura, celdas o fueron ejecutados, pero no sabían a dónde los habían llevado. Dónde los habían enterrado, a qué fosa común los habían arrojado. Si por casualidad se enteraban les prohibían hacer cualquier tipo de duelo, sabía que con todo esto no sería fácil reconstruir los hechos", dice.

Nebiot cuenta que al final ha podido saber que su tío fue asesinado el mismo día que fue detenido. Alguien que lo conocía la buscó para decírselo. Ahora está intentando saber qué hicieron con su cuerpo y dónde lo enterraron. No es fácil porque se construyó una tupida cortina para ocultarlo. Hasta 1991, hasta que Mengistu fue derrotado, las familias tenían prohibido buscar los restos de los asesinados. "Mi abuela ha muerto, pero quiero encontrar el cadáver en su memoria y en la de mi tío", decía. Nebiot quiere además contribuir a recuperar un legado positivo de los estudiantes. "Eran jóvenes idealistas. Puede que tomaran un camino equivocado, pero querían mejorar a su país. Creían que iban a cambiar al mundo a mejor, pero al final solo consiguieron su propia destrucción. Quiero que se reconozca el sacrificio personal que hicieron y la falta de compasión que ha existido con ellos", añadía.

Cuando el Derg toma el poder los estudiantes llevaban años en la calle dando forma a un movimiento social que acabó derribando al Emperador. Las universidades, desconocidas hasta bien entrado el siglo XX, se habían expandido lentamente en la segunda mitad del siglo creando un nuevo sujeto social imbuido de una misión histórica. La idea del Emperador era producir bajo su tutela una élite para la administración imperial, pero los estudiantes acabaron levantándose contra él. Bahru Zewde, en su libro *The Quest for Socialist Utopia: The Ethiopian Student Movement,* pone una fecha decisiva para este cambio de mentalidad entre los estudiantes. Las manifestaciones de 1965 en la Universidad de Addís

Abeba, entonces llamada Haile Selassie, es donde se grita por primera vez "la tierra para quien la trabaja" ("land to the Tiller"), una reivindicación que diez años después sera central en la Revolución. A partir de entonces los estudiantes llevarán sus reivindicaciones a las calles y empezarán a ver a Haile Selassie, que hasta hace poco consideraban un segundo padre, como un personaje ridículo que impedía el progreso. Los estudiantes fueron influenciados por el panafricanismo y la lucha anticolonial. Oliver Tambo, Mandela, Malcom X habían visitado la universidad y dado conferencias. La guerra de Vietnam, como ocurría en otras universidades alrededor del mundo, estaba creando un sentimiento adverso al imperialismo de los Estados Unidos, entonces el principal soporte internacional del Emperador[22]. Haile Selassie, sacando sus viejas credenciales cristianas, ofrecía a Washington un muro contra el comunismo. Eran los tiempos de la guerra fría. La URSS tenía una base en el puerto de Berbera, en la costa de la actual Somalilandia. Tanto era así que en 1970 Etiopía absorbía el 60% de la ayuda militar de los Estados Unidos a toda África. El rechazo a la guerra de Vietnam facilitó la expansión entre los estudiantes del marxismo-leninismo como ideología. El marxismo había sido introducido en la universidad por un pequeño grupo conocido como los Cocodrilos; diez años después había cientos de estudiantes militando en dos partidos marxistas-leninistas que, antagónicos, se disputarán entre ellos la hegemonía del movimiento.

La cuestión nacional, que tanta importancia ha tenido después, fue introducida en 1969, cuando el movimiento estudiantil estaba en pleno apogeo. Los estudiantes empezaron a ser receptivos a una situación cada vez más conflictiva en Eritrea y a los posos dejados por las guerrillas en Bale (Oromia) y Ogadén. Pero fue un artículo publicado a finales de ese año en la revista estudiantil *Lucha*, titulado "Sobre la cuestión de las Nacionalidades en Etiopía" lo que puso el problema nacional en el centro del movimiento. El hecho de que un amhara cuestionara la opresión amhara –su autor Wallelign Mekonnen era un estudiante de Wollo–, atrajo todavía más el interés primero de los estudiantes y después de amplios círculos de intelectuales.

22. Vital para controlar el Mar Rojo. Los militares estadounidenses necesitaban torres y radares y los instalaron en Eritrea, entonces parte del Imperio etíope. Sinclair Oil Company, una compañía estadounidense, había obtenido concesiones petroleras. El propio Emperador solía enviar a sus futuros tecnócratas a estudiar a Estados Unidos.

Wallelign Mekonnen en su artículo analiza la "opresión nacional" en la Etiopía Imperial, para concluir que el movimiento estudiantil debía apoyar la lucha por la autodeterminación para estar comprometido con el socialismo.

Para Wallelign, Etiopía no era una nación, estaba constituida por diversas naciones con sus propias lenguas, su manera propia de vestir, historia, organización social y entidad territorial. Pero había una nación dominante. Para ser un etíope, escribe, "requieres vestir una máscara amhara". Hablar amhara era necesario para entrar en la universidad y conseguir buenos empleos públicos[23]. Para que Etiopía fuera un genuino Estado-nación se requeriría que todas las nacionalidades participaran igualmente en los asuntos del Estado y todas tuvieran las mismas oportunidades para desarrollar su lengua, su música o su historia. Para Wallelign, si esto no ocurre, la secesión es mucho mejor para el socialismo que la continuidad de un gobierno que oprime a débiles naciones. Wallelign, inspirado por Lenin, sostenía que cuando la opresión nacional se hace absolutamente intolerable la secesión favorece la lucha de clases. No puede haber un proletariado libre si es cómplice de una opresión, en este caso la de una nación. Para él era claro que el objetivo de un genuino Estado-nación igualitario entre las naciones que llegasen a formar parte del mismo solo se podría conseguir mediante la lucha armada revolucionaria.

El gobierno prohibió la revista *Lucha.* donde había sido publicado el artículo. Wallelign Mekonnen, que acababa de salir de la carcel amnistiado por el Emperador, fue detenido de nuevo antes de que acabara el

23. En el Imperio, para pertenecer a la élite, incluida la del poder, no hacía falta ser amhara o tener raíces amharas, pero sí tenías que hablar y comportarte como un miembro de la élite amhara. Debías ser cristiano y tener (adoptar) un nombre cristiano. El golpe de estado contra el Emperador Lij Iyasu (1913-1916) orquestado por la aristocracia de Soha que acabó poniendo en el trono a la emperatriz Zauditu y a Haile Selassie (Ras Tefery) como regente puede explicarse en gran parte por ello. Ly Iyasu era hijo de Ras Mikael de Wollo, un oromo nacido Mohammed Ali, musulmán hasta 1875, cuando se convirtió al cristianismo. Menelik II lo casó con una de sus hijas. La aristocracia de Soha consideraba a Lij Iyasu, nieto de Menelik II, no lo suficientemente aclimatado a los valores de la aristocracia amhara. Décadas después, Wallelign Mekonnen usa la "máscara amhara" para expesar la necesidad de ser asimilado por la cultura amhara si quieres pertenecer a la élite del país. Wallelign, nacido en Wollo, debía conocer bien la historia de Liy Iyasu.

año[24]. Tilahun Gizaw, el presidente de la asociación de estudiantes que editaba *Lucha* fue baleado y asesinado poco después en la calle por la policía. Tilahun Gizaw, un miembro de la élite aristocrática, había adoptado el marxismo.

Pero la represión no pudo evitar que la perspectiva de la lucha armada para derribar a un régimen centralista empezase a estar en el horizonte de los estudiantes.

Tras la represión, Meles Zenawi, Issaías Afwerki y Dawid Ibsa Ayana, estudiantes marxistas de la universidad, dejaron Addís Abeba para organizar guerrillas etnonacionalistas. Años más tarde los dos primeros gobernarán Etiopía y Eritrea.

En Etiopía las tesis de Wallelign, el derecho incondicional de cada Nación, Nacionalidad y Pueblo a la autodeterminación, incluyendo el derecho a la separación, estarán plasmadas en la Constitución de 1995.

## El Derg y los guerrilleros

En mayo de 1991 grupos de guerrilleros de una alianza de diversas organzaciones líderada por el TPLF tomaron Addís Abeba. El EPLF había entrado en Asmara días antes ganando su lucha por la independencia de Eritrea.

Nadie habría apostado un duro por ellos diciséis años antes cuando sus líderes tuvieron que salir huyendo de la capital. Según cuentan testigos, los guerrilleros llegaron de tres direcciones distintas vistiendo uniformes diferentes. Los presos de Alem Bekang, la famosa prisión de la capital, se habían liberado por ellos mismos.

La toma de poder se llevó a cabo sin excesiva violencia. Hubo veganzas pero no fueron numerosas. Los que fueron miembros del Partido de los Trabajadores fueron excluidos de cargos públicos. Cuadros sospechosos de colaborar con el terror rojo o cometer crímenes de guerra

24. Wallelign, que había adoptado él mismo la lucha armada, murió por disparos de la policía en 1972 en un intento fracasado de secuestro de un avión en plena efervescencia estudiantil.

fueron detenidos[25]. Había habido unos días antes una conferencia en Londres con presencia de líderes guerrilleros y diplomáticos estadounidenses e ingleses en donde se había discutido el futuro inmediato de Etiopía. El Derg había sido derrotado militarmente y no tenían nada más que ofrecer. Poco antes de la llegada de los guerrilleros a Addís Abeba Mengistu había huido a Zimbabue en un pequeño avión mientras sus soldados vendían sus kalashnikovs para pagar el autobús de regreso a sus pueblos.

Los líderes guerrilleros pronto empezaron a ocupar el lugar dejado por los generales del Derg, la mayoría amharas (el 80% de los generales y el 60% de los coroneles lo eran). La vieja maquinaria estatal, como había ocurrido tras la caída de Haile Sellasie, siguió funcionando, ahora pilotada por ex-guerrilleros.

El ejército formado por el TPLF ocupó el lugar que antes ocupaba el del Derg.

La huida de Mengistu no impidió que ese mes el salario de los funcionarios se pagara puntualmente. Una inmensa estatua de bronce de Lenin erigida en un parque al norte de la plaza Mesquel fue derribada[26]. Meles Zenawi, un viejo estudiante de medicina en Addís Abeba en tiempos del movimiento estudiantil, líder del TPLF, un maoísta que

25. Berhane Bayeh, Addís Tedla, Tesfaye Gebre Kidan y Haile Yimenu, altos cargos en el Derg y ministros de su último gobierno se refugiaron en la Embajada italiana. Berhane Bayeh y Addis Tedla estuvieron en ella durante 29 años. Salieron en diciembre del año 2020 después de que les fuera suspendida una condena a muerte. Los dos supervivientes habían sido condenados en el año 2008 junto a otros 18 altos líderes del Derg a muerte. Tesfaye Gebre Kidan, que fue presidente de Etiopía la última semana del Derg, murió accidentalmente en una pelea con Berhane Bayeh en 2004. Haile Yimenu cometió suicidio a finales de 1991. Mengistu fue juzgado en rebeldía y condenado en el mismo juicio a pena de muerte por genocidio.

26. El único monumento de la época Derg que ha sobrevivido es Che Onejoon en la Avenida Curchill. Fue diseñado por Tadesse Mamecha para conmemorar el décimo aniversario de la Revolución de 1974. El monumento es también un homenaje a los cubanos muertos en el conflicto de Ogadén. Sus fotografías están expuestas como muestra de agradecimiento a su sacrificio. A la entrada de uno de los nuevos moles en Bole solía encontrame con un hombre que me saludaba en español. Había vivido 13 años en Cuba, a donde había llegado con una beca para estudiar técnico veterinario. Su padre había muerto en la guerra de Ogadén. Se pasaba el día en la acera con un chaleco naranja. Siempre que lo veía me paraba para practicar su español y me pedía libros para no olvidarse del idioma. Siempre recordaba a los cubanos caídos defendiendo Etiopía.

había girado hacia las ideas reformistas de Deng Xiaoping, se había convertido en el hombre fuerte de Etiopía. Sacar a Lenin era un gesto hacia Estados Unidos, que empezaban a ocupar el vacío dejado por una URSS en vía de disolución.

Meles había dejado claro que el nuevo gobierno constituido, además de reconocer la diversidad étnica del país, iba a acabar con la planificación económica e introducir políticas de libre mercado. A principios de julio una conferencia celebrada en la capital le nombró cabeza de un gobierno de transición. Meles permanecería en el poder hasta su muerte por enfermedad en el año 2012.

¿Qué había ocurrido para que el Derg, bien armado y equipado por la URSS, hubiese sido derrotado por jóvenes guerrilleros sin apenas apoyo externo?

Los estudiantes habían sido el motor de una Revolución que había derribado el Imperio. Pero habían sido militares quienes habían ocupado el vacío de poder dejado tras la caída de Haile Selassie. Un comité conocido como el Derg había tomado el poder secuestrando en cierta manera una Revolución que había puesto en evidencia las contradicciones de la vieja sociedad feudal. Una revolución que, como hemos dicho antes, los historiadores comparan a la de Rusia de 1917 por las transformaciones sociales que generó.

A finales de 1974 fueron nacionalizados bancos, compañías de seguros y la mayor parte de la industria. En marzo de 1975 se realizó la reforma agraria, acabando con el sistema feudal. Toda la tierra rural fue nacionalizada, dando además derechos de ursufructo a los campesinos y comunidades que la ocupaban, otorgándoles poder para implementarlo por ellas mismas.

En las ciudades se reformó la propiedad del suelo urbano dando más poder al Estado, que ocupó toda propiedad abandonada y puso los alquileres urbanos bajo control.

En 1976 el Derg estrechó relaciones con la URSS, países del Este de Europa y Cuba, un alineamiento que resultó decisivo en su victoria en la guerra de Ogadén en 1977-78.

Estas medidas dieron a la Revolución legitimidad entre los campesinos y sectores menos favorecidos y marginados de las ciudades. Pero no ocurrió lo mismo con los estudiantes, que empezaron a organizarse en partidos políticos una vez disuelto el movimiento estudiantil[27]. Estos estudiantes revolucionarios vieron al Derg como una anomalía temporal que pronto caería víctima de sus propias contradicciones. Pero, a medida que pasaban los meses y el Derg no caía, empezó a estar claro que estos militares que habían adoptado en su gobierno el lenguaje marxista-leninista de los estudiantes habían llegado para quedarse.

El Derg había nacido a principios de 1974 en plena crisis revolucionaria como un comité o consejo secreto con el objetivo de hacerse con el poder. Su forma de funcionar se desconocía; parece que eran reuniones de delegados enviados por diferentes cuerpos y cuarteles. Cuando tomaron el poder en septiembre de 1974, la mayoría del Derg eran oficiales de media y baja graduación con diferentes visiones y proyectos, pero eligieron como su presidente al general Aman Andom, un eritreo conocido ya en el anterior régimen. Duró poco en el cargo. A finales de noviembre murió supuestamente en un tiroteo cuando iba a ser detenido el mismo día que 60 altos funcionarios del gobierno imperial fueron ejecutados. El poder continuaba ensanchando las grietas de las diferentes corrientes del Derg convirtiéndolas en facciones irreconciliables. Estas diferencias, como suele ocurrir en procesos revolucionarios, se resolvían a tiros, detenciones y ejecuciones. Para finales de 1977 el líderazgo del Derg estaba en manos del coronel Mengistu Haile Ma-

27. Tras la caída de Haile Selassie dos grandes partidos aparecieron públicamente, los dos marxistas-leninistas y panetíopes o multiétnicos o multinacionales. Habían sido fundados antes, pero lo habían escondido. Ya no era posible ocultarse tras la cortina del movimiento de estudiantes desaparecido en 1974 y perseguido por el Derg. Fue un proceso de convergencia entre el movimiento de estudiantes local y marxistas etíopes estudiando en Europa y EE.UU. que se habían organizado y llegaron a ser muy influyentes en el movimiento. El EPRP (el Partido Revolucionario del Pueblo de Etiopía) había sido fundado en Berlín en 1972, pero se unió con Abyot y Democracia, dos organizaciones estudiantiles locales. El EPRP calificó al Derg de fascista y defendió la lucha armada en las ciudades como método para desencadenar la revolución socialista. El otro partido, MEISON (Movimiento Socialista Panetíope), apostó por construir un movimiento de masas colaborando con el Derg, ya que la revolución socialista necesitaría una acumulación de fuerzas. MEISON había sido fundado en 1971 en Etiopía por militantes mayoritariamente oromos. Los dos partidos se llevaron mal hasta el punto de que hubo asesinatos mutuos de militantes. El primero, a finales de 1976, fue obra del EPRP. Asesinó a un miliante de MEISON, un profesor a quien acusaban de haber delatado a militantes del ERPR asesinados por el Derg. Estas disputas llegarían al interior de los propios partidos, cada vez más intolerantes. Hubo purgas internas que acabaron en ejecuciones de camaradas que propugnaban líneas diferentes.

riam[28], un oficial de Wollo destinado en Harar que había sido elegido antes como uno de sus dos vicepresidentes. Mengistu había adoptado la ideología marxista-leninista de los estudiantes. El general Tafari Benti, un oromo presidente del Derg que había llegado al cargo después de la muerte del general Amdom, había corrido la misma suerte que su predecesor. El general Benti murió asesinado a balazos en febrero de 1977 junto a varios de sus colaboradores en una reunión en palacio. En noviembre el coronel Atnafu Abate, hasta entonces un aliado estrecho de Mengistu, corrió la misma suerte. Las razones de los asesinatos se desconocen, pero se especula que estaban conspirando contra Mengistu.

El ascenso de Mengistu al poder terminó con cualquier posibilidad de un acuerdo entre los estudiantes revolucionarios y el Derg, a pesar de que supuestamente compartían la misma ideología marxista-leninista. Mengistu veía a los nuevos partidos de los estudiantes como enemigos, sobre todo después de que el EPRP lanzara la lucha armada en las ciudades asesinando a varios dirigentes del nuevo régimen. Es muy posible que organizara también un intento de asesinato fallido contra Mengistu. El Derg había empezado su represión, que acabaría en su campaña del Terror Rojo[29]. Primero contra el EPRP y después contra MEISON (Movimiento Socialista Panetíope), el partido dirigido por

28. Mengistu era hijo de Haile Mariam, un sargento konso. Nació en 1937 y creció en Gojjam, una provincia amhara. Había seguido la carrera militar de su padre graduándose en la escuela militar de Holeta. Había participado en 1970 en un curso de artillería en Estados Unidos. Fue uno de los oficiales que establecieron el Derg en 1974 cuando estaba destinado en Harar. Fundó la organizacion "Llama Revolucionaria" con otros soldados y oficiales. A pesar de sus métodos violentos para resolver las diferencias, tenía fama de saber escuchar y aprender rápido, pero sobre todo de poseer una determinación a prueba de bomba. Se consideraba un nacionalista y sobre todas las cosas "ser del pueblo". Gebru Tareke lo describe en su libro *The Ethiopian Revolution, War in the Horn of Africa* como "talentoso, tenaz y trabajador sin descanso, comprometido con la revolucion pero rígido movido por instinto". Henze lo define en *Layers of Time, a history of Ethiopia* como "un militar estrecho y testarudo respaldado por una junta militar, con un débil credencial de ideólogo comunista".

29. Fue en esas fechas, en la plaza Meskel rebautizada Plaza de la Revolución, cuando Mengistu rompió la botella llena de líquido rojo cuya foto está en el museo del terror y hemos comentado anteriormente. En el acto juró eliminar a los "feudalistas voraces, fascistas contratados y perros corredores" dando inicio a su campaña de terror rojo. El color del líquido simbolizba la sangre a derramar de sus enemigos.

Haile Fida, un oromo que había colaborado al principio con el Derg, e incluso había ayudado a la represión contra el EPRP. Mengistu acusó a Fida de preparar con miembros del Derg un golpe. Fida fue detenido y ejecutado en abril de 1979 junto a Berhane Meskel, el lider del EPRP[30]. En el proceso el Derg había adoptado el marxismo-leninismo como su ideología. La URSS, además de armar al ejército estaba ayudando a formar cuadros para un futuro partido marxista-leninista. Mengistu no necesitaba ya los cuadros de los estudiantes revolucionarios para su proyecto de partido único bajo su liderazgo; podía deshacerse de ellos.

Es irónico pensar que los estudiantes que habían abrazado el marxismo-leninismo en la universidad fueran masacrados por policías y torturadores que profesaban la misma ideología marxista-leninista que ellos. Hiwot Teffera, una militante del EPRP, cuenta en *Tower in the Sky*, un libro de memorias, cómo, cuando fue detenida por el Derg en plena campaña del Terror Rojo y enviada a uno de sus centros de detención, sus carceleros le hacían leer los mismos textos que había tenido que leer para ser militante de Abyot, una de las organizaciones que constituyeron el EPRP[31].

Mengistu, tras poner a los militares bajo su control y acabar con los

30.Varios autores, entre ellos Ayalew Yiman (ver bibliografía) hablan de la existencia de una competencia entre Haile Fida y Mengistu. Este sospechaba que Moscú preferiría a Haile Fida antes que a él como líder del partido que estaban formando. Cuando Mengistu se hizo con todo el poder, MEISON pasó a la clandestinidad, pero Haile Fida no logró escapar. Fue detenido en Chnacho despues de huir de Addis Abeba. MEISON perdió su sitio en la esquina del poder para unirse a las otras víctimas del terror. Miles de sus miembros fueron asesinados o detenidos. Irónicamente, los dos líderes más importantes de los dos partidos más importantes, que se consideraban entre ellos enemigos, Meskel y Fida, fueron ejecutados en la misma prisión en la misma fecha.

31. Hiwot Teffera fue la compañera de Getachew Meru, fundador del grupo Abyot (Revolución) y luego miembro del Buró Político del EPRP. Getachev Meru fue ejecutado por el propio EPRP por oponerse a la lucha armada en las ciudades y abogar por una guerrilla rural. Le acusaban de maoísta. Las detenciones, torturas y asesinatos de disidentes eran hechas no solo por el Derg. Era una práctica común en todos los grupos guerrilleros. Hiwot Teffera siguió militando en el EPRP durante varios años más,aún sabiendo lo que habían hecho a su compañero sentimental. Hiwot no fue ejecutada. Paso ocho años en la cárcel de Addís Abeba. La guerrilla del EPRP, el EPRA (el Ejercito Revolucionario del Pueblo de Etiopía) ejecutó a 11 disidentes en Assimba, una de sus bases, acusándoles de estar con Getachev Meru. Ver la obra citada de Ayalew Yiman.

estudiantes revolucionarios en las ciudades, puso en marcha su proyecto de una República Popular panetíope. Había sido posiblemente influenciado por Halle Fida, el asesinado lider de MEISON, un comunista que había estudiado en Francia y había militado en el Partido Comunista francés. El único eslogan propio del Derg conocido en sus inicios había sido uno de carácter pan-nacionalista, "Etiopía Primero", un eslogan que carecía de contenido social. Tras la incorporación de Halle Fida a tareas programáticas asesorando al Derg, Mengistu fue introduciendo en sus discursos la lucha por la igualdad, en particular contra la pobreza. Era muy probable que Mengistu viera en la ayuda y disciplina del socialismo real existente un instrumento para su proyecto nacionalista-panetíope-desarrollista más que un medio para implementar el socialismo. El marxismo era instrumental para disciplinar cuadros y funcionarios. En 1984, tras fundarse el Partido de los Trabajadores de Etiopía (EWP), se disolvió el Derg pero el poder siguió controlado por militares. De los 11 miembros del Buró Político del nuevo partido 6 eran militares, como lo eran 30 de los 136 miembros del Comité Central, donde solo había una mujer. Tres años más tarde, en 1987, la República Democrática Popular de Etiopía fue proclamada con la aprobación de una nueva Constitución. De cualquier forma el nuevo régimen tuvo una vida efímera, cuatro años, pues en 1991 era derrotado por guerrilleros etnonacionalistas.

Los primeros años del Derg habían sido relativamente exitosos. Logró evitar la desintegración del país derrotando en el sur al ejército somalí del general Mohamed Siad Barre y había mantenido en jaque en el norte a los guerrilleros independentistas eritreos que venían luchando desde 1961. De hecho, mostró una gran capacidad de movilización. Pudo construir un ejército con campesinos agradecidos con la reforma agraria. Se calcula que el 75% de los soldados de infantería venían de zonas rurales. Pero el cansancio fue haciendo mella. El Derg no conoció un periodo de tranquilidad. La guerra fue permanente con períodos de mayor o menor intensidad. Los gastos militares consumieron la mitad del presupuesto de toda la serie histórica del Derg, siendo mucho mayores que los destinados a educacion, salud, agricultura e industria combinados. Estamos hablando de una economía que apenas crecía. Entre 1964 y 1986 la poblacion creció un 3% y el PIB el 2%. A mediados de la década de los ochenta tuvo además que lidiar con una severa sequía que se intentó afrontar moviendo a campesinos en vez del grano. Amharas, tigriños y hararghes fueron relocalizados en zonas supuestamente vacías de Gambella, Oromia y Benishangul-Gumuz, lo que echó más leña al conflicto étnico. Con el tiempo unos campesinos exhaustos de pagar impuestos y dar soldados que no volvían fueron alejándose del régimen que les había dado la tierra. Etiopía había sido socialista en la superficie, la cultura tradicional había seguido de la mano del analfabetismo, la tradición oral y la religiosidad, haciendo más fácil la separación de los campesinos del régimen marxista-leninista. Mientras la guerra se lo tragaba todo, en las ciudades crecía la escasez. Los funcionarios tenían que acudir al pluriempleo para llegar a fin de mes. Al final, el ejército fue derrotado por guerrilleros etnonacionalistas ayudados por la corrupción, la mala gestión y el nepotismo interno del Derg.

Mientras el Derg fue capaz de aplastar la resistencia urbana, no logró hacer lo mismo con las guerrillas rurales etno-nacionalistas. La cuestión nacional, a diferencia de la reforma agraria, había quedado al margen de la agenda de los militares panetíopes. En Eritrea, estudiantes a su regreso de la Universidad de Addís Abeba, donde habían sido imbuidos de marxismo, formaron el Frente de Liberación Popular de Eritrea (EPLF), dando un nuevo impulso a la lucha. Fue una escisión del Frente de Liberación de Eritrea (ELF) encabezada por Isaias Afweki. El ELF, una organización independentista fundada en 1961, estaba perdiendo fuelle por divisiones internas[32]. A Tigray llegaron varios grupos guerrilleros. Uno de ellos, la Unión Democrárica de Etiopía (EDU) de Ras Mengesha Seyoum, partidarios del Emperador, abrió un foco en el este en la frontera con Sudán, pero fue pronto derrotado por el TPLF y desapareció. El EPRP abrió en las montañas de Assimba al este de Adigrat, en los límites con Afar, un foco con varios destacamentos del Ejército

32. El EPLF se separó del ELF porque a su juicio éste último favorecía a los musulmanes de las zonas bajas frente a los cristianos del altiplano; además permitía la existencia dentro de la organización de reinos de Taifa lo que a juicio del EPLF alimentaba las diferencias étnicas existentes dentro del movimiento. El EPLF acusaba al ELF de oponerse a la construcción de una identidad nacional eritrea creada durante el colonialismo. Para el EPLF, el ELF ponía en peligro la unidad de Eritrea y la victoria de la lucha por la independencia.

Revolucionario del Pueblo de Etiopía (EPRA), pero tampoco tuvieron éxito y fueron derrotados por el TPLF[33]. Por último, estudiantes tigriños de la Universidad de Addís Abeba, influenciados por las ideas de Walleling Mekonnen y el maoísmo, establecieron en la zona de Seraho, no lejos de Shire, el primer foco guerrillero del Frente de Liberación Popular de Tigray (TPLF)[34].

Eritrea, debido a su pasado colonial, había adquirido una identidad que la separaba de Etiopía y alimentaba la lucha por la independencia. Hay que tener en cuenta que para el movimiento independentista eritreo no aplicaban las tesis de Walleligne Mekonen. En Eritrea se hablan nueve lenguas. El tigriño en el altiplano, pero también el árabe en zonas costeras, y lenguas pastoriles sobre todo en las zonas bajas. El movimiento independentista eritreo no podía construirse agitando una única identidad nacional étnica.

Lo que podía darle sentido era la herencia colonial que había hecho a Eritrea diferente de Etiopía.

Durante la colonia habían llegado italianos con una misión colonizadora. De los 100.000 habitantes que había en Asmara en 1939 se calcula que la mitad eran italianos, soldados y colonos con el objetivo de modernizar la economía en provecho de la metrópoli. Los eritreos estaban segregados y no hubo ningún esfuerzo por establecer un sistema educativo para la población local, que siguió educándose en es-

33. En 1976, en una conferencia, el TPLF fijó su posición sobre Tigray y la cuestión nacional. Había mantenido la independencia como su política cuando se fundó un año antes, pero pronto cambio de posición. Pasó a defender, dentro de un contexto democrático, el derecho a la autodeterminación con derecho a la separación si la población lo decidía. Esta nueva posición necesitaba implicar a fuerzas no tigriñas en su proyecto de Estado, a pesar de que seguían combatiendo en suelo de Tigray a todas las organizaciones no tigriñas hasta expulsarlas. El cambio de posición creó conflictos con el EPLF. Era una separación estratégica que tuvo implicaciones tácticas en la lucha común contra el Derg, hasta el punto de que entre 1985-1988 dejaron de cooperar militarmente entre ellos.

34. Las primeras batallas que libraron los guerrilleros del TPLF no fueron contra el Derg, sino contra competidores políticos enemigos del Derg como ellos. Primero lucharon contra la Unión Democrática de Etiopía (EDU), de Ras Mengesha Seyoum. Tenían el apoyo de un sector de la Iglesia, furiosa por la confiscación revolucionaria de sus propiedades por el Derg, pero no tuvieron el de los campesinos. Después, el TPLF derrotó al EPRP en Assimba. El TPLF no quería guerrillas multiétnicas en Tigray. Los guerrilleros del EPRP que sobrevivieron se refugiaron al norte de Gondar, en Amhara, donde el EPRP tenía otra base.

cuelas religiosas, bien cristianas o madrasas. Tras años de ocupación (1886-1941), la colonización había distanciado a los eritreos de los etíopes (no colonizados), o al menos así pensaban los eritreos, aunque compartieran la misma cultura tradicional y a menudo la misma lengua. Los eritreos se sentían más avanzados que los etíopes, aunque paradójicamente persistía un estrato de pertenencia a una cultura compartida con Etiopía.

Lo que les separaba era sentirse más modernos. En Eritrea había industria y una vida urbana, con sus bares y cafés. Asmara se había desarrollado influenciada por las corrientes arquitectónicas europeas de la época.

Todavía hay en pie edificios modernos, muchos de ellos Art Decó. El garage Fiat diseñado como un avión, el "barco" de la Avenida de los Mártires, el cine Roma.

Con la derrota italiana en la IIª guerra mundial la colonia fue puesta bajo control británico (1942-1952), después, bajo acuerdo de Naciones Unidas, se decidió establecer un sistema federado con Etiopía (1952-1960) poniendo su soberanía en manos del emperador Haile Selassie, quien no tardaría en disolver la federación anexionándose Eritrea a su Imperio.

La respuesta a la anexión fue la formación en Egipto del Frente de Liberación de Eritrea. Una organización conservadora con influencia árabe que abogaba por independendizarse de Etiopía mediante la lucha armada. Cuando Haile Selassie cae, el problema eritreo está sin resolver. El general Aman Admon, un eritreo elegido presidente del Derg, trató de convencer al ELF que dejase la lucha, pero sin éxito. El Derg, que abogaba por un panetiopismo, purgó al general y siguió la guerra contra el ELF y después contra el EPLF.

El Derg recibió una herencia envenenada que a la larga, como ahora ya sabemos, le haría caer víctima del hostigamiento militar de las guerrillas y el drenaje de sus recursos económicos por la guerra.

En Tigray las cosas eran diferentes. A diferencia de Eritrea, cuando cae el Imperio no había un movimiento por la independencia. La región seguía teniendo una economía atrasada y pobre, predominantemente rural, hasta el punto de que hacía décadas que no se había instalado ninguna nueva factoría reseñable. Esta falta de desarrollo era popularmente atribuida a los gobernantes amharas de Shoa[35]. Es verdad que había un sentimiento de identidad forjado por el pasado glorioso de Axum, el cristianismo, el idioma propio, y los intereses de los señores locales que la hacían diferente a otras regiones del Imperio, pero nadie se planteaba la posibilidad de una ruptura con Etiopía. Los tigriños consideraban Axum a la vez su cuna y la de Etiopía. Como sabemos, había habido en 1943 una rebelión campesina en la zona de Raya Azebo conocida como la primera Woyane; se habían alzado contra el Emperador a su regreso del exilio inglés. Llegaron a tomar Mekele, hasta que la rebelión fue suprimida brutalmente con las bombas de aviones ingleses llegados desde Adén (Gran Bretaña ocupaba entonces el sur de Yemen) en apoyo de Haile Selassie. Los líderes de la rebelión eran aristócratas locales frustrados con el Emperador. Aspiraban a tener más poder e independencia de la aristocracia amhara de Soha, que se había hecho con el poder en Addís Abeba. Lamentaban perder la autonomía de que habían gozado con los italianos bajo su política de divide y vencerás. Haile Selassie les castigó entregando Wolkait y Tsegede a la administración de Gondar, y Kobo a la de Wollo. (En 1991, con la victoria del TPLF estos territorios volverían a Tigray y en la guerra del 2020-2022 serían ocupados por milicias amharas). Eran rivalidades entre centros de poder históricos que aspiraban a hacerse cargo del Imperio o a tener más cuotas de poder local. Tigray no había sido sometido a Addís Abeba de la misma manera que había sido sometido el sur, formaba parte del mismo proyecto histórico dominante imperial. Al final, Haile Selassie logró desmilitarizar Tigray dejando a la élite aristocrática tigriña sin poder independiente, al mismo tiempo que no les confiscó sus tierras o les subió los impuestos.

La llegada de los estudiantes universitarios a las montañas de Tigray poco después de la Revolución de 1974 significó una ruptura histórica

35. No hay que olvidar que Tigray había sido el centro del Imperio durante el reinado de Yohanes IV en la segunda mitad del siglo XIX, antes de que el poder basculara hacia el sur. Su palacio se puede visitar en Mekelle. Menelik II desplazó el centro de poder hacia Shoa, lo que significó pérdida de poder de las élites aristocráticas tigriñas frente a las del sur. El conflicto entre las élites por el control del Imperio siguió. Hay historiadores que explican que Menelik II no siguió a las tropas italianas derrotadas en la batalla de Adua para debilitar el poder de Tigray, dejando parte del altiplano tigriño en manos de los italianos. En la primera mitad del siglo XX las élites tigriñas resistieron tanto como pudieron su ocaso, llegando a asociar el atraso y pobreza de Tigray con el poder de la aristocracia amhara.

para Tigray. Este sentimiento de identidad cultural que existía será transformado por los guerrilleros en un breve periodo de tiempo en una identidad política: la pertenencia a una nación que aspira a autogobernarse y para ello requiere redefinir su relación con un Estado que está restructurándose tras la caída del Imperio.

Los guerrilleros llegaron a Dedebit, en la woreda de Shiraro, a principios de 1975[36].

Llegaron 20, todos ellos estudiantes salvo tres, uno de ellos un local que conocía la zona. La mayoría llegó desde la Universidad de Addís Abeba, donde había una asociación de estudianes tigriños organizada para frenar la relegación de su idioma frente al amariña. La zona donde llegaron había sido abandonada por el gobierno. No había las carreteras y servicios que tiene hoy. Conocía periódicas hambrunas y rebeliones, pero cuando llegaron los estudiantes estaba en calma. Los guerrilleros la escogieron por su cercanía a las fronteras con Sudán y Eritrea, donde había movimientos guerrilleros. Podían ser entrenados por ellos y protegerse en sus zonas liberadas en caso de necesidad. Tuvieron en Shiraro su "cuartel general", hasta que por razones estratégicas unos años después decidieron mover su base hacia el sur. Eligieron para ello una zona aislada entre Angereb y el río Tekezze, donde era posible cultivar la tierra comercialmente y en donde el propio ejército se pensaba dos veces entrar por ser una zona donde criminales huidos se refugiaban entre campesinos bien armados.

Cuando llegaron a Dedebit vivieron en cuevas. Se fueron armando con robos a cuarteles de policías. El primer golpe que dieron fue el asalto a un banco y a una comisaría en Axum. Lentamente favorecidos por hablar su idioma fueron ganando el apoyo de los campesinos que les alimentaban[37]. En 1976 conocieron una dolorosa derrota cuando fracasaron

36. Las fuentes utilizadas para escribir la parte que sigue han sido diversas, pero quiero resaltar Ayalew Yimam (Mukhtar), *Yankee Go Home!, The Life of an Ethiopian Revolutionary and de Fall of Assimba*, EPRP´S Red Bae 1969-1981, Addís Abeba University Press, Addís Abeba 2019; Gebru Tareke, *The Ethiopian Revolution, War in the Horn of Africa*, Eclipse Printing Press 2nd Edition, 2017, Addís Ababa, Ethiopia; Plaut Martin & Sarah Vaughan, *Understanding Ethiopia's Tigray War*, Hurst & Company, London, 2023.

37. Un veterano del TPLF con quien tuve oportunidad de hablar contaba que los guerrilleros se hacían sus propios zapatos con materiales locales y se equipaban con lo que recuperaban de los soldados del Derg durante las batallas o golpes a cuarteles. La

en un ataque a un cuartel militar bien fortificado. Los supervivientes tuvieron que huir a Sudán, donde reevaluaron sus tácticas militares. Estos novatos guerrilleros irían a China a instruirse política y militarmente, como habían hecho los del EPLF años antes; otros serán instruidos militarmente por el ELF y EPLF en sus zonas liberadas de Eritrea. Acabaron usando tácticas maoístas, atacando en pequeños grupos de cincuenta guerrilleros como máximo, moviéndose en la noche y atacando al enemigo cuando estaba cansado o en retirada. En su organización política establecieron una dirección colectiva más consensual que jerárquica. Educados en el marxismo y el maoísmo, eran revolucionarios que habían apostado por movilizar a los campesinos para resolver la cuestión nacional. "Un pueblo politizado, movilizado y armado nunca puede ser gobernado contra su deseo", era su eslogan.

La tarea de estos guerrilleros no era fácil debido a que los campesinos tigriños nunca antes habían expresado sus diferencias étnicas en un movimiento político independiente como les proponían ahora hacer los estudiantes revolucionarios llegados desde la ciudad. Para convencerles, los estudiantes optaron por agitar los símbolos y la historia que diferenciaba a los tigriños de otras etnias. Formaron tropas culturales para difundir poemas y canciones entre los campesinos analfabetos, muchas de ellas relacionadas con la resistencia y represión de la primera Woyane, todavía fresca en la memoria. Luego usarían estaciones de radio y grabaciones en cassettes para convertir la antropología cultural de resistencia en identidad política nacional. Además, el TPLF había decidido que sus cuadros pasaran temporadas largas en comunidades entre los campesinos para conocer la situación sobre el terreno, lo que acercó la guerrilla a la población. El TPLF quería ser parte del tejido social tigriño. Pero es muy posible que la política represiva del Derg ayudara tanto o más a la movilización guerrillera que lo hacía la campaña cultural o de acercamiento físico. La estrategia contrainsurgente del Derg de "matar al pez secando el agua", la respuesta al principio guerrillero maoísta de "los guerrilleros se mueven entre las masas como los peces en el agua", había golpeado brutalmente a las comunidades. La tortura, las desapariciones, las violaciones y los asesinatos se habían convertido en habituales. Por

ropa era de segunda mano, mucha de ella comprada en Europa por colaboradores y simpatizantes de la guerrilla.

rabia, por pobreza o porque preferían morir en batalla antes que asesinados impunemente por policías y soldados en sus pueblos, muchos jóvenes optaron por unirse a los guerrilleros. Tanto hombres como mujeres huyeron a sus campamentos de las montañas. Pronto hazañas épicas de los guerrilleros se convirtieron en leyendas en las comunidades impulsando el reclutamiento y la lucha armada[38].

El apoyo definitivo de los campesinos lo ganaron los guerrilleros entre 1983 y 1985 cuando Tigray conoció un periodo de hambruna a consecuencia principalmente de la sequía. Se estima que fallecieron 400.000 personas a causa del hambre en el norte de Etiopía durante esos años. El Derg intentó sacar partido de la situación y en 1985 diseñó una ofensiva militar para interrumpir la ayuda humanitaria que venía de Sudán. Quería castigar colectivamente con el hambre a los tigriños por su apoyo a los guerrilleros. Pero el TPLF fue capaz de transportar a campesinos hambrientos a campos de refugiados en Sudán –llegó a construir carreteras para facilitar el movimiento de camiones– evitando la muerte de decenas de miles de ellos por hambre. Fue una gesta que acabó sellando su alianza con los campesinos.

Para 1988, después de 13 años de lucha, el TPLF se había convertido en una organización militar bien entrenada, disciplinada y motivada en donde jóvenes campesinos convertidos en guerrilleros hacían enormes sacrificios.

Llegaron a contar con divisiones motorizadas equipadas con tanques y artillería. En la retaguardia habían consolidado redes de información y logística; y contaban con sistemas desarrollados de comunicacion, inteligencia y propaganda. Fue en Shire en 1989 donde se decidió la guerra. El ejército etíope acababa de ser derrotado por la guerrilla independentista eritrea en Masawa. Las fuerzas del TPLF aprovecharon su debilidad para destrozar lo que quedaba en el norte.

La élite en Addís Abeba no podía creer que adolescentes campesinos moviéndose en camellos, armados con lo que robaban de sus cuarteles,

38. Quizá la epopeya que más impacto tuvo fue la "Operación Agazi", diseñada por Hayelom Araya en febrero de 1985. Un grupo de guerrilleros del TPLF atacó la principal cárcel de Mekelle liberando a más de mil prisioneros sin que cayera en la operación un solo guerrillero. Se convirtió en un mito que reclutaba guerrilleros. Hayelom Araya llegó a ser general en el nuevo Ejército Federal. Fue asesinado en Addís Abeba en un restaurante, en abril de 1996. Su muerte intensificó las tensiones entre Etiopía y Eritrea, a quien el gobierno de Meles Zenawi acusaba del crimen.

hubieran podido derrotar al entonces segundo ejército mas poderoso de África[39].

El TPLF había ido cambiado sus planteamientos sobre la relación de Tigray con Etiopía. Al inicio de la lucha había abogado por su independencia, pero en la conferencia de 1976 el TPLF se decantó por un federalismo con derecho a la separación.

No fue un proceso sin escollos, sobre todo porque había que convencer a unos guerrilleros educados en el nacionalismo tigriño a luchar fuera de Tigray. Sarah Vaughan ha escrito que durante la ofensiva exitosa para conquistar Addís Abeba de 1991, "alrededor de 10.000 guerrilleros espontáneamente dejaron la lucha y retornaron a Tigray"[40]. Pero el giro hacia el federalismo se venía implementando desde 1978, cuando un grupo de guerrilleros del EPRP de los focos de Gondar y Gojjam desertaron y se refugiaron en Tigray.

Estos guerrilleros multiétnicos habían formado después, con ayuda política y organizativa del TPLF –sus dirigentes se conocían del tiempo del movimiento estudiantil– el Movimiento Democrático del Pueblo de Etiopía (EPDM), que sería junto al TPLF el origen del Frente Democrático Revolucionario del Pueblo de Etiopía (EPRDF), el partido que gobernaría Etiopía desde 1991 hasta el ascenso al poder de Abiy Ahmed en 2018[41].

39. El TPLF se vio favorecido por la coyuntura internacional. La URSS estaba en crisis y poco a poco Mijaíl Gorbachov, el secretario reformista del Partido Comunista, fue retirando la ayuda al Derg. Puede ser que su impacto fuera más político que militar. El ejército etíope nunca llegó a tener carencia de armas, munición o equipos militares esenciales, pero de cualquier manera el hundimiento de la URSS debilitó su proyecto. Mientras la URSS se desintegraba Estados Unidos y China estaban negociando un acuerdo económico estratégico. Las reformas económicas chinas lideradas por Deng Xiaoping facilitaron el abandono de Meles del maoísmo. Albania había sido su referencia en los primeros años de lucha. En su visita a Londres y Washington en 1990 Meles, líder ya indisctutible del movimiento, renunció abiertamente al marxismo.
40. Plaut Martin & Sarah Vaughan, *Understanding Ethiopia's Tigray War*, Hurst & Company, London, 2023, pág 71.
41. El TPLF, el EPDM, la Organización Democrática del Pueblo Oromo (OPDO) y un grupo formado por antiguos militares del Derg reeducados formaron el comando militar conjunto que organizó la ocupación de Addís Abeba en mayo de 1991. Esta organización se transformó en el EPRDF, un partido formado por cuatro organizaciones étnicas: TPLF (Frente de Liberación Popular de Tigray), ANDM (Movimiento Democrático Nacional Amhara, convertido después en ADP, Partido Democrático Amhara), OPDO Organización Democrática del Pueblo Oromo después ODP, Par-

## ¿Porqué entró en crisis el régimen federal etnonacionalista?

Una tarde de agosto del 2017 más de veinte autobuses estaban aparcados en la plaza Meskel, en el centro de Addís Abeba. Todos tenían fotos de Meles Zenawi, el líder del EPRDF que había gobernado Etiopía desde el año 1991 hasta su muerte en 2012. La mayoría eran retratos de Meles vestido de traje claro con corbata leyendo o firmando un documento. Eran las imágenes de un estadista, aunque había otras de la época de guerrillero con barba y pelo descuidados. Filas de pasajeros, algunos llevando brazaletes negros, subían las escaleras desde la plaza rumbo al Museo de la Ciudad. Habían organizado un homenaje en el quinto aniversario de su muerte. Sería el último que Meles recibiría oficialmente.

Pocas semanas más tarde, durante las noticias de la televisión nacional de la noche, estoy en casa de un amigo, y pasan imágenes de una carretera bloqueada. Se ve un camión quemado mientras otros obstruyen la calzada. La cámara enfoca piedras, troncos, rocas esparcidos sobre un largo trecho de asfalto. Un camión lleno de gente aparece en la pantalla. Después una camioneta de policía parece que lo persigue; no se ven enfrentamientos ni se oyen disparos. Están informando sobre la situación en el corredor oromo entre Addís Abeba y Ambo. El día anterior habían muerto de heridas de bala 20 jóvenes oromos en enfrentamientos con fuerzas del orden público en las cercanías de Ambo. Se ven también soldados protegiendo camiones cargados de azúcar. En los últimos días ha escaseado en las tiendas. Le pregunto a mi amigo: "¿Por qué protestan?". "Protestan por los muertos, los presos, por su tierra, por los derechos humanos", dice. "Hay tantos presos que el gobierno está construyendo nuevas prisiones, pero no son suficientes. Puede haber mas de 20.000 detenidos", continúa.

Se le ve preocupado. Las marchas y cortes empezaron en el año 2014 y, después de tres años, en vez de acabar son cada vez más insistentes. El gobierno ha declarado varias veces el Estado de Emergencia. Desde el año 2015, 669 personas habían muerto a consecuencia de disparos del ejército o la policía. "El país es cada vez más difícil de gobernar", dice.

---

tido Democrático Oromo) y el SEPDM (Movimiento Democrático de Los Pueblos del Sur de Etiopía).

Se rumorea que el jefe de gabinete de Hailemariam Desalegn, el primer ministro, no ha regresado de Nueva York. Había participado en la cumbre anual de jefes de gobierno en Naciones Unidas. ¿Está el régimen implosionando desde dentro combustionado por la rebelión de los jóvenes oromos y amharas?

A la mañana siguiente busco noticias en la prensa internacional sobre las protestas. No las hay. Esos días no era fácil hacerlo porque la luz e internet se iban durante horas. En febrero, el Premier Hailemariam Desalegn dimite, pero los conflictos siguen. En marzo en Chiro, en Ambo, en Guchi, en Geder, en Qellen se reportan muertos en manifestaciones cada vez más radicalizadas.

La guerrilla del Frente de Liberación Oromo se hace cada vez más presente[42]. El resentimiento contra el EPRDF crece. Dicen que va a haber una reunión muy importante en la que se va a elegir al sustituto de Hailemariam Desalegn, pero primero el EPRDF debe elegir a su presidente y parece que están divididos.

Cuando la rebelión de los jóvenes oromos y amharas[43] empieza a ganar fuerza, en 2014, la economía está empezando a perder fuelle, pero todavía su crecimiento es uno de los más altos de África. Entre el año 2004 y el 2014 el Producto Interior Bruto había crecido a una envidiable tasa

42. El Frente de Liberacion Oromo (OLF) había abandonado el gobierno del EPRDF poco después de formarse. Sus dirigentes acabaron exiliados en Eritrea donde Isaías Afwerki les dio ayuda militar y protección. El OLF desconfiaba del OPDO (Organización Democrática del Pueblo Oromo) la organización oroma del EPRDF como representante genuino del pueblo oromo. Se calcula que en el año 2005 había 30.000 miembros del OLF en cárceles o campos de detención. Cuando Abiy Ahmed llegó al poder organizó una bienvenida en Addís Abeba a sus líderes amnistiados y liberó a los prisioneros. Una parte del OLF, el Ejercito de Liberación Oromo (ALF) se desengañó pronto de Abiy Ahmed y volvió a la lucha armada.

43. Las protestas no solo ocurren en Oromía. Hay también en Amhara, donde líderes del ANDM (Movimiento Democrático Nacional Amhara), la organización amhara del EPRDF, pierden poder frente a oromos y tigriños. En el año 2016 hubo una enorme manifestación reivindicando las tierras de Wolkait y Raya como amharas (tigriñas en la actual Constitución) a pesar de que según el censo de 1994 la mayoría de la población hablaba tigriño, no ahmara. En el año 2018 surge el Movimiento Nacional Amhara que compite con el ANDM, luego surgirán otros. Empieza un despertar nacionalista amhara basado en el relato de que ha sido marginada en las últimas décadas por el TPLF. Estos movimientos nacionalistas están vinculados en su narrativa a la añoranza de los tiempos del Imperio y la pertenencia a los mismos es fluida, dependiendo de la situación.

anual del 10,9%. Aunque en el año 2011 un tercio de los etíopes vivían en la pobreza, el dato era considerado esperanzador teniendo en cuenta que hacía diez años la mitad de la población era pobre. La expansión de los servicios de salud en las comunidades había reducido la mortalidad materno-infantil a índices históricos. La esperanza de vida, que en 1991 era de 47 años, en el año 2015 había llegado a los 65 años. Es posible que todavía el crecimiento no fuera todo lo necesario para absorber la impresionante demanda de empleo y servicios. La población de Etiopía estaba creciendo a tasas vertiginosas. Sólo las universidades de Addís Abeba estaban produciendo cien mil graduados anuales, que reclamaban empleo. La rebelión de los jóvenes oromos, aunque tenía que tener un sustrato económico de falta de oportunidades, tenía que deberse a otros fáctores tan importantes o más que el económico.

La proclamación de la República Federal había sido el primer intento de resolver la cuestión nacional sin romper Etiopía, era obvio para Meles que las contradicciones históricas no podían ser resueltas por decreto y los conflictos entre el panetiopismo y los etnonacionalistas aflorarían. Pronto estas dos fuerzas empezaron a moverse en direcciones divergentes dentro del propio EPRDF[44]. Había una corriente a favor de dar más poder al nacionalismo étnico dentro de la Federación –acusaban al TPLF de solo ser federal en el papel y de no repartir el poder– y otra que Meles apoyaba, la de fortalecer un poder integrador fuerte en el centro para construir una Etiopía soberana y desarrollada. Estas dos tendencias dentro del federalismo habían empezado a ganar auto-

44. Con la Constitución de 1994 Etiopía dejó de tener un Estado centralista para convertirse en una República Federal. Se crearon 9 estados regionales (kilils) y dos ciudades estado. Los estados regionales eran: Afar, Amhara, Benishangulgumuz, Gambella, Harar, Oromia, Somalia, Naciones del Sur, nacionalidades y pueblos y Tigray. Las dos grandes municipalidades administradas separadamente bajo el gobierno federal son Addís Abeba y Dire Dawa. Bajo la Constitución los derechos no están garantizados por ser un ciudadano etíope, sino por pertenecer a uno de los estados étnicos constituidos (el documento de identidad adscribe al identificado a una etnia). La delimitación territorial fue establecida en base a patrones de asentamiento, identidad, lengua y consentimiento de la gente afectada. La lengua fue el factor más importante. Los reclamos históricos fueron considerados marginales. Se daba más relevancia a las variables demográficas documentadas. Las diferencias socio-económicas no se consideraron. Para entender la complejidad del proceso hay que tener en cuenta que de los 580 distritos establecidos solo 30 eran monolinguísticos. Tuvieron que establecerse zonas especiales dentro de los kilils donde hablaban mayoritariamente otras lenguas que la kilil.

nomía tras la muerte de Meles poniendo al régimen en crisis.

A pesar de que Meles al inicio de su poder creía haber combatido a las fuerzas más proclives a un federalismo real dando concesiones económicas[45], estas siguieron ganando apoyos dentro del partido por lo menos hasta la guerra de 1998-2000 con Eritrea. La guerra abrió espacio a una retórica panetíope, algo que no ocurría desde tiempos de la derrota del Derg, cambiando la tendencia. Una de las razones de que Isaías Afwerki mantuviera una política de confrontación en la crisis de 1998 se debió a que pensaba que las diferencias étnicas del nuevo régimen etíope jugarían a su favor poniendo en evidencia la fragilidad del federalismo. Etiopía podría tener un régimen estable, pero el Estado era débil, como se había visto en Oromia y Somalia, donde viejos aliados de Meles le habían dado la espalda, volviendo a la guerrilla. Pero Isaías Afwerki se equivocó. Meles recurrió a la idea de la "nación etíope" para movilizar a la población y construir un ejército capaz de derrotar al de Eritrea. Lo hizo hasta el punto que movilizó a viejos cuadros militares del Derg que habían sido desmovilizados años antes. Esta política, además de reforzar las fuerzas centrípetas del EPRDF, acabó también ayudando a las fuerzas panetíopes que habían sobrevivido en los aleros del nuevo régimen. En las elecciones de mayo del 2005 estas contradicciones estallaron por primera vez.

La oposición panetíope obtuvo unos resultados que nadie esperaba, sobre todo en la capital, donde apoyados por la clase media es posible

45. Meles llegó a incluso mirar a otro lado cuando funcionarios locales trataban desde su posición de privilegio de procurarse con rentas un ingreso extra. No hemos abordado este tema pero quiero mencionarlo aunque solo sea de pasada en un pie de página. Una de las virtudes de Meles fue introducir en la política una dimensión pública en la que se intenta unir fuerzas para la realización de un programa y proyecto colectivo. Era una ruptura con la tradición política en el Cuerno de África, donde la política tiende a convertirse, por la debilidad relativa del Estado y la historia del colonialismo interno y externo, en una actividad elitista. La política se entiende como un "mercado" donde hay poco espacio para ideas, normas y ética. Las élites compran y venden votos, armas, soldados, apoyos... de la misma manera que se hace con las minas, petróleo, tierras, ayuda humanitaria... En esta práctica de la política no hay ciudadanos sino clientes o competidores comerciales. Uno puede cambiar fácilmente de socio político si ofrece mejores rendimientos a "la inversión política". Lo que importa es hacer negocio de algún género, casi siempre secreto entre las élites políticas a costa de las poblaciones. Alex de Waal lo llama rentismo político o negocio del poder. Ver su libro *The Real Politics of the Horn of Africa, Money, War and the Business of Power*, Polity, Cambridge, 2017.

que ganaran las elecciones. No ocurrió nada parecido en el resto del país, donde el EPRDF ganó. Hubo protestas acusando al gobierno de fraude electoral. La represión fue brutal. Se calcula el número de muertos en los enfrentamientos que siguieron en 300, y los detenidos en 30.000. En la resaca se formó Ginbot 7[46]. Andargachew Tsige, uno de sus fundadores, fue condenado a muerte por organizar la lucha armada para derribar al gobierno, pero pudo huir a Eritrea, donde le fue dado asilo político[47]. En esta crisis fue la primera vez que la oposición usó el odio étnico en la lucha política contra el TPLF. Meles, en uno de sus discursos llegó a advertir de que lo que pasó en Ruanda podría ocurrir en Etiopía si continuaban los mensajes de odio. Un peligro que estuvo cerca de producirse de nuevo durante la guerra de Tigray del 2020-2022[48] .

Meles, de cualquier forma consiguió salir reforzado de la crisis abierta por la guerra de 1998-2000. Decía que gobernar en Etiopía es como correr delante de un alud. El TPLF acabó escindiéndose, pero Meles ganó[49]. Tenía fama de ser inteligente, metódico y astuto. Decían que es-

46. Ginbot 7 fue fundado por Berhanu Nega y Andargachew Tsige en el año 2008 para unir a la oposición panetíope, principalmente amhara, y derribar con la lucha armada al gobierno del EPRDF. Fue resultado del movimiento opositor que se formó tras la victoria muy probable en Addis Abeba de la CUD (Coalición Unidad y Democracia) en las eleciones del 15 de mayo de 2005. Andargachev Tsige se refugió en Eritrea, donde fue bien recibido por Isaías Afwerki, pero fue detenido en el aeropuerto internacional de Sanaa, en Yemen, en uno de sus viajes, y fue extraditado a Etiopía. Fue amnistiado cuando Abiy Ahmed llegó al poder junto a otros líderes del partido que Abiy Ahmed cooptó para su gobierno. En 2019 restos de la CUD, Ginbot 7 y viejos militantes supervivientes del EPRP fundaron Ezema (Movimiento de Etíopes por la Justicia Social).

47.Tras la guerra de 1998-2000 Asmara se había convertido en un centro de refugio y apoyo a la oposición. El enfrentamiento entre Isaías Afwerki y los líderes tigriños había llegado a ser mortal, como se vería más tarde durante la guerra del 2020-2022. Eritrea ayudaba política y militarmente a la guerrilla oromo y somalí. Andargachew Tsige ha dicho en diferentes mítines que tenía una relación directa con Isaías Afwerki cuando fundó Ginbot 7.

48. Andargachew Tsige se ha convertido ahora en un propagandista. Dirige el canal de televisión amhara ESAT, incorporado a la alianza política que Abiy Ahmed construyó en la guerra contra Tigray. En noviembre del 2021, frente a una multitud de soldados, dio un discurso lleno de odio. "Les digo, no deben dudar en recurrir a la más bárbara de las crueldades cuando se enfrenten (a las fuerzas armadas de Tigray). Deben ser despiadados, y actuar más allá de lo que nuestros amhara o valores culturales etíopes permiten". Un discurso que ha sido considerado un llamado al genocidio.

49. El general Tsadkan Gebretensae, que había líderado el ejercito de Etiopía desde 1991, fue cesado después de una lucha política con la mayoría de la direción del TPLF.

cuchaba hasta el punto de que podía cambiar de opinión. Maoísta en su juventud, estaba cautivado por el éxito reformista de la China de Deng Xiaoping y otros países del Este de Asia, que en dos décadas habían pasado de ser países agrícolas a industrializados. Se propuso hacer lo mismo en Etiopía: convertir un país agrícola de bajo ingreso como era Etiopía en el año 2000 en uno de ingreso medio manufacturero para el año 2025. Durante la década anterior habían implementado la vía "tradicional" de transformar la agricultura campesina en una economía de mercado como motor de la industrialización, pero no había funcionado. La productividad agrícola no era suficiente, a pesar de que se potenció el agronegocio en zonas al sur y al oeste de Addís Abeba. Meles creía en el Estado como motor del desarrollo, no en el mercado, no tenía ninguna fe en el neoliberalismo o la democracia liberal, acabó inclinándose por un modelo de inversión pública orientado al consumo interno aprovechando la financiación que China ofrecía. Era una manera de suplir externamente la ausencia de capital necesario para la industrialización. Preservó tanto como pudo la autonomía del Estado para dirigir el desarrollo. Estableció conglomerados públicos similares a los que se habían formado en Corea y otros países asiáticos como catalizadores del crecimiento[50].

Meles se propuso sacar partido de la ventaja comparativa que el *boom* demográfico estaba creando: una inmensa mano de obra con salarios difíciles de competir. Etiopía, con ayuda china, empezó a construir las infraestructuras que necesitaba para su proyecto. En el Nilo Azul la mayor presa hidraúlica productora de energía eléctrica en África, polígonos industriales en Addís Abeba, Hawasa, Bahir Dar, carreteras, auto-

---

Tras la derrota de Eritrea había propuesto avanzar hasta Asmara y deponer al gobierno de Isaías Afwerki. Meles se opuso a ello. Necesitaba los recursos económicos para el desarrollo. La mayoría del partido apoyó a Meles; el general Tsadkan dejó el partido. En la guerra de Tigray (2020-2022) defendió con las armas al TPL. Fue uno de los altos mandos militares de las Fuerzas de Defensa de Tigray.

50. El más poderoso fue METEC, una corporación gestionada por militares con acuerdos con empresas chinas y de Estados Unidos que poseía desde minas de carbón y fosfatos hasta ingenios azucareros, y empresas electrometálicas. Estaba a cargo de la producción de electricidad en la Gran Presa del Renacimiento. METEC fue desmantelado con la llegada de Abiy Ahmed al poder. 27 altos cargos fueron detenidos acusados de corrupción, entre ellos el que había sido su director, el mayor general tigriño Kinfe Dagnew, quien había dimitido meses antes.

pistas, modernización de aeropuertos y un tren que comunica Addís Abeba con el puerto de Yibuti en el Mar Rojo que le daba acceso directo al mar. Meles esperaba convertir su proyecto en el sello de identidad que mantendría unida a Etiopía.

Una Etiopía industrializada –un éxito del mismo valor histórico que la victoria en la batalla de Adua– haría desistir cualquier proyecto de romper la Federación. Su proyecto de convertir la Gran Presa del Renacimiento en un objetivo nacional ilusionó al país. Meles pudo ver cómo la economía crecía a tasas extrordinarias, pero no tuvo tiempo de ver cómo su proyecto se consolidaba. En 2012, de manera inesperada, murió a consecuencia de un tumor cerebral.

En Oromia, el conflicto entre las dos corrientes del EPRDF, la etnonacionalista y la federal-desarrollista se complicaba debido a que el desarrollo y la urbanización eran más intensos que en otros lugares[51]. Los planes de construir parques industriales, corredores u otras infraestructuras necesarias eran más urgentes que en otras partes de Etiopía debido a que Addís Abeba crecía a grandes pasos demandando más y más servicios y más y más suelo urbano. La destrucción de vecindades y suelo rural estaba generando un movimiento de resistencia.

Los afectados, la mayoría oromos, no tenían claro en qué les beneficiaba la expansión de la capital. Apenas tenían electricidad en sus casas y tenían que esperar dos o tres horas a que llegase un taxi colectivo o un autobús para ir a trabajar a la ciudad, eso en caso de que tuvieran un empleo.

En estas condiciones los jóvenes fueron haciendo suyo el relato de que la expansión urbana era una agresión a su territorio en beneficio de funcionarios o empresarios corruptos, generalmente tigriños. Además, muchas veces las promesas compensatorias que estos ofrecían no se cumplían.

En estas condiciones el gobierno de Oromia y el de Addís Abeba se enfrentaban entre sí por el uso del suelo. Addís Abeba está en territorio

51. El conflicto no solo existió en la capital y alrededores, aunque por ser el centro encontró mucha más repercusión. Como hemos visto en la primera parte del libro Meles trató a la “periferia”, a las zonas bajas pastoriles, como un territorio para explotar en beneficio del agronegocio o la electricidad sin tener en cuenta los intereses propios de estas sociedades y sin su opinión. A medida que el país se hacía ingobernable los conflictos estallaron con más o menos intensidad en estas zonas, resistiendo la toma de tierras para proyectos energéticos, extractivos o del agronegocio.

tradicional oromo, donde es conocida como Finfinne.

Líderes etnonacionalistas oromos dentro del EPRDF aprovecharon el conflicto para ganar poder frente a los poderosos tigriños. El OPDO y el TPLF se acusaban mutuamente de mala gestión y corrupción debilitando al EPRDF. Un proceso que se intensificó con la muerte de Meles, cuando la economía empezó a perder fuerza. La resistencia a la expansión urbana fue favorecida por el impulso que conocieron las redes sociales en ese periodo. En distintos mensajes se asociaba, frecuentemente sin pruebas, corrupción y enriquecimiento con ser tigriño[52]. En el proceso, canales de TV y emisoras de radio de la oposición que emitían en el extranjero ganaron presencia política (y con ellos también la diáspora) contribuyendo a la desestablización del país. Jawar Mohammed, un oromo musulmán, de Arsi, al sur de Addís Abeba, estableció OMN (Oromo Media Network), una versión oroma de ESAT[53]. El canal OMN con sede en Minneapolis en los Estados Unidos se fue convirtiendo en un referente de la lucha para los jóvenes oromos. En la fiesta tradicional anual de los oromos, Irreeachaaa, de 2016, celebrada en Bishoftu, una ciudad cercana a la capital, se llegó a gritar "Abajo abajo Woyanes", como se conoce popularmente a los tigriños. Ambos canales, ESAT y OMN, fueron prohibidos en febrero del 2017 por incitar a la violencia y al odio étnico. Jawar Mohammed se convirtió en el líder de los qeerroo, como se conoce a los jóvenes que mantuvieron esos años el movimiento social de resistencia que había hecho al país ingobernable.

La muerte sorpresiva de Meles fue un golpe para los partidarios de reforzar el gobierno federal con el desarrollo. El gobierno de Hailemariam

52. Se trataba de una demonizacíon del TPLF pero también de los tigriños. En los mensajes se acusa a los líderes del TPLF de corrupción y enriquecimiento ilegal pero no se presentan pruebas. Lo mismo ocurre después con la acusación al TPLF de incitación a la violencia etnonacionalista para desacreditar las reformas de Abiy Ahmed. La narrativa repetida una y otra vez sin documentarla es la de acusar a los tigriños de aprovecharse de 30 años de poder en su propio beneficio mientras marginan a oromos y amharas. Una narrativa similar había comenzado en Eritrea tras su derrota en la guerra de 1998-2000. Desde 2016 hay una salida de tigriños de Addís Abeba al temer por sus vidas.

53. ESAT, canal de televisión y radio asociado a Ginbot 7, fue establecido en 2012. El canal tenía su sede en Amsterdam y era emitido vía satélite, los servicios de radio eran en amhara y la emisora estaba en Washington DC. En 2019 ESAT se trasladó a Addís Abeba, donde instaló sus estudios. Sus usuarios son mayoritariamente urbanos de clase media. Se convirtió en un incitador y propagandista de la guerra de Abiy Ahmed contra Tigray del 2020-2022.

Desalegn, un ingeniero protestante de Woleita, una de las etnias del sur, que era vicepresidente cuando Meles falleció, necesitó tiempo para sustituir los mecanismos con que Meles ponía juntos los diferentes centros de poder que el federalismo creaba. Al final fracasó. El cronismo, la corrupción, el clientelismo ganaron terreno, minando el proyecto industrializador de Meles. La angustia que tenía este de que la avalancha corriese más rapida que el gobierno se hizo realidad. El régimen empezó a implosionar desde dentro. El vacío político fue aprovechado por los etnonacionalistas dentro del EPRDF para expandir su poder. Reuniones horizontales entre las organizaciones oromas y amharas del EPRDF, sin la presencia del TPLF, empezaron en el año 2016. Políticos de esta tendencia se van haciendo con el control del partido. En Oromia, Lemma Megersa y Abiy Ahmed desplazan en la direción del OPDO a aliados de Meles, pero lo mismo ocurre en otras regiones. A ello ayuda una ola de conflictos étnicos encendidos por agravios históricos remanentes de la expansión imperial, pero también por la más reciente herencia del Derg al desplazar amharas a territorio oromo o gumuz bajo el falso supuesto de que allí no vivía nadie o estaba el suelo mal explotado. Hubo conflictos violentos entre afares, somalíes y oromos, entre amharas, oromos y gumuzs, entre amharas y qemants, entre amharas y tigriños, por nombrar los más impotantes. Son movimientos mitad genuinos, mitad manipulados por políticos. Los qeerroo, que tanta importancia tuvieron en la caída del gobierno de Hailemariam Desalegn, habían desaparecido en el año 2020, cuando ya no eran útiles para el proyecto de Abiy Ahmed. Cuando el EPRDF se reúne en marzo del 2018 para elegir al sustituto de Desalegn, la tensión es alta en el partido y en el país. En la reunión, el TPLF se opuso a la candidatura de Abiy Ahmed. Este había tenido enfrentamientos con Tekleberham Woldearega, un veterano general tigriño cuando Abiy Ahned trabajaba en INSA (Agencia de Seguridad y Red de Información). En el cónclave, líderes del TPLF llamaron a Abiy Ahmed "peso ligero", "ignorante", "arrogante" e "incompetente"[54].

54. En noviembre del 2017, cuando estaba preparando su candidatura para primer ministro, había dado una entrevista a una cadena de televisión en inglés que había sido muy criticada (https://www.youtube.com/watch?v=a8Y12dQy YSo). A las preguntas hechas por el entrevistador había respondido con párrafos memorizados de artículos y libros de pensadores reconocidos, entre ellos unos de Henry Kissinger en una entrevista en *The Atlantic*.

Al final obtuvo 108 de los 180 votos. No habían pasado dos meses de ser nombrado primer ministro cuando una granada explotó en un mitin suyo en la plaza Meskel. Dos personas murieron y hubo bastantes heridos. Algunos policías que custodiaban el acto fueron detenidos. Hubo rumores de que el atentado había sido organizado desde dentro del régimen como una advertencia al nuevo Primer Ministro.

## ¿Es Abiy Ahmed un embaucador oportunista ansioso de poder?[55]

Maekelawi está a distancia a pie al norte de Piazza, el viejo centro histórico de Addís Abeba. El día que visité la prisión era uno de los últimos días de lluvia de ese año, pero no había desmotivado la llegada de cientos de personas, muchas de ellas antiguos prisioneros y familiares. A la entrada la policía había instalado un stand con sus armas reglamentarias y panfletos en los que explicaba su compomiso de cumplir con los derechos de los presos. Maekelawi no es estrictamente una prisión, son cuatro bloques de celdas adosadas al cuartel general de la policía en Addís Abeba: una especie de prisión "ilegal" en manos de la policía a la que muchos presos llegaban sin pasar por los tribunales. Uno de esos bloques acondicionado como prisión, conocido como "la casa de madera", estaba destinado a los presos que después de sesiones de tortura "aceptaban" testificar contra antiguos camaradas. Los otros bloques, oscuros, de cemento frío y duro, eran mucho peores.

55. El título de este capítulo está inspirado en la descripción de la personalidad de Abiy Ahmed hecha por Binyam Tewolde, un antiguo colega de la Agencia de Seguridad del Estado. La conceptualiza como "la del más exitoso". Según Binyam, Abiy Ahmed actúa pensando en lo que es bueno para él. No en lo que beneficia a un proyecto o a una idea. Lo que quiere es relevancia, imagen y autoestima. Para su objetivo lo primero que necesita es llegar a la fama. Para ello se dota de algo que otros identifican como éxito. Cambia de personalidad para agradar a la gente con quien está en cada momento. Se cree un Maquiavelo, pero es un hombre que arrastra un complejo de Mesías y una comprensión superficial del mundo. Se presenta como musulmán, ortodoxo, pentecostal o como un oromo o un etíope según el momento o la compañía. Puede vestirse con trajes militares imitando a Mengistu, o imitar los monólogos de Meles en el parlamento, u ofrece cenas y eventos banales como hacía Haile Selassie, pero su objetivo es siemptre el mismo: agradar a gente que sabe necesita de su apoyo para estar en el poder.

Abiy Ahmed, coincidiendo con la fiesta del año nuevo etíope, la había abierto al público durante cuatro días. Acababa de recibir el Premio Nobel de la Paz. Él mismo había cerrado la prisión y liberado a los presos al poco de ser nombrado Primer Ministro, cumpliendo una promesa que su antecesor, Hailemariam Desalegn, no había cumplido. Un año después la abría al público para mostrar que Etiopía iba por buen camino. No iba a ver más trato degradante y castigos crueles e inhumanos a los oponentes políticos.

Maekelawi se había convertido en el símbolo de la represión y el despotismo de las últimas décadas. En tiempos del Derg miles de jóvenes estudiantes habían sido sacados de allí para ser ejecutados durante el Terror Rojo. A Maekelawi fueron llevados militantes oromos y políticos opositores que participaron en las movilizaciones tras las elecciones del 2005. Ahora iba a ser convertida en un recuerdo de una represión del pasado. Etiopía vivía todavía una especie de primavera política tras la caída del gobierno del EPRDF/TPLF[56].

Habtamus Melese era un estudiante oromo cuando fue detenido en su dormitorio de la Universidad en Wollega, en 2010, y traído a Maekelawi. Estuvo cuatro meses bajo interrogatorio y tortura. Lo encontré cuando visitaba la celda número uno en uno de los bloques. Estaba leyendo un grafiti que había en la pared escrito por él mismo y que decía que en la celda pasó 18 días. Recuerda la llegada a la celda como un lujo. "Había más luz, más espacio y podíamos salir más tiempo fuera", decía. Los presos no habían perdido el humor. Le llamaban al bloque Sheraton. El hotel Sheraton era entonces el más lujoso de Addís Abeba. El resto de su estancia en Maekelawi, 3 meses y 12 días, Habtamus estuvo en un bloque que llamaban Siberia. Compartió una celda de 4x5 metros cuadrados con otros 12 presos. "Lo peor era que nunca veíamos la luz del día y el acceso a los sanitarios estaba restringido", dice. La celda tenía un tubo fluorescente pegado al techo de luz tenue y una pequeña ventana con barrotes por donde nunca entraba el sol. En la misma solo

56. Un informe de Human Rigth Watch del 2013 acusaba a la policía de usar en Maekelawi métodos coercitivos incluyendo la tortura para obtener confesiones, declaraciones e información. Los detenidos eran castigados o premiados permitiendo o negando el acceso al agua, la comida, la luz y otras necesidades básicas. Las torturas incluían palizas, obligando a mantener posiciones dolorosas como ser colgados desde el techo sostenidos por las muñecas atadas u obligando a estar de pie durante horas con las manos atadas arriba de la cabeza, entre otras.

había colchones, un pozal y algunos tazones con los que comían. En el bloque estaban las celdas de castigo donde los dejaban solos. Parece que el bloque lo habían adecentado para la visita pública. Estaba pintado de amarillo y habían colgado algunos cuadros en las paredes, la mayoría con motivos históricos.

Abiy Ahmed tenía 42 años cuando fue nombrado primer ministro. A pesar de que era un hombre de dentro del régimen pertenecía a una generación diferente a la de los estudiantes que habían líderado el país en las últimas décadas[57]. Su nombramiento no solo significó un cambio generacional sino también un cambio de paradigma. En una entrevista a *The New Yorker*[58] dijo que quería reducir el tamaño del Estado privatizando empresas para permitir mayor libertad y un sistema más democrático; nada que ver con el proyecto socializante de sus antecesores. Pero quizá la ideología que Abiy Ahmed estaba mostrando más consistentemente esos días era su pentecostalismo y su apego al poder[59]. En su discurso de aceptación del Premio Nobel de la Paz invocó varias veces la Biblia y el Corán. Abiy ha dicho que creció como un musulmán en una casa sin electricidad en un pequeño pueblo oromo en Kaffa, su padre era un oromo musulmán y su madre, una amhara cristiana ortodoxa, pero como muchos jóvenes ambiciosos de su generación se había convertido al pentecostalismo. Muchos de sus colaboradores y asesores

57. Según cuenta Abiy Ahmed, en 1991, cuando era un adolescente y estaba en el bachillerato (séptimo grado), había dejado la escuela para unirse a la lucha contra el Derg. Tras su caída ese mismo año se quedó en el ejército. Tomó un curso en la Brigada Assefa en Wollega, donde llegó a ser oficial de inteligencia y comunicaciones. En el año 2001, siendo militar se graduó como ingeniero en computación en Microlink Information Technology College, una universidad privada de Addís Abeba; y en 2005 hizo su máster en criptografía en Pretoria. En el 2010 se metió en política ganando un sitio en el parlamento en Jimma, el distrito oromo donde nació. Llegó a ser uno de los líderes de la organización oroma del EPRDF. Hailemariam Desalegn, en el año 2015, le nombró ministro de Ciencia y Tecnología. Tres años después, en plena crisis política, presentó su candidatura a Primer Ministro.
58. "Did a Nobel Peace Laureate Stoke a Civil War?", Jon Lee Anderson, *The New Yorker*, September 26, 2022.
59. Se ha sabido que Abiy Ahmed ha estado relacionado con una secta pentecostal con sede en Washington conocida como la Familia. Netflix ha emitido un programa sobre ella. Se trata de una organización cristiana neoconservadora con tentáculos en Noruega –el comité que concede el premio Nobel tiene su sede en Oslo–, más interesada en proyectos y agendas políticas escondidas que en la religión o la paz.

también lo son. La prensa local publicó que al poco de nacer, su madre habría tenido una revelación sobre un futuro brillante para su hijo. Abiy Ahmed habría nacido para gobernar el país como un monarca, elegido por una fuerza espiritual especial. La anécdota no hubiese tenido más importancia si el mismo Abiy no la hubiese traído al parlamento cuando fue investido Primer Ministro. La relató como hacen los predicadores para iluminar al auditorio. Era sin duda un guiño al viejo panetiopismo amhara que legitimaba religiosamente su poder y odiaba a los tigriños por desposeerlos de "su" derecho a gobernar, un derecho que a su juicio les pertenecía.

El cierre de Maekelawi había sido presentado como un paso en la reconciliación nacional pero desde el principio estaba claro que un grupo estaba excluido de la misma: los tigriños federalistas del TPLF, dinamitando una política de diálogo y consenso para navegar la transición a una supuesta democracia. Mientras Abiy Ahmed abría las puertas de las cárceles a los enemigos políticos del EPRDF/TPLF, empezaba una purga contra sus antiguos jefes; una campaña de represión que luego continuaría contra los jóvenes oromos, los qeerroo, a quienes debía su ascenso al poder.

Desde los primeros días de gobierno Abiy Ahmed atrajo a viejos opositores del EPRDF/TPLF a su equipo. Habían sido puestos en libertad o habían regresado del exilio después de una amnistía. Entre ellos estaban Aregawi Berhe, un viejo militante y disidente del TPLF que fue nombrado miembro de una nueva Comisón de Fronteras e Identidad; Andargachev Tsigé, el viejo militante amhara del EPRP que lideraba Ginbot 7 y había fundado ESAT; Negasso Gidada, un oromo que había sido presidente de Etiopía con el EPRDF, pero había acabado exiliado en Alemania; Birtukan Mideksa, candidato de la oposición en las elecciones del 2005 nombrado cabeza del Comité Electoral Nacional; Daniel Bekele, nombrado jefe de la Comisión de Derechos Humanos; Asaminew Tsigé, el general nacionalista amhara que murió en las cercanías de Bahir Dar a tiros de la policía; Alehubel Amare, el líder militar de Ginbot 7 cooptado como Jefe de Seguridad en Amhara; Dawud Ibsa, el líder histórico del OLF; Jawar Mohammed, el líder de los qeerroo a quien se le permitió abrir su canal de televisión ONM en Addís Abeba. Un gran número de ellos, sobre todo viejos guerrilleros, llegaron desde Eritrea, donde habían estado protegidos por el gobierno de Isaías Afwerki.

Al mismo tiempo que los opositores al TPLF salían de las cárceles o llegaban del exilio, Abiy Ahmed empezó una persecución contra sus antiguos jefes. Había aceptado al poco de ser nombrado premier una invitación de Debretsion Gebremichael, el líder del TPLF y gobernador de Tigray, a visitar Mekele, pero no desbloquearon la situación. Abiy Ahmed llegó a decir a confidentes que tenía miedo de que lo asesinaran. Él mismo ha contado públicamente que nunca llegó a sentirse completamente aceptado por sus jefes trigriños. Acabó viéndolos como su mayor obstáculo para consolidar su poder.

Hubo una historia nunca cabalmente aclarada de una incursión de un grupo de soldados armados en su despacho. Se explicó como una medida para pedir incrementos salariales, pero después Abiy Ahmed puso una guardia en cada piso del palacio; creó una Guardia Republicana bajo su control directo; dicen que siguió el consejo de Isaías Afwerki de entrenarla en los Emiratos Árabes Unidos. Semanas después se anunció una gran purga en el ejército. Cien oficiales, entre ellos generales, fueron arrestados acusados de corrupción. Los principales afectados eran tigriños de los aparatos de seguridad del Estado. Habían estado en manos del TPLF desde 1991. La purga afectó al jefe de las Fuerzas de Defensa de Etiopía, Samora Yunis, y meses después a Getachew Assefa, el hombre a cargo del Servicio de Seguridad e Inteligencia Nacional. Abiy Ahmed les llamó "hienas trabajando a la luz del día". Luego siguió la direción de METEC, el *holding* empresarial en manos del ejército y empresarios poderosos que habían sido parte del proyecto de Meles Zenawi. La mayoría acabó huyendo a Mekele, donde encontraron refugio.

Conocí a Mac en Dilla, una pequeña ciudad en la carretera que desde Hawasa va a Moyale, en la frontera con Kenia. Dilla se había convertido en un campo de refugio para decenas de miles de gedeos, una de las etnias del sur de Etiopía. Los gedeos habían tenido que salir corriendo de Guji, un área oroma, huyendo de la violencia. Hace años que Mac trabaja con refugiados. Todavía se acuerda del día que reconoció en la television a migrantes eritreos supervivientes de uno de los naufragios más trágicos en el Mediterráneo. Había trabajado con ellos en uno de los campos de Tigray. Ahora trabajaba en Yirgachete, al sur de Dilla, con desplazados, una zona famosa por producir el mejor café de Etiopía. Contaba historias de horror: masacres, violaciones y muertes atroces que no quería pormenorizar por el odio que encerraban. Habían acondicionado varios almacenes de café vacíos para acoger a los desplazados. Habían salido con lo puesto, abandonadas sus casas y sus parcelas de café. No negaba que el gobierno federal podría haber hecho algo más, pero asociaba la violencia a cambios demográficos. Esta zona es la de mayor densidad de Etiopía, donde la fecundidad es más elevada. Los hombres son polígamos y, como ocurría en Somalia, las mujeres compiten entre ellas para ver quién tiene el mayor número de hijos para que sus maridos no las dejen. Empezaba a faltar tierra para cultivar. El gobierno les presionaba para que regresasen a sus comunidades, pero ellos veían todavía la situación insegura, sobre todo durante la noche. Además, la lluvia había hecho intratables los caminos y no habían recibido ninguna ayuda para poder volver a empezar.

Los conflictos étnicos que habían comenzado con la crisis del régimen anterior se habían disparado en los primeros meses del gobierno de Abiy Ahmed. Hubo conflictos, además de en Guji, en Harergher, en Kamashi, en Metekel, en Metemma... En esos meses Etiopía se convirtió en el país con más desplazados del mundo. El ejército se negaba a intervenir aduciendo que no tenía órdenes, dejando la solución de los conflictos en mano de las fuerzas especiales regionales. El resultado fue el nacimiento y expansión de milicias locales bajo la idea de que "si el Estado no nos defiende, lo haremos nosotros". En Amhara las FANO empezaron a ganar fuerza, pero lo mismo ocurrió en Benishangul-Gumuz y otras regiones. Siempre hubo especulaciones sobre si los conflictos fueron creados intencionadamente para mostrar la inviabilidad del federalismo étnico o fueron espontáneos. Abiy Ahmed acababa de publicar su libro *Medemer* (Caminando juntos), donde presentaba su política de conciliación y unidad nacional. Estaba en una campaña para disolver el EPRDF y establecer un nuevo partido unitario nacional, el Partido de la Prosperidad. Etnonacionalistas lo veían como un paso para disolver la Federación y establecer un régimen más centralista a favor del panetiopismo. Bereket Simon y Tadesse Kassa, fundadores del EPRDF, fueron detenidos. El propio Abiy Ahmed dio un giro a su imagen. Hasta entonces le gustaba decir que por primera vez el Estado estaba gobernado por un oromo. En un abrir y cerrar de ojos pasó de ser de un robusto defensor de los derechos oromos a un centralista unitario. Los retratos de Abiy Ahmed junto a los emperadores Tewdros, Menelik II y Haile Selassie aparecieron en taxis mientras inició un plan para convertir el palacio de Menelik II, odiado por los jóvenes oromos, en una de las mayores atracciones de Addís Abeba. Oromos de clase media en Addís Abeba siguieron apoyándole, pero no ocurrio lo mismo en las zonas rurales al oeste de la capital. Líderes oromos que en algún momento habían sido sus socios políticos, Lemma Megersa, Dawd Ibssa, Jawar Mohammed y Bekele Gerba rompieron con él pasando a ser marginados o perseguidos. En diciembre del 2019 el EPRDF fue disuelto en una operación desde arriba[60]. (Demolido según el TPLF, que fue el único partido de los cuatro que lo formaban que se opuso y no se disolvió). Los viejos comités del EPRDF purgados pasaron a ser los nuevos comités del Partido de la Prosperidad. Militantes etnonacionalistas que habían sido clave dejaron el partido para formar otros. El nacionalismo amhara y sus reivindicaciones territoriales se dispararon. Abiy Ahmed predicaba unidad, pero estaba cada vez más sólo en un país más dividido.

Semanas más tarde de mi visita a Dilla conocí a Salam. Acababa de regresar a Addís Abeba de Rapsu, una comunidad en Kebri Dehar, un área fronteriza entre Harerge y la Somalia etíope donde conviven oromos, somalíes y hararghes. Había asistido al entierro de dos familiares asesinados hacía unos días. Dos hermanos muertos a golpes de vara y pedradas por vecinos que conocían. El área es una zona de pequeñas granjas dispersas donde cultivan qat, café y machila, un pequeño grano con el que hacen la injera. "No hubo tiempo ni para llevarlos al hospital. Entraron en su casa para matarlos. Uno de los hermanos murió dentro. El otro pudo salir corriendo y se dirigió a la comisaría de policía, pero la policía no hizo nada, murió a golpes de sus perseguidores", decía. La familia de Salam habla oromo, pero es cristiana ortodoxa. Sus antepasados llegaron a Kebri Dehar con el ejército de Menelik II en su expansión hacia el este. Oromos de Shoa integrados en comunidades campesinas amharas habían acabado asimilados y participaron en las expediciones militares de MeneliK II enfrentándose a otros oromos que

60. Tuve la oportunidad de visitar varias woredas cercanas a la ciudad de Jimma cuando se estaba fundando el Partido de la Prosperidad. No habían cambiado la imaginería del viejo partido y los viejos comités seguían operando de la misma manera que antes bajo el nuevo nombre del partido. Jimma era territorio de Abiy, había sido elegido diputado por su circunscripción y no necesitó hacer ninguna purga, aunque había en la zona de la universidad algún retrato de Hachalu Hundesa.

las combatían. Salam tenía miedo. “Etiopía se está convirtiendo en un país muy violento. Hay mucho odio y frustración acumulada. Estos hermanos eran gente sencilla que no sabía de política, pero les resultó facil matar a cristianos desprotegidos”, decía.

Los asesinatos formaron parte de una ola de violencia llevada a cabo por jóvenes oromos radicalizados. Habían seguido un llamamiento de Jawar Mohammed. Parece que Abiy Ahmed había organizado un operativo para detenerlo en su casa de Addís Abeba y este pidió ayuda a los qeerroo. La violencia se desató. Cerraron carreteras y atacaron a partidarios de Abiy Ahmed. Quemaron públicamente ejemplares de su libro *Medemer* y asaltaron iglesias[61]. Al menos 70 personas fueron asesinadas. Abiy acabó desistiendo y suspendió el operativo, pero nueve meses después aprovecharía la crisis desatada por el asesinato del cantante oromo Hachalu Hundesa para intentarlo de nuevo.

La vieja alianza de Abiy con los qeerroo empezaba a resquebrajarse. Abiy Ahmed había autorizado meses antes un mitin político para recibir a Jawar Mohammed del exilio. Miles de jóvenes oromos llenaron el Centro de Convenciones en Bole reivindicando Addís Abeba como una ciudad oroma. Abiy Ahmed y Jawar Mohammed habían sido aliados en la lucha contra el EPRDF, aunque por razones distintas. Jawar Mohammed veía al EPRDF como un partido centralista con una fachada federal y Abiy como un obstáculo a su poder. Ahora el giro de Abiy Ahmed hacia el centralismo y su acercamiento al nacionalismo amhara les separaba.

Hachalu Hundesa fue asesinado en el sur de Addís Abeba al comienzo de la época de lluvias en el verano del 2020. El cantante se había convertido en un símbolo de la rebelión oroma. Hacía unos días había sido entrevistado en OMN, el canal de Jawar Mohammed. Durante la entevista habían hablado de Menelik II. Hachalu Hundesa acusó al Emperador de haber cometido un genocidio en su conquista del sur. “La población oroma pudo haberse reducido a la mitad en ese tiempo”, dijo.

61. Jawar Mohammed ha unido ser oromo a la religión musulmana. En su discurso asocia la marginación oroma a los tiempos del Imperio, cuando los musulmanes carecían de acceso al poder del Estado, lo que implicaba desventajas económicas y sociales. Ha dicho públicamente que su héroe es el Imam Ahmed Grangn, el líder musulmán del siglo XVI que invadió el reino cristiano de Gondar. Jawar Mohammed ha llegado a decir que “un oromo no musulmán debe ser apartado de la lucha oroma”.

Era la época que en África del Sur, Inglaterra, Estados Unidos... se estaban derribando estatuas de los mayores colonialistas y esclavistas. En Addís Abeba, en la plaza enfrente de la iglesia de San Jorge en Piazza, donde Haile Selassie fue coronado, hay una estatua ecuestre de Menelik II. "Es inevitable que sea derribada", dijo el cantante. El ataque a Menelik II tenía sentido político porque el propio Abiy Ahmed estaba rescatando su figura. Él mismo llegó a criticar las palabras de Hachalu Hundesa. "Únicamente historiadores, no gente ordinaria, debe hacer comentarios sobre la historia de Etiopía", dijo. Tras conocerse la noticia del asesinato, un grupo de jóvenes oromos se dirigió a Piazza para derribar la estatua. La policía y un grupo de amharas lo impidieron, pero era obvio que la furia, la rabia y la violencia por el asesinato de su héroe se había desatado.

En los siguientes días en Addís Abeba casas y negocios fueron quemados en un toma y daca entre nacionalistas radicales oromos y nacionalistas radicales amharas. Internet estuvo cerrado durante tres semanas. En Oromia, donde las carreteras fueron cortadas, 10.000 personas, la mayoría no oromos, huyeron de la violencia. En Adama, la capital oroma, hubo 117 muertos, algunos de ellos quemados dentro de sus casas y otros asesinados a varazos y disparos. En Shashamane, a 90 Km al sur de la capital, la violencia se convirtió en un huracán de destrucción contra los no oromos. En algunos casos fue de tal intensidad que diferentes organismos de derechos humanos hicieron sonar la alarma de la "limpieza étnica". En Arsi y Bale, al sur de Addís Abeba, también hubo violencia, esta vez entre musulmanes y cristianos. Cuarenta personas murieron, la mayoría cristianos.

Abiy Ahmed detuvo a Jawar Mohammed en medio de los disturbios, acusado de instigar conflictos étnicos y religiosos con mensajes incendiarios de odio. El canal ONM fue cerrado. Había sido un símbolo de la nueva libertad de expresión. La alianza entre los qeerroo y Abiy Ahmed se rompió. La nueva alianza que Abiy Ahmed estaba formando con el nacionalismo amhara para derrotar al TPLF era incompatible con los oromos radicales que llamaban a destruir la estatua de Menelik II. Al mismo tiempo que Jawar Mohammed era detenido, Bekele Gerba, un oromo de Wolega, arrestado por Meles y amnistiado por Abiy Ahmed, entraba en prisión junto a otros dirigentes del Congreso Federalista Oromo. Lemma Megersa y Dawd Ibssa fueron puestos bajo arresto domiciliario[62]. Las detenciones hablaban de que los tiempos del etnonacionalismo oromo habían acabado. Muchos jóvenes qeerroo, sobre todo de Wollega, al oeste de Oromia, se alistaron en el Ejército de Liberación Oromo (ALO), desengañados del gobierno de Abiy Ahmed.[63]

La ilusión democrática creada hacía dos años con el cierre de Maekelawi ya no existía. Los disidentes políticos eran tratados igual que en el régimen anterior. La primavera política, si alguna vez había habido, llegaba a su fin. Antiguos presos fueron reencarcelados. Las cárceles y centros de detención volvieron a llenarse de oponentes políticos, esta vez de tigriños y oromos etnonacionalistas. En esos dos años de poder Abiy Ahmed había sido galardonado con el Premio Nobel de la Paz. La UNESCO había dado un premio a su gobierno por su política de libertad hacia los medios de comunicación; ahora Amnistía Internacional denunciaba detenciones masivas y arbitrarias y abusos del gobierno contra los derechos humanos, incluyendo la libertad de expresión. El nombramiento de Abiy Ahmed había causado entusiasmo cuando fue elegido Primer Ministro. La inmensa mayoría pensaba que con un nuevo liderazgo las cosas solo podían ir a mejor. Pero dos años más tarde la posibilidad de que el país entrase en una situación más incierta que cuando Abiy Ahmed había llegado al poder empezaba a estar en un horizonte cercano.

## Acabar con los pobres, no con la pobreza

Los museos están cerrados, y estamos en plena epidemia de Covid, pero una exposición sobre el futuro urbanístico de Addís Abeba ha sido inaugurada en la plaza Meskel. Hay varios macroproyectos expuestos en varias salas. Viendo las maquetas de los urbanistas cuesta identificar los lugares que van a ser afectados y modernizados. En los dibujos de los

62. Mikkessa Gemechu, un ex-camarada de Abiy Ahmed en el comité central de OPDO y profesor visitante en los Estados Unidos, ha dicho que el asesinato de Hachalu Hundesa, la detención de Jawar Mohammed y la purga de Lemma Megersa para poder disolver al OPDO e integrarlo en el Partido de la Prosperidad han convertido a Abiy Ahmed de un político muy popular entre los oromos a uno muy impopular. Describe a Abiy Ahmed como un político del aparato que no ha pertenecido a ningún movimiento de base oromo y le ha acusado de traicionar a los oromos y a los qeerroo.
63. En febrero del 2022 un parlamentario oromo dijo en el parlamento que el ALO administraba y cobraba impuestos en 398 comunidades en Oromia.

arquitectos los actuales edificios precarios alrededor de la Avenida Churchill se han convertido en imponentes rascacielos de cristal, las aceras rotas en bulevares, las orillas de los pequeños ríos que atraviesan la capital ahora escondidos bajo la basura, en caminos ajardinados, los automóviles de las maquetas parecen moverse sin humo y sin atascos. Nada se dice de los desagües y los olores, del transporte público y las esperas, o del tratamiento de la basura y las enfermedades. Parece la muestra de una utopía neoliberal para una débil clase media que balbucea fuera de la política. En esta imaginaria ciudad no hay gente durmiendo en las aceras sucias, calles encharcadas, trabajadores marginales vendiendo o arreglando cualquier cosa, pobres pidiendo dinero en los semáforos o lisiados de guerras extendiendo su mano a las entradas de las iglesias como son las escenas urbanas cotidianas en la Addís Abeba de carne y hueso.

El día que vi la exposición llovía y la gente se refugiaba en las salas. Viendo su reacción tenía la impresión de que no se trataba de urbanismo –o al menos no sólo–, era un manifiesto político dirigido a la clase media, a la diáspora que vive en Estados Unidos, o a los inversores oromos pentecostalistas amigos de Abiy Ahmed. La gente normal la miraba como si viera los dibujos de un cuento. Pero para el poder era un manifiesto político de intenciones dirigido a un objetivo definido.

Una de las actividades preferidas de Abiy Ahmed desde que llegó a ser primer ministro consistía en organizar cenas en el viejo palacio de Menelik II. Al viejo emperador le gustaba ofrecer comidas públicas tanto a nobles como a pobres, hasta el punto de que construyó en su palacio una sala enorme para albergar a multitudes, miles de invitados. Ahora el edificio forma parte del nuevo Parque de la Unidad abierto al público. Abiy Ahmed lo utiliza –todavía no había terminado de construir su nuevo palacio millonario en las faldas de Entoto– para sus cenas con ricos, políticos y diplomáticos. Los congrega para pedirles dinero para sus proyectos de modernización de la capital. Ha llegado a cobrar 180 mil dólares por cubierto. El ingreso promedio anual en el país es alrededor de 783 dólares. La sobremesa solía acabar subastando alguna de sus pertenencias personales como si fuese una celebrity. El cuerpo diplomático se movía entre la fascinación de la historia imperial del palacio y la absurdidad del presente. Los emprendedores locales sabían qué tenían que hacer si querían oportunidades para sus negocios en la ciudad. El propio Abiy Ahmed se había hecho cargo directo del proyecto de convertir el monte Entoto en un parque de fines de semana para la clase media. La CBS informó en junio de 2018 que Emiratos Árabes Unidos había dado mil millones de dólares a Abiy Ahmed, pero otras fuentes (*Foreign Affairs*) hablaron de tres mil. Luego se supo que estaba usando el dinero entre otras cosas para el embellecimiento de Addís Abeba y construirse un palacio. Se presentaba en las mañanas en las obras con su casco puesto para ver el progreso alcanzado dando sermones sobre la necesidad de la agricultura sostenible o la energía renovable o la necesidad de plantar millones de árboles, como le habían dicho sus asesores de imagen.

No es casual que Abiy Ahmed eligiera el viejo palacio del Emperador Menelik II para sus cenas. Su reinado (1889-1913) trajo al país la modernización urbana y con ella el primer automóvil, el correo, la electricidad, el teléfono. Menelik II era un amhara de Shoa, pero fue capaz de asociarse con oromos también de Shoa. Addís Abeba está en territorio oromo en Shoa; estos oromos receptivos al poder habían sido asimilados por el Imperio e integrados durante su reinado en la estructura de poder y dinero. Estaban mucho más interesados en los negocios y la modernidad que en la nación oroma, al contrario que los oromos de Wollega, Wollo o Bale, que resistían la expansión imperial. En este grupo que ha sabido perpetuarse encontró Abiy Ahmed apoyo para redefinir su alianza política con amharas y eritreos cuando se transmutó de un robusto oromo en un defensor de la unidad y el panetiopismo. Les ofrecía oportunidades para sus negocios. La élite oroma de Shoa estaba más cerca del poder que de los jóvenes oromos de los que Abiy Ahmed se estaba deshaciendo. Abiy Ahmed les propuso reemplazar a la vieja clase empresarial tigriña que había dominado en la economía durante los últimos treinta años. Sustituir una facción por otra[64]. Era interesante ver cómo sus amigos de la Iglesia pentecostal se incorporaban a su gobierno, se sabe que cuando llegaban a sus

64. En la primera parte del libro hemos visto que en áreas del sur hay una disputa por el territorio y el control de importantes recursos expresada en conflictos étnicos o guerrilleros; y que estos crecieron desde la llegada de Abiy Ahmed al poder. Los conflictos generados por la expansión de Addís Abeba en zonas oromas también son por decidir quién, dónde y qué proyecto se ejecuta. A la propia lucha por el poder implícita en la guerra de Tigray le ha compañado una lucha no solo por recursos del Estado y el presupuesto, también por el territorio. Esto no solo ocurrió al oeste y sur de Tigray. En Addís Abeba o en el corredor del Valle del Rift durante el año 2021 muchos tigriños perdieron sus negocios y propiedades, que pasaron a otras manos.

despachos se encontraban notas con citas bíblicas dejadas por el propio Primer Ministro. En las iglesias pentecostalistas africanas religión y dinero van de la mano. *The New York Times* contó que James H. Inhofe, un senador estadounidense, dijo en el año 2018 al Senado en Washington que podían confiar en Abiy Ahmed porque lo conoció "en una reunión para rezar donde contó la historia de su viaje y fe hacia Jesús". Cuando Abiy Ahmed nombró su gobierno abundaban los comentarios en las redes sociales sobre el "secuestro pentecostalista del gobierno". Había un número desproporcionado de ellos en altos puestos como ministros o asesores que creían en la libre empresa y el trabajo duro para que el país progresara. Nada mas llegar al poder anunció su intención de liberalizar la economía y privatizar las empresas públicas incluidas las rentables: telecomunicaciones, Ethiopia Airlines y los ingenios azucareros.

Se Tsige Biros suele mendigar en Bole Atlas, una de las zonas más caras de Addís Abeba, aprovecha un largo semáforo entre dos importantes avenidas. Cuando el semáforo se pone rojo camina golpeando ventanillas entre los coches tragándose sus humos. Lo hace durante horas. Aprovecha su chal azul con que cubre su cabeza para ponérselo en su boca. Carga un bebé atado a un chal amarillo. Cuando se cansa o llueve se sienta a cubierto donde puede. La he visto varias veces en la misma esquina. No es la única mujer que pide. Hay varias más que lo hacen. Se mueven de la misma manera, visten de la misma forma y llevan también un bebé con ellas. Dawid, un amigo que tiene un taxi, me ha introducido a estas mujeres inmigrantes agaws. Aunque él es de Wolaita, lleva años viviendo en la capital. Me dice que en los últimos años estas mujeres han sustituido a mendigos de Tigray y Wollo. "Hace años que ocupan su lugar, querían una ciudad sin mendigos y los mandaron de regreso a sus comunidades, pero parece que no es posible que en Addís Abeba no haya mendigos. Pronto llegaron estas mujeres a ocupar el vacío dejado", decía.

Se Tsige Biros es de Mansi Gergeoos, una comunidad cercana a Injibara, una pequeña ciudad a medio camino entre el Nilo Azul y el lago Tana en Gojjam, donde los agaw, una de las etnias vivas más antiguas del altiplano, son mayoritarios. Los agaw hablan su propia lengua y la mayoría han adoptado el cristianismo ortodoxo, pero todavía mantienen rasgos y ritos propios que los diferencian de los amharas.

Se Tsige Biros dice que la mayoría de las mujeres que mendigan en

Bole vienen de la misma área que ella. Se Tsige llegó a la capital "hace tiempo", debe tener unos 25 años. Le he preguntado la edad, pero no está segura. Era el tiempo que los mendigos de Tigray estaban siendo expulsados y mujeres agaws empezaban a llegar. Parece que la historia de una mujer que había tenido éxito en Addís Abeba pidiendo en la calle había corrido como la polvora en las comunidades creando un efecto imitador. Los agaws son uno de los grupos más pobres del país. Son campesinos que aran la tierra sin que tengan otras oportunidades en sus comunidades. Le pregunto a Se Tsige si el viaje a Addís Abeba está organizado por alguien como una estrategia colectiva para combatir la pobreza, me extrañaba que todas las mendigas se comportasen de la misma manera, pero me dice que no. Se trata de una decisión individual tomada por las propias mujeres. "No mendigan para nadie", dice.

Cuenta que vino a Addís Abeba cuando estaba estudiando el tercer grado y no tenía nadie que la mantuviera. Había tenido un hijo y estaba separándose de su marido. Su padre, que cultivaba una pequeña parcela, había muerto, su madre apenas podía mantenerse por ella misma. Se Tsige empezó vendiendo café e injera a los obreros de la construcción. Pero se le hizo cuesta arriba moverse con su bebé. No podía transportarlo junto a su café ambulante (la pequeña sartén para tostar los granos, los morteros para molerlos, las ollas para hervir el agua, la pequeña cocina de barro, un par de taburetes, las tazas, una palangana para fregar, en la época de lluvias una lona de plástico). No ganaba lo suficiente para dejar al recién nacido con alguien que lo cuidara. Tuvo que dedicarse a mendigar. Llevar al bebé se convertía en un plus. Dice que gana un mínimo de 10 birs y un máximo de 50 por día. Una cantidad muy similar a los 28 dólares mensuales que ganan las costureras cosiendo para las marcas de ropa 8 horas en las fábricas modernas. Le pregunto dónde tiene su casa. Dawit me había dicho que viven en pequeños grupos en básicas habitaciones alquiladas o en pequeñas casas sin servicios en zonas populares que sobreviven milagrosamente entre los nuevos edificios. Prefieren vivir lo más cerca posible de donde piden para no tener que pagar transporte. Se Tsige dice que desde que tuvo su segundo hijo vive sola en una habitación que apenas puede pagar. "Puedo llegar caminando al semáforo", dice.

Se Tsige decía que muchas mujeres agaw emigran a Addís porque no hay empleos u oportunidades en la zona de Injibara. Muchas de ellas dan el paso de la emigración cuando quedan embarazadas y no tienen marido o éste no puede mantenerlas. Han oído que pidiendo pueden vivir en Addís y se van a la capital. No pueden enviar nada a sus familias, pero ellas sobreviven. Hace más de tres años que no ha vuelto a Mansi Gergeoos. Está esperando que su segundo hijo crezca. La mayoría de sus colegas suelen hacerlo cada año durante las fiestas del año nuevo en septiembre, pero ella no puede.

Se Tsige Biros no tiene sitio en el proyecto neoliberal de Abiy Ahmed. Cada vez la policía la molesta más en el semáforo y le han dicho que tiene que irse de la casa porque van a construir un nuevo edificio. Hasta hace poco Addís Abeba era un mar de barrios populares protegidos al norte por el monte Entoto, separados por pequeños ríos y nuevas avenidas abiertas a la modernización. Las calles las habían empedrado para evitar el barro de la época de lluvias, había algunos teatros y cafés, y un desarrollo comercial en mercados o en las avenidas abiertas, pero poco más. Todavía a principios del siglo XXI las hienas se paseaban en la noche en algunas de las vecindades aprovechando la oscuridad. El desarrollo urbano se ha ido tragando estos barrios tradicionales desde que Haile Selassie empezase a modernizar la ciudad, pero en los últimos años el proceso se ha acelerado. Las viejas casas de barro y planchas de zinc sucumben derribadas, dando fin a una época mientras la ciudad gana altura. Aquellos barrios habían sido una bendición para la economía marginal. Los vendedores ambulantes, los limosneros o los inmigrantes recién llegados podían vivir su día a día. Encontraban una litera donde pasar la noche que podían costear. Se Tsige Biros no sabe qué hará si llegan a tirar la casa donde vive. La policía hace constantes *razzias* contra vendedores ambulantes o limosneros para que se vayan de regreso a sus comunidades.

El caso más escandaloso de desahucio había sido el del Hotel Sheraton, propiedad de Mohammed Hussein al-Amoudi, el millonario saudí de Wollo que había llegado a acuerdos con Meles Zenawi para invertir en el país. Había sido muy criticado por sacar de sus casas a gente de bajos ingresos, muchos de ellos pobres, para el recreo y el lujo de los ricos, pero el proyecto siguió adelante. Los planes eran demoledores: 360 hectáreas y más de 3.000 casas tenían que ser destruidas. El proyecto empezó con Meles, pero Abiy Ahmed le ha dado un gran impulso. Primero aprovechó una pequeña colina, entre uno de los ríos que bajan de Entoto y el viejo palacio de Menelik, enfrente del hotel, para construir el parque de la Amistad. La primera vez que visité Addís hace veinte años la colina estaba llena de viviendas precarias. Ahora una fuente iluminada que imita sonidos musicales baja por la ladera hacia un lago artificial con los nuevos rascacielos al fondo. Las parejas hacen allí sus fotos de boda. La nueva oligarquía celebra sus banquetes mientras los pobres han tenido que desaparecer del lugar. Los guardias no les dejan entrar en un parque regalado a la ciudad por el gobierno chino. Los desahucios no se detuvieron con el hotel y el parque. Siguieron expandiéndose hasta el área del Teatro Embajador, a un lado de la oficina de migración y detrás de la sede de la compañía de telecomunicaciones. Es la obra de un autoritario modernizador a quien no le importa la opinión de los moradores a los que desahucia y su futuro. Después de los avisos de desalojo vienen los buldozers protegidos por la policía. Si los pobladores no han sacado sus pertenencias las excavadoras derriban uno de los muros de sus casas como un último aviso. Si en 24 horas no las han sacado todavía derriban la casa entera, perdiendo las familias sus pertenencias, confundidas entre los escombros. Si acreditan su derecho a residir en la vivienda demolida les reubican en un pequeño apartamento a las afueras de la ciudad. Si no pueden demostrarlo les dejan a su suerte. Pero muchas veces se trata de una promesa vacía. El gobierno está promoviendo la construcción de ciudades satélites en el extrarradio de la ciudad en donde se supone que tienen que moverse los erradicados. Lo que ocurre es que, por una u otra razón, los pisos prometidos muchas veces no están listos o las hipotecas no llegan para pagarlos.

Casi al mismo tiempo que Abiy Ahmed era nombrado primer ministro, Pizza Hut abrió su primera pizzería en Addís Abeba. La inauguración fue todo un evento social a pesar de que la pizza ya era bien conocida en la ciudad desde los tiempos de la fracasada colonización italiana. En Piazza hay un restaurante italiano familiar que se ha mantenido abierto desde entonces. Había llegado tanta gente a la inauguración que centenares de personas no pudieron entrar. Pizza Hut era la primera marca de comida estadounidense que se instalaba en el país y querían ser testigos del evento. Entre los asistentes estaba Michael Raynor, el embajador de Estados Unidos. Era un símbolo de que la apertura económica estaba llegando a Etiopía y se abrían nuevas oportunidades para el consumo y los negocios de una incipiente clase media[65].

En Etiopía la clase media es relativamente pequeña a pesar de que en los últimos años ha conocido un impulso importante con el crecimiento económico, el desarrollo de Addís Abeba y la inaguración de centros comerciales al sur de la ciudad. Empezó a formarse con Haile Selassie en la década de los años sesenta. Esta nueva clase media hubiera podido desarrollarse si las cosas hubieran ido de otro modo, pero durante años quedó reducida, de la misma manera que el consumo. Muchos de los estudiantes que sobrevivieron a la represión del Derg acabaron exiliados en Europa y Estados Unidos, incorporándose a la clase media de los países a donde llegaron pero sin dejar de hacer política en Etiopía. Se solía decir que había más médicos etíopes en Boston que en toda Etiopía. En Washington DC el área donde la diáspora es más númerosa, empresas de aparcamiento son propiedad de inversores etíopes. Fue la clase media frustrada y marginada politicamente de Addís Abeba la que se rebeló contra Meles Zenawi en las elecciones del 2005. Abiy Ahmed, al prinicipio de su mandato hizo varios viajes al extranjero para convencer a la diáspora –puede haber 2,5 millones de etíopes viviendo fuera– para que regresasen e invirtieran en Etiopía, una oferta abierta a descendientes de Haile Selassie y su entorno. Las oportunidades que ofrecía una ciudad en expasión con una población de más de cinco millones, diez millones considerando su área de influencia, eran enormes. La liberalización económica que el premier proponía se suponía que facilitaría los beneficios de un sector privado obstruido por años de intervencionismo estatal. Era un mensaje popular entre

65. El proyecto económico de Abiy Ahmed era precisamente lo que estaban proponiendo hacer el Banco Mundial y el Fondo Monetario Internacional para dar impulso al crecimiento. La economía con Meles Zenawi no había estado cerrada pero el Estado, como había ocurrido en las economías del este de Asia, no había soltado el control de los sectores estratégicos. Lo que proponía el Banco Mundial y el FMI, famosos por su neoliberalismo, era que para captar divisas (el cuello de botella del modelo) era necesario abrir la economía y aceptar inversiones de capital extranjero privado, sobre todo en el sector exportador aprovechando los bajos salarios. Los productos que exportaba (café, sésamo, oro...) eran muy vulnerables a los cambios de precios internacionales y convenía diversificar la economía. En el año 2019 las exportaciones solo eran el 3% del PIB. (9% en 2011). El Fondo Monetario Internacional y el Banco Mundial ayudaron a Abiy Ahmed con sendos préstamos hasta el comienzo de la guerra pensando que privatizaría rápidamente las grandes empesas.

inversionistas y jóvenes educados con proyectos productivos en su cartera y no sólo en Etiopía. Muchos regresaron, abrieron sus negocios, modernizaron el sur de la ciudad, construyeron edificios, incorporándose a una clase media reducida pero en expansión con un peso político cada vez mayor. Las embajadas europeas que buscaban inversiones y empresarios apoyaron a Abiy Ahmed. Luego resultaría que este estaba más interesado en su propio poder que en la economía liberal. Dos años después, la guerra de Tigray fue como un gran nubarrón que oscureció las perspectivas de los negocios. Los gastos militares se tragaron el presupuesto, los empleos y las divisas[66].

Se presumía que la a guerra iba a durar un par de semanas pero duró dos años. La clase media, que emocionada había asistido a la inauguración de Pizza Hut, se quedó sin poder consumista. Los precios eran demasiado altos para sus bolsillos. Salir del país se volvió de nuevo una obsesión para la clase media. Solo radicales etnonacionalistas regresaban para alistarse en las milicias.

## ¿Por qué Eritrea se implicó en la guerra de Tigray?

En julio del 2018, a los pocos meses de ser nombrado primer ministro, Abiy Ahmed viajó a Asmara. Era la primera vez que un alto dignatario etíope viajaba a Eritrea desde hacía 20 años. Un mes antes había reconocido los acuerdos de paz que dieron fin a la guerra de 1998-2000 entre los dos países; unos acuerdos que sus antecesores se habían negado a firmar. Isaías Afwerki, el presidente eritreo, le esperaba en la escalera del avión[67]. Los dos estadistas se abrazaron y caminaron juntos cogidos de la mano.

66. El crecimiento económico en el año 2021 fue del 2%, el más bajo en 20 años. (En el año 2020 había crecido a un 6%). La inflación fue del 37,7%. La guerra saqueó las arcas y las divisas del país. Abiy Ahmed prometía volver a los negocios cuando la guerra acabase pero en agosto del 2022 las reservas apenas llegaban para un mes.
67. Isaías Afwerki es un superviviente de la generación de los estudiantes revolucionarios. Nació en 1946 a las afueras de Asmara, donde cursó el bachillerato. Estudió ingeniería en Addis Abeba, pero solo duró un año. Motivado por el movimiento estudiantil regresó a Eritrea para afiliarse al Frente de Liberación de Eritrea. En 1967, con otros cuatro camaradas, viajó a China, donde hizo estudios político-militares. En 1971 fue uno de los fundadores en Sudán del Frente de Liberación Popular de Eritrea (EPLF). El EPLF fue capaz de derrotar al ELF y organizar un amplio movimiento

Una semana después Isaías Afwerki voló a Addís Abeba, donde fue recibido con la misma efusividad por Abiy Ahmed. En septiembre, Abiy Ahmed volvió de nuevo a Asmara, esta vez para una reunión tripartita. Además de Isaías Afwerki estaba Abdullahi Mohamed "Farmaajo", el presidente de Somalia. Parecía un cambio de dimensiones históricas en el Cuerno de África. Una región acostumbrada a resolver los conflictos mediante guerras parecía tomar un camino de diálogo y compromiso. La expectación era tan grande que en Oslo concedieron el premio Nobel de la Paz a Abiy Ahmed. Dos años después la guerra volvía al Cuerno de África. En noviembre del 2020 el ejército de Etiopía, ayudado por tropas de Eritrea y soldados de Somalia, ocupaban Tigray[68].

La guerra estalló el 4 de noviembre. Hay varias versiones sobre cómo fue apretado el gatillo del conflicto,[69] pero ahora sabemos que la guerra

---

controlado por una dirección muy reducida, centralizada y dura con las disidencias. Era famoso porque usaba cualquier método para no perder el poder, es acusado de gobernar de la misma manera. Isaías Afwerki ha sido el único presidente que ha conocido Eritrea. Su legitimidad descansa en que su figura personifica la victoria en la guerra de liberación nacional convertida en identidad nacional. Isaías huye del culto a la personalidad, viste informal, se mueve discretamente, le gusta visitar bares y beber whisky, es austero y no corrupto. Huye del teléfono, en los restaurantes cambia su plato con alguno de sus ayudantes y duerme en diferentes sitios, teme ser asesinado por Estados Unidos y sus enemigos políticos etíopes. Le gusta escribir sus discursos principales. Tiene fama de ser temperamental y no perdonar lo que él considera una traición. Fue educado en el maoísmo, pero siempre ha sido pragmático. La ideología cada vez es menos importante para él y más la manera de administrar negocios y política en un Cuerno de Africa cambiante.

68. No se trataba de un conflicto entre un Estado y una guerrilla, había un ejército dividido luchando entre sí. En noviembre del 2020 las Fuerzas de Defensa de Etiopía tenían entre 135.000 y 150.000 soldados activos según diferentes fuentes y una fuerza aérea de 3.000 hombres. Eritrea entre 150.000 y 200.000 soldados. Había entre 5.000 y 10.000 soldados somalíes estacionados en Eritrea cuando empezó el conflicto. A estas fuerzas había que añadir las Fuerzas especiales de Amhara y Afar y las milicias amharas FANO. Del otro lado las Fuerzas de Defensa de Tigray (TDF), formadas por tropas del Comando norte de las Fuerzas de Defensa Nacional de Etiopía que desertaron, y las fuerzas especiales de Tigray, tenían en total unos 250.000 soldados. Observadores dijeron que cuando empezó el conflicto la diferencia era de tres a uno a favor de Etiopía. pero la orografía favorecía a las Fuerzas de Defensa de Tigray.

69. Abiy Ahmed dijo que la guerra empezó después de que los tigriños lanzaran un ataque en Mekelle contra unidades del Comando Norte de las Fuerzas de Defensa Nacional de Etiopía. Naciones Unidas puso el primer enfrentamiento en las cercanías del aeropuerto, no en el cuartel del Comando Norte, cuando dos aviones etíopes in-

venía preparándose desde hacía meses, quizá desde el momento en que el TPLF se negó a disolverse en el Partido de la Prosperidad y se negó a cancelar las elecciones previstas como exigía Abiy Ahmed aduciendo la epidemia del Covid. Los dos partidos reclamaban derechos constitucionales para legitimizar su enfrentamiento militar. Abiy Ahmed pensó que lo que la política no había logrado podría conseguirse con operaciones militares. Semanas antes de que el conflicto estallase empezaron a confeccionarse listas de tigriños trabajando en los ministerios en Addís Abeba; la mayoría fueron inmediatamente purgados cuando la guerra empezó. Lo mismo ocurrió en el ejército. Miles de soldados y oficiales tigriños, incluso cascos azules, fueron arrestados o dados de baja antes de que empezaran las hostilidades. Por su parte los tigriños habrían actuado desde semanas antes para diezmar el Comando Norte y quedarse con sus armas. La mayoría de estas y un gran contingente de tropas cambiaron de bando y lucharon bajo el comando de las Fuerzas de Defensa Tigriñas contra sus antiguos jefes etíopes. Mesfin Hagos, un antiguo ministro de Defensa eritreo que vivía en el exilio, en Alemania, dijo a la Deutsche Welle que Isaías Afwerki, junto a Abiy Ahmed, llevaban dos años preparando el conflicto (se ha sabido después que Abiy Ahmed e Isaías Afwerki se reunieron hasta 14 veces, incluyendo visitas a bases militates de los dos países); se ha sabido también que soldados etíopes habían volado a Eritrea semanas antes del inicio de la guerra; y que tropas eritreas habían entrado en Tigray desde el primer día, algunos de ellos vestidos con uniformes etíopes. El acuerdo de paz entre los dos presidentes que había cautivado a los que eligen el premio Nobel tendría que ser reinterpretado de nuevo como una alianza para destruir al TPLF, el cual estaría obstaculizando una nueva geopolítica en el Cuerno de África encabezada por Isaías Afwerki y Abiy Ahmed.

Mekele, la capital de Tigray, cayó a finales de noviembre. Abiy Ahmed anunció la retirada de las Fuerzas de Defensa de Tigray (TDF) de la ciudad como el fin de la guerra, pero en realidad era el comienzo de un conflicto que se prolongaría durante dos años. La presencia de tropas eritreas fue denunciada inmediatamente por Tigray, pero hubo un silencio internacional. La prensa independiente no podía informar de lo que ocurría por-

---

tentaron aterrizar y fueron repelidos. Diversos testigos dijeron que transportaban fuerzas especiales con la misión de detener a los líderes tigriños que el gobierno etíope había prohibido e impedido el acceso a los periodistas. Mike Pompeo, el Secretario de Estado estadounidense, condenó el ataque tigriño a Asmara con misiles de medio alcance tomados del arsenal del Comando Norte. Pompeo acusó a Tigray de extender regionalmente el conflicto, pero los tigriños dijeron que su ataque era la respuesta a la intervención militar eritrea. Pompeo ponía una cortina de humo a la presencia de Eritrea en la guerra aceptando una intervención militar limitada. De cualquier modo, el 20 de noviembre estaba claro que soldados eritreos habían ocupado territorio tigriño fronterizo y estaban atacando los campos de refugiados donde había alrededor de 100.000 eritreos. Soldados eritreos estaban colaborando con el ejército etíope, fuerzas especiales amharas y las milicias FANO para cerrar en Humera, al oeste de Tigray, el paso de tigriños a Sudán. Se confirmó la presencia de tropas eritreas en Wucro, Adigrat, Adua y Shire entre otras localidades tigriñas importantes.

La implicación de Eritrea en la guerra podía ser la oportunidad que Isaías Afwerki venía esperando desde hacía 20 años para acabar con el TPLF, su mayor enemigo desde que este le derrotara en la guerra de 1998-2000.[70] Pronto llamó la atención la crueldad de los soldados eritreos con la población civil. Un amigo con quien me entrevisté en Addís Abeba una vez acabada la guerra decía que en su comunidad mataban a todos los varones mayores de 13 años que encontraban a su paso y que no habían podido huir a las montañas. Los soldados eritreos mostraban un odio a los "woyanes", como conocen a los tigriños, que había ido

70. La derrota no fue solo una humillacion para Isaías Afwerki, abrió una crisis política interna y construyó un muro entre los dos países que hasta ese momento no estaba cerrado; fue un duro golpe a la identidad nacional construida en su victoria militar anterior contra Etiopía y dañó la estima de una generación que había salido victoriosa de la lucha de liberación nacional y gobernaba el país. Eritrea es un país sin constitución, elecciones o parlamento; la legitimidad de gobernar la da la victoria militar en la guerra de liberación nacional. Hasta ese momento el poder de Isaías Afwerki no había sido cuestionado. Pero tras la derrota, disidentes de dentro del régimen, algunas figuras importantes, formaron el G15. Acusaron a Isaías Afwerki de gobernar como un monarca, reivindicando modernizar el Estado y el país, pero fueron masacrados. Los que tuvieron suerte, tres de ellos, se exiliaron, 11 desaparecieron en las mazmorras y uno se echó para atrás. Isaías Afwerki pudo hacerlo porque era considerado no un político más, sino el Padre de la Nación. De cualquier forma, fue el nacimiento de una disidencia que ha acabado estando encabezada por una generación que no ha participado en la guerra de liberación. Una disidencia débil que se ha mantenido hasta la fecha entre la diáspora; que ha empezado a discutir sobre la necesidad de la lucha armada para acabar con el régimen autoritario de Isaías Afwerki.

forjándose desde 1998. Richard Reid, un profesor inglés de historia que vivía en Eritrea durante la guerra de 1998-2000 enseñando en la universidad de Asmara, en su libro *Shallow Graves, A Memoir of the Ethiopia-Eritrea War* describe el rencor y las ansias de revancha que vió en Adi Quala y Tessenei, unas de las zonas más afectadas por la guerra cuando las visitó. Los campesinos eritreos le dijeron que los woyane, no los amharas u oromos, habían saqueado el lugar llevándose todas las cosas de valor que encontraban. En cada comunidad habia casos de violaciones. También le dijeron que nunca olvidarían las atrocidades cometidas por los soldados tigriños, "están grabadas como inscripciones en las rocas" apostillaron. El recuerdo de lo sufrido se lo transmitieron a sus hijos, que ahora, convertidos en soldados, se vengaban hasta el punto de que convirtieron la guerra de Tigray en el conflicto más sangriento de su época.

En septiembre del 2018, hacía dos meses de la reunión histórica en Asmara, Abiy Ahmed e Isaías Afwerki se volvieron a encontrar. Esta vez lo hicieron en el Palacio de Yeda del rey Saudí Salman bin Abdulaziz. El motivo: firmar el acuerdo de paz que habían estado negociando durante sus encuentros. Unos días antes habían visitado juntos en Abu Dhabi al jeque Mohammed bin Zayed al-Nahyan, el príncipe heredero de Emiratos Árabes Unidos que en privado se auto-otorgaba el crédito del acuerdo[71].

Llamaba la atención que fuese firmado en un país árabe y no africano. Paul Kagame, el presidente de Ruanda, que ocupaba la presidencia de la Unión Africana, no asistió a la ceremonia, como tampoco lo hizo ningún político de primera línea de Europa, Estados Unidos o China. Los árabes llaman al Mar Rojo el Mar Árabe, algo que no gusta a los africanos. Las dos orillas, la africana y la árabe, han estado haciendo intercambios desde antes del neolítico y el mar pertenece a los dos. El único observador importante no árabe era António Guterres, el Secretario General de las Naciones Unidas, un amigo de Abiy Ahmed al menos hasta que empezó la guerra. Todo parecía indicar que los acuerdos de paz entre Etiopía y Eritrea orquestados por las monarquías saudi y emiratí abrían más la puerta del Cuerno de África a los países árabes en un momento de crisis y reacomodo geopolítico[72].

71. "Ethiopian, Eritrean leaders sign peace agreement in Jeddah", Reuters Staff, September 16, 2018.
72. Tanto Emiratos como Arabia Saudí estaban interviniendo en la política etíope desde que Abiy Ahmed llegó al poder. La revista *Foreing Affairs* publicó que el Sheikh

Meles Zenawi, cuando había llegado al poder, había sabido explotar al máximo el nuevo orden internacional que estaba naciendo tras la caída del Muro de Berlín y el desmembramiento de la Unión Soviética. Un orden nuevo en el que se podía ser a la vez amigo político de Estados Unidos y económico de China. Estados Unidos había empezado a hacer negocios con el país asiático, estaba negociando darle ventajas comerciales e impulsar su entrada en la Organización Mundial del Comercio, y le era difícil oponerse a un comportamiento similar por un aliado, en este caso africano. Meles se había comprometido con Estados Unidos a hacer un muro de contención de las milicias islamistas de al-Shabaab en el Cuerno y Este de África. Mandó tropas a Somalia, impermeabilizó la frontera y contribuyó generosamente a los cascos azules desplegados para tal fin en la región. Pero al mismo tiempo, Meles Zenawi aprovechó el espectacular crecimiento económico de China para establecer acuerdos económicos y financieros. Lo facilitaba su pasado maoísta. Propuso a China construir infraestructuras necesarias para su proyecto de industrializar al país. China andaba buscando mercados y corredores en África para su proyecto de la Franja y la Ruta de la Seda. Veinte años después China era el mayor inversor en Etiopía (13.700 millones de dólares entre el año 2000 y el 2018); y el comercio entre los dos países se había multiplicado al menos cinco veces en los últimos diez años[73]. China es también el principal acreedor

Mohammed bin Zayed al-Nahyan había entregado 3.000 millones de dólares a Abiy Ahmed. También se ha sabido que EAU había entrenado a la Guardia Presidencial cuando Abiy Ahmed empezó a purgar a la Seguridad etíope de cuadros tigriños. En los momentos decisivos de la guerra de Tigray, Abu Dhabi entregó los drones que pararon el avance de las Fuerzas de Defensa de Tigray sobre Addis Abeba. El príncipe heredero saudí Mohammed bin Salman había detenido, cuando su famosa purga en Ryad, a Mohammed Hussein al-Amoudi, el millonario saudí que había llegado a acuerdos con Meles Zenawi para invertir en Etiopía. Dubai había desempeñado también un papel vital en el entramado económico que ha construido Isaías Afwerki para esquivar las sanciones económicas y mantener su poderoso ejército. Isaías Afwerki lo pagó permitiendo a Emiratos Árabes Unidos establecer una base militar en el puerto de Assab, desde donde los emiratís atacaron a Yemen durante la guerra de Yemen.

73. China ha construido el tren rápido de Addís Abeba, los nuevos rascacielos emblemáticos de la ciudad, ha ampliado el aeropuerto, ha construido la línea de ferrocarril Addís Abeba-Yibuti, la parte eléctrica de la presa del Gran Renacimiento, el parque industrial de Hawasa, puentes y carreteras, entre ellas las que comunican Addís Abeba con Nairobi, y las telecomunicaciones, en las que Huawei desempeñó un importante papel.

etíope. Pero el ascenso al poder de Abiy Ahmed coincidió con el comienzo de una crisis entre Beijing y Washington que empezaba a cuestionar el orden internacional neoliberal[74]. En esta situación era cada vez más difícil ser amigo de los dos al mismo tiempo. La crisis llamaba a redefinir la geopolítica en la región dando una oportunidad a nuevos actores[75].

La importancia geopolítica del Cuerno de África es significativa. El Mar Rojo en el estrecho de Bab al Mandeb, en las costas de Eritrea, Yibuti y Yemen, conecta el Oceáno Índico (Oeste de India, Golfo Pérsico y Este de África) con el Mar Mediterráneo. Por el estrecho pasan entre 4 y 6 millones de barriles de petróleo diarios. Es también a través del Valle del Rift o el del Nilo una puerta vital al centro de África, donde hay los minerales raros que Europa necesita. Es uno de los lugares con más agua dulce de África.

El Nilo es alimentado anualmente con lluvias monzónicas en el macizo etíope. En Sudán, las orillas del Nilo son fértiles y productivas. Etiopía es el segundo país más poblado de África con una población joven, lo que significa una abundante mano de obra barata y un mercado potencial importante. Todos ellos recursos valiosos que los poderes hegemónicos necesitan controlar para poder seguir siéndolo en una centuria en la que el peso estratégico de África será cada vez mayor. Hay que tener en cuenta además que esta región ha tenido una importante peculiaridad en la historia del colonialismo. Ha definido su relación con los intereses de los poderes hegemónicos y su integración en la economía mundial de manera diferente a lo que ha ocurrido en la mayor parte del continente. Etiopía nunca fue colonizada y tanto Portugal y Turquía primero, como después Inglaterra, Francia y Alemania, y más tarde Estados Unidos y Rusia, han tenido que tratar sus intereses con emperadores o militares que dependían de su propio poder. No con agentes políticos "nacionales" (compradores) cooptados por la me-

74. https://www.elviejotopo.com/topoexpress/ha-empezado-a-romperse-el-orden-economico-neoliberal/

75. Turquía ha estado activa en el Cuerno de África desde que Erdogan llamara a ganar influencia en los antiguos territorios del viejo imperio otomano. donde los puertos del Mar Rojo eran importantes. Tiene una base militar en Somalia y ha aumentado su presencia económica en la región. En Etiopía, en el año 2005 había solo 3 compañías turcas; en el año 2021 había 200. Turquía fue uno de los países que abastecieron de armas, incluidos drones, a Abiy Ahmed durante la guerra. Irán y Rusia han comenzado a ser más activos con Eritrea, pensando en puertos de atraque para sus barcos.

trópoli que han constituído su propio partido local en nombre de aquella, como ocurre en otros países africanos. Lo mismo pasó en la otra orilla árabe del Mar Rojo, donde las tribus yemenitas organizadas bajo un imamato resistieron la colonización. Es lo que ha hecho difícil la penetración colonial y explica su distancia cultural ("lugares exóticos para el orientalismo") con Europa. Controlar el poder en el Cuerno de África significa poseer una mercancía valiosa que puede ser ofrecida y negociada con poderes externos en el mercado de la política y los intereses internacionales.

Etiopía y Eritrea solas tienen un valor relativo, pero juntas se multiplica y Somalia añade un plus. El tamaño de Eritrea es reducido, mientras que Etiopía no tiene salida al mar, algo que Abiy Ahmed busca desesperadamente y que puede provocar otra guerra en el Cuerno de África si no se llega a un entendimiento[76]. El acuerdo de Isaías Afwerki, Abiy Ahmed y "Farmaajo" contra el TPLF iba en esa dirección. Su mensaje: hemos llegado a un acuerdo, vamos a poner a los tigriños en su sitio, estamos en condiciones de negociar nosotros los recursos regionales, ponía al Cuerno de África de nuevo en el mercado de la geopolítica. Abiy Ahmed lo dijo a su modo cuando recibió dos años más tarde a Jon Lee Anderson, el periodista del *The New Yorker*: "Los estadounidenses deberían intensificar su papel aquí. Pero, si no vienen, hay otros, ya sabes, que están interesados", posiblemente se refería a China y Emiratos Árabes Unidos[77]. Por

76. Aunque el acuerdo con Somalilandia sobre el uso de Etiopía del puerto de Berbera apunta en otra direción, los tres jefes de gobierno de Etiopía, Eritrea y Somalia se habían reunido al menos tres veces para diseñar una política en la región. La ya señalada en septiembre del 2018, otra vez poco después, en noviembre de 2018, en la región amahra de Etiopía, y en enero del 2020 en Asmara, donde adoptaron un Plan de Acción Conjunta para 2020. Lo había hecho posible la victoria de "Farmaajo" en 2017, una sorpresa porque no contaba con el apoyo de ningún país extranjero influyente. Pero en las elecciones de 2022 "Farmaajo" perdió frente a Hassan Cheikh Mohamud, poniendo en peligro los acuerdos. Tan solo un día después de su elección, el presidente de Estados Unidos, Joe Biden, autorizó el despliegue de 500 soldados (el presidente Trump los había retirado en 2020) para ayudar al nuevo gobierno a luchar contra al-Shabaab. En Somalia no se celebran elecciones bajo el principio de "una persona, un voto" desde 1969. El Presidente lo elige una Asamblea Nacional. El acuerdo de Abiy Ahmed con Musa Bihi Abdi sobre el puerto de Berbera al que se opone Mogadiscio parece que ha acabado con el Plan de Acción Conjunta, por lo menos temporalmente.

77. "Did a Nobel Peace Laureate Stoke a Civil War?", Jon Lee Anderson, *The New Yorker*, September 26, 2022

eso el acuerdo de Etiopía y Somaliland sobre el uso incluso militar del puerto de Berbera ha producido tanta ansiedad en la región[78].

Estados Unidos estaba en una buena posición de salida cuando Abiy Ahmed fue nombrado primer ministro. Él mismo se presentaba como el líder más pro-estadounidense que Etiopía había tenido nunca. Ante periodistas se vanagloriaba de haber trabajado con la inteligencia de Estados Unidos cuando la guerra de Irak o durante la lucha contra el islamismo radical. El embajador de Estados Unidos, Michael Raynor, parecía agradecérselo cuando apoyó públicamente sus reformas económicas y políticas llamándolo "un visionario"[79]. La relación entre los dos países era tan buena que el gobierno etíope incorporó a funcionarios de Estados Unidos en sus ministerios económicos. No sólo fue Estados Unidos, también las embajadas europeas apoyaron al gobierno de Abiy Ahmed mientras cerraban los ojos a la violencia étnica y a una "intensificación de la represión de opiniones políticas disidentes", por usar las palabras corteses de Aministía Internacional. Le concedieron 6.000 millones de dólares de acreedores multilaterales. El Fondo Monetario Internacional le dio un préstamo de 3.000 millones y recibió préstamos y

78. La búsqueda de una salida al mar va a estar en lo alto de la agenda durante los próximos años. Abiy Ahmed sabe que la necesita para fortalecer su proyecto económico pero está dando bandazos para lograrlo. Meles había llegado a un acuerdo con Yibuti y construyó un tren al puerto con ayuda china para sacar las exportaciones. Abiy Ahmed ha criticado su dependencia y está abogando por una diversificación. En el año 2023 el 95% del comercio internacional dependía de este puerto. Lo ha intentado con Eritrea, pero hasta el momento no ha dado resultado. A principios del 2024 llegó a un acuerdo con Musa Bihi Abdi, el presidente de Somalilandia que actúa de hecho como si fuera un país independiente, para el uso del puerto de Berbera en el Golfo de Adén. En 2019 Etiopía había comprado el 19% de las acciones de Holding DP World, una compañía de Emiratos Árabes Unidos que ha comprado el derecho para operar el puerto durante 30 años y que posee el 51% de las acciones. Somaliland posee el 30% restante. Por el acuerdo firmado, Somalilandia alquila a Etiopía durante 50 años 20 kilómetros de la costa con el derecho a establecer una base militar (marina) y acceder al Puerto de Berbera para actividades comerciales. A cambio Somalilandia, recibiría en su momento el reconocimiento formal de independencia y el 30% de acciones de Ethiopia Airlines. El acuerdo fue hecho sin la aprobación del gobierno de Somalia en Mogadiscio, que lo interpretó como un ataque a su soberanía. El presidente de Somalia Hassan Sheikh Mohamud reaccionó furioso. Llamó de regreso a su embajador en Addís Abeba y calificó el acuerdo de "hostil" y de un "ataque a su integridad territoral", abriendo una nueva crisis en el Cuerno de África.

79. https://et.usembassy.gov/remarks-by-ambassador-michael-raynor-at-the-launch-of-the-advancing-economic-diversification-in-ethiopia-project/

donaciones del Banco Mundial y otras instituciones. A pesar del apoyo del embajador a Abiy Ahmed, nunca estuvo claro si Washington había adaptado su estrategia a las nuevas circunstancias geopolíticas o simplemente el embajador trabajaba para intereses económicos particulares. Estados Unidos no había mostrado hasta entonces interés en la economía etíope. Se había centrado en problemas de seguridad: contener el islamismo, garantizar el agua del Nilo a Egipto y controlar el Mar Rojo. De hecho, el conflicto que desató el llenado de la Presa del Renacimiento en el Nilo entre Egipto y Etiopía fue lo que empezó a distanciar a Etiopía de los Estados Unidos. Los etíopes sintieron que apoyaban a El Cairo frente a ellos[80].

La guerra de Tigray puso más estrés a la relación entre Etiopía y Estados Unidos. Mike Pompeo, entonces Secretario de Estado de Trump, pareció apoyar a Abiy Ahmed al criticar a los tigriños por disparar un misil sobre Asmara. Pero tras unas semanas, con la nueva administración Biden, alarmada por las masacres de civiles que empezaron a conocerse, la posición de Estados Unidos fue más ambigua. El nuevo secretario, Antony Blinken, tuvo que navegar como pudo entre condenar las violaciones atroces de los derechos humanos cometidas por el gobierno de Abiy Ahmed y seguir apoyando a este. Biden había nombrado a Jeffrey Feltman su enviado especial en el Cuerno de África para acabar la guerra lo antes posible. Feltman se reunió con Abiy Ahmed e Isaías Afwerki, pero sin resultado. Estados Unidos puso sanciones a Eritrea, en marzo del 2021, por enviar tropas a Tigray y cometer sus soldados asesinatos, violaciones y saqueos; después, a final de año, haría lo mismo con Etiopía introduciendo aranceles a productos etíopes. Una medida que a la larga obligó a Etiopía a acabar la guerra al quedarse sin divisas, pero a cambio dañó severamente las relaciones entre ambos países. Abiy Ahmed se negó a recibir a Feltman, quien pronto dejó el cargo y fue sustituido; tampoco recibió a Samantha Power, la jefa de USAID, la agencia de ayuda al desarrollo estadounidense. USAID había donado 1.000 millones de dólares de ayuda en el año 2020 a Etiopía. Pero

80. En noviembre del 2019 el presidente egipcio Abdel Fatah el-Sisi propuso al presidente Trump como mediador político y al Banco Mundial como técnico. Abiy Ahmed aceptó la propuesta. El presidente Trump delegó la tarea de mediador en el Secretario del Tesoro Steven Mnuchin, pero tres meses después la mediación había fracasado. Etiopía no se presentó en Washington a la ceremonia de la firma de un documento que a su juicio favorecía a Egipto y perjudicaba a Etiopía.

el avance tigriño sobre Addís Abeba a mitad de la guerra había obligado a Biden a consentir la entrega de drones a Abiy Ahmed por Emiratos Árabes Unidos. La salida de Abiy Ahmed del poder hubiese puesto en peligro la propia existencia de Etiopía. En caso de producirse, las rutas comerciales se hubiesen visto perturbadas, los grupos radicales se hubiesen expandido y el riesgo de genocidios, tráfico humano y de armas se hubiese incrementado de manera alarmante. La entrega de drones convenció a Abiy Ahmed de que Washington no quería su fin, abriendo la puerta a posibles negociaciones. Entre enero y agosto del 2022 diplomáticos de Estados Unidos, paralelamente a los esfuerzos de la Unión Africana, organizaron tres encuentros secretos en Yibuti y las Islas Seychelles entre el gobierno y el TPLF[81]. Al final fueron los esfuerzos africanos los que dieron fruto, mostrando el apetito existente en el continente africano de resolver por ellos mismos sus problemas, alcanzándose en Pretoria, en noviembre del 2022, un acuerdo de paz. Ya acabada la guerra, en marzo del 2023 Blinken visitó Addís Abeba, pero aunque prometió más ayuda humanitaria no retiró las sanciones, que fueron refrendadas por el presidente Biden. Las relaciones no se habían sanado. Etiopía se negaba a investigar adecuadamente las acusaciones de las organizaciones de derechos humanos sobre atrocidades cometidas en Tigray como exigía Estados Unidos, una condición que no recogía el acuerdo de paz firmado en Pretoria[82]. Al final Estados Unidos y Europa se inclinaban ante Abiy Ahmed, pensando que quizá pudiera volver a su redil aceptando enterrar las investigaciones de las masacres[83].

Es posible que Abiy Ahmed hubiese preferido a los Estados Unidos

81. Ver "After Secret U.S. Talks Fail, a Hidden War in Africa Rapidly Escalates, Declan Walsh", *The New York Times*, 8 October 2022.

82. En septiembre del 2023 Abraham T. Lemma, un etíope que trabajaba en Washington para el gobierno de Estados Unidos en el Departamento de Estado fue detenido y acusado de espiar para Etiopía. *The New York Times* lo definió como algo no usual dada la amistad tradicional entre los dos paises y la ayuda humanitaria que Etiopía recibía de Estados Unidos.https:// www. nytimes.com/2023/09/11/us/politics/ ethiopia-leak-classified.html ?searchResultPosition=1

83. A principios de octubre de 2023 Pascal Sim, portavoz del Consejo de Derechos Humanos de las Naciones Unidas, anunció el fin del mandato de investigar los abusos de los derechos humanos en Etiopía. Ni EE.UU. ni Europa objetaron la propuesta africana de parar las investigaciones. https://edition.cnn.com/2023/10/05/africa/un-ethiopia-investigation-lapses-intl/index.

junto a las monarquías árabes antes que a China para sus planes neoliberales; al menos así lo hizo ver al principio de su mandato, pero dada la situación geopolítica el espacio para ello era cada vez más reducido. La economía neoliberal no iba bien desde la crisis financiera del 2008 y Etiopía dependía de China mucho más de lo que Abiy Ahmed suponía. China es, con mucho, el mayor inversor y el mayor acreedor de deuda etíope. La inversión de Emiratos Árabes Unidos o de Arabia Saudí es mucho menos significativa que la de China. El desdén que Abiy Ahmed había mostrado al principio hacia el gigante asiático –hubo tensos encuentros entre la Embajada de China y el gobierno al principio de su gestión– poco a poco se fue diluyendo, hasta pedir Etiopía en agosto del 2023 su integración en los BRIC+, el bloque de países organizados al margen de Europa y Estados Unidos al que se han adherido también Arabia Saudí, Emiratos Árabes Unidos y Egipto. Las nuevas adhesiones permitían congeniar acuerdos económicos con China y los países árabes, en especial con Emiratos Árabes Unidos, en detrimento de intereses europeos y probablemente también de Estados Unidos.

Las monarquías árabes pueden ver Etiopía, por su población y recursos, como parte de un proyecto vital, pero China es ya una realidad. Arabia Saudí y Emiratos Árabes Unidos tienen el dinero para la inversión, pero no población y mercado, y Etiopía tiene ambos, pero no capital. China ha mostrado su gran interés por el Cuerno de África desde hace años. Ha convertido el aeropuerto de Addís Abeba en su puerta de entrada a África. Ethiopia Airlines ha desplazado a las líneas aéreas de Qatar y Emiratos como la mayor aerolínea de entrada de pasajeros a África. China ha nombrado también un embajador especial para el Cuerno de África y tiene en Yibuti su única base militar fuera de China. Para mostrar que China "es un amigo confiable y un verdadero socio de Etiopía", como dijo Xi Jinping, el líder chino, China regaló a Etiopía como símbolo el Parque de la Amistad, en el centro de Addís Abeba. Es muy probable que China siga siendo el socio económico más importante de Etiopía durante la próxima década y que las inversiones árabes y quizá las turcas se incrementen, desplazando a los europeos, quienes han mostrado su interés por permanecer en el país.

## Guerra en el Norte

Una semana antes de que empezara la guerra, Gebrehivot, un amigo de Tigray, vino a Addís Abeba. Trabajaba y sigue haciéndolo en Mekele en el sector de la ayuda humanitaria. Estaba preocupado. Las elecciones se habían celebrado semanas antes y habían mandado un mensaje de no rendición y desafío a Abiy Ahmed. Todo parecía anunciar una escalada militar. La salida política había sido cerrada, pero Gebrehivot no veía que la guerra se viniera encima. Le pregunté si iba a sacar a su familia de Mekele. "Tigray está lo suficientemente armada para contener al ejército del gobierno", decía. Quizá en sus cálculos no había previsto el sentido de la alianza entre Abiy Ahmed e Isaías Afwerke. En realidad fue un mal cálculo de todos. Abiy Ahmed pensaba que la guerra era una cuestión de semanas hasta detener a los líderes del TPLF o aniquilarlos en caso de que no se rindieran. Por eso se aceleró cuando proclamó la victoria tras la ocupación de Mekele por sus tropas a finales de noviembre[84]. Aunque las fuerzas militares tigriñas no habían podido detener la ofensiva militar y abandonaron la ciudad, no habían sido derrotadas como suponía Abiy Ahmed. La guerra continuaría durante otros dos años.

Las Fuerzas tigriñas tuvieron que retirarse al no poder contener los diversos frentes creados por las Fuerzas Nacionales de Defensa de Etiopía (ENDF) ayudadas por el ejército eritreo, las fuerzas especiales amharas y las milicias amharas Fano, refugiándose en las montañas sin ser derrotados, aunque perdieran armamento y el equipo militar ganado días antes al Comando Norte del ENDF[85]. Las fuerzas especiales de Tigray,

84. La ocupación militar de Mekelle por el ENDF fue criticada por organizaciones de derechos humanos después de que el ejército federal advirtiera a su población de que no habría clemencia si resistía. Debretsion Gebremichael, el líder tigriño, dijo que las fuerzas militares tigriñas se habían retirado hacia las montañas vecinas para evitar la destrucción de la ciudad y el sufrimiento humano que la acompañaría. Human Rights Watch dijo que la amenaza constituía un crimen de guerra bajo la ley internacional; desde el año 2005 los Estados tienen la responsabilidad de proteger a los civiles en conflictos.

85. Hay infomes de que drones de Emiratos Árabes Unidos estaban ayudando a las tropas etíopes. Serían drones estacionados en una base en el puerto de Assab, en el Mar Rojo, en suelo eritreo, desde donde Emiratos había atacado a Yemen durante la guerra del Yemen. Los drones habrían obligado al TPLF a cambiar su táctica militar al hacer

reforzadas con desertores tigriños del Comando Norte, salieron de Mekele prácticamente intactas, evitando ser rodeadas y aniquiladas. Los soldados etíopes y eritreos controlaban las carreteras y huyeron por las montañas[86]. En las montañas se reconstruyeron. Establecieron las Fuerzas de Defensa de Tigray (TDF) aglutinando a la oposición tigriña al TPLF. La guerra fue vista por la élite política tigriña como una invasión, no como una lucha entre dos facciones políticas. Pero nadie estaba seguro de cómo reaccionarían los jóvenes, necesarios para llenar las filas de combatientes. Pronto estuvo claro que una guerra que había empezado como una disputa entre élites se estaba transformando en una guerra popular de resistencia nacional. En semanas, el TDF recibió más voluntarios de los que podía digerir.

En enero las Fuerzas de Defensa de Tigray (TDF) estaban listas para entrenar a los nuevos combatientes en sus campamentos. Es difícil saber con exactitud qué llevó a los jóvenes a alistarse en masa, pero probablemente contribuyeran las masacres y violaciones brutales cometidas por soldados eritreos y etíopes y milicianos amharas. Los jóvenes decidieron que para sobrevivir la mejor opción era pelear, un comportamiento facilitado por no poder huir a Sudán, bloqueada la salida por el ejército eritreo y las milicias amharas. Con los nuevos soldados, las Fuerzas de Defensa de Tigray, al principio guerrillas, se transformaron en un ejército convencional o estaban más cerca de ello que de un ejército guerrillero. En marzo del 2021 las TDF se habían recuperado y estaban en condiciones de negociar con el gobierno desde una posición relativa de fuerza[87]. Propusieron la retirada de eritreos y amharas; investigar las ma-

---

inservibles sus unidades mecanizadas destrozadas por los drones, recurriendo a métodos guerrilleros para sobrevivir.

86. Había habido detenciones y ejecuciones de dirigentes del TPLF. La más significativa fue la de Seyoum Mesfin. Seyoum, uno de los fundadores del TPLF y diseñador de la política exterior de Meles, fue su ministro de Asuntos Exteriores durante 20 años, murió de heridas de bala. No está claro si fue a consecuencia de una refriega o una ejecución, tampoco si lo hicieron soldados etíopes o eritreos. Nunca se llegó a investigar el incidente. No fue el único líder histórico que murió, pero la mayoría de los dirigentes del TPLF lograron escapar y seguían libres.

87. En los primeros días del conflicto la Unión Africana con sede en Addís Abeba había intentado que Abiy Ahmed y el TPLF negociaran. Incluso llegó a establecer una comisión mediadora compuesta por los ex-presidentes Ellen Johnson Sirleaf de Liberia, Joachim Chissano de Mozambique y Kgalema Motlanthe de Sudáfrica. Pero Abiy

sacres denunciadas; y acabar con la administración interina nombrada por Abiy Ahmed tras la salida de Mekele de los cuadros del TPLF[88].

Para junio, siete meses después de empezada la guerra, el TDF estaba en condiciones de defender posiciones estratégicas. El objetivo inicial de Abiy Ahmed había fracasado puesto que el TPLF no había sido destruido y la mayoría de sus líderes seguían libres. Empezaba a estar claro que la aniquilación militar había sido evitada al mismo tiempo que las fuerzas tigriñas tomaban la iniciativa. En ese mismo mes el TDF comienza la ofensiva "Alula Abanega", que logra importantes avances territoriales, derriba un avión y toma a miles de prisioneros de las ENDF, las tropas del gobierno. En el norte, los eritreos empezaron a retirarse pero se quedaron con Rama, Zalambesa y Badme, municipios de Etiopía que Eritrea reclamaba como suyos. El 28 de junio, ante la sorpresa de todos, el TDF es capaz de recuperar Mekele. El Ejército Nacional de Defensa de Etiopía (ENDF) ha sido derrotado, sus batallones, que ocupaban el este y centro de Tigray, destruidos. El TDF teatralizó la victoria haciendo desfilar a siete mil soldados gubernamentales derrotados y prisioneros por las calles de Mekele ante el delirio de la población. Las imágenes parecen más acordes con las crónicas de guerras imperiales que con las modernas. Abiy Ahmed había sido humillado. No había ocurrido lo mismo en el oeste en la zona fronteriza con Amhara y Sudán, que seguía en manos de las milicias FANO y el ENDF.

La guerra había dado un giro inesperado, entrando en una fase diferente. Mulu Nega, el gobernador impuesto por Abiy Ahmed, había huído de Mekele mientras Debretson Gebrenmichel, el líder del TPLF y gobernador electo, regresaba a su oficina. Semanas antes había dicho que no esperaba regresar vivo. Encuentra una administración destruida. Los soldados etíopes antes de retirarse se han llevado el equipo de comunicación vía satelite de las Naciones Unidas y todo el dinero en efectivo que

---

Ahmed se había negado a aceptar la negociación. "La guerra continuaría", les dijo cuando se presentaron en su despacho en Addís Abeba para mediar. Posiblemente Abiy Ahmed estaba seguro de derrotar al TPLF rápidamente.

88. Abiy Ahmed había nombrado a mitad de noviembre a Mulu Nega como jefe de gobierno de transición de Tigray. Mulu Nega, un académico tigriño, era desde el 2020 Ministro de Estado de Ciencia y Educación Superior (un cargo equivalente a Viceministro) del gobierno Federal. Abiy Ahmed lo nombró antes de que las tropas del gobierno entraran en Mekelle. En mayo del 2021 fue sustituido por Abraham Belay.

quedaba en los bancos. A pesar de la victoria militar, Tigray está sitiada. Tiene sus telecomunicaciones y electricidad cortadas, no hay vuelos, no hay dinero en los bancos, y las estanterías están vacías de alimentos y medicinas básicas. Los soldados del gobierno impiden la llegada de ayuda humanitaria. Las carreteras están cortadas en Afar y Amhara y no dejan pasar a camiones con ayuda humanitaria. Las Naciones Unidas advierten que cuatro millones –la población de Tigray es de alrededor de 7 millones– pueden estar pasando hambre. La recuperación de Mekele ha sido un gran éxito pero no ha roto el cerco impuesto por Addís Abeba. Los jefes militares tigriños victoriosos deciden empezar una ofensiva hacia el sur para romperlo. Las carreteras de Afar y del oeste de Amhara son estratégicas al comunicar Mekele con Yibuti, la principal puerta de entrada de la ayuda humanitaria para el Cuerno de África, una ayuda que no llega a Tigray. El objetivo no es fácil, las tropas tigriñas enfrentan el dominio del aire de la aviación gubernamental y su mayor poder de fuego.

En las primeras semanas de ofensiva las Fuerzas de Defensa de Tigray (TDF) tuvieron importantes victorias militares. En su avance hacia el sur derrotaron lo que quedaba en Tigray del ENDF y a las milicias amharas. Los soldados estaban cansados y desmoralizados tras la derrota y los jóvenes voluntarios de las milicias habían sido llevados al frente sin apenas entrenamiento. La falta de habilidad militar fue suplida por sus oficiales con olas humanas de combatientes que intentaban asaltar las posiciones tigriñas. Son reportados miles de muertos en cada batalla; se trata de una forma de lucha tradicional en Etiopía que acabará convirtiendo la guerra de Tigray en la más letal de su época. En pocos días las TDF tomaron Dessie y Kombolcha, las puertas del corredor que llega hasta Soha y que yo había recorrido antes de que empezara la guerra en direción opuesta en mi viaje hacia el norte. Mientras una parte del ejército tigriño se mueve hacia el oeste después de tomar la ciudad santa de Lalibela dirigiéndose hacia Debre Tabor y Bahir Dar, la capital amhara a orillas del lago Tana, otra sigue el camino hacia la capital.

Era la primera vez que Addís Abeba se mostraba ansiosa desde que la guerra empezara. Hasta ese momento, a pesar de los visibles controles de seguridad establecidos en la ciudad, la guerra había quedado lejos, aunque es verdad que estaba presente en el alza de precios. La población había permanecido indiferente a los despidos, hostigamiento y detenciones abitrarias que sufrían los tigriños, sobre todo después de que el

TPLF fuese clasificado como un grupo terrorista por el parlamento[89]. Con la noticia de que la vanguardia del ejército tigriño estaba a menos de 200 kilómetros de Addís Abeba, en las cercanías de Debre Sina, las embajadas europeas y estadounidense llamaron a sus ciudadanos a evacuar la ciudad antes de que las TDF tomasen el aeropuerto.

El TPLF y el OLA (Ejército de Liberación Oromo) llegaron a un acuerdo a toda prisa al que se adhirieron grupos de Gomuz, Gambella y Agaw, entre otros, preparando una salida a una hipótetica caída de Abiy Ahmed. La fábrica social se estaba rompiendo en la capital emergiendo la condición étnico-nacionalista de sus habitantes. El gobierno, para detener el avance tigriño, llamó a los amharas a una movilización general; sus milicias organizaron un reclutamiento masivo fortaleciendo política y militarmente a las FANO.

Sintayehu Abate, un vicealcalde de Addís Abeba, dijo que tras el llamamiento 3.000 residentes se habían alistado en la ciudad y que miles más habían firmado su incorporación a filas. En Bahir Dar, la capital amhara, docenas de camiones con cientos de nuevos reclutas partieron para el frente.

Pero Abiy Ahmed era consciente, después de lo ocurrido en Dessie y Kombolcha, de que necesitaba algo más que carne de cañón para parar la ofensiva tigriña. Es cuando llega a un acuerdo con Emiratos Árabes Unidos, con el visto bueno de Estados Unidos, para abastecerse de drones cambiando la relación de fuerzas a su favor[90]. Los tigriños, castigados por el fuego aéreo, son forzados a retirarse al no poder garantizar los suministros a sus tropas de vanguardia; es cuando Abiy Ahmed, imitando a los viejos emperadores, teatraliza su incorporación al frente por unas

89. En esos días de ansiedad fueron detenidos tigriños que vivían en la capital desde hacía décadas. Muchos eran apolíticos. Las *razzias* fueron hechas por grupos entrenados por el gobierno. Rastreaban los barrios buscando tigriños, entraban en cafés y restaurantes, llamaban a las puertas. Los detenidos eran conducidos a campos de detención en vehículos militares. Se sabe de la existencia de cuatro grandes campos. Tres en Afar y uno en la misma Addís Abeba. Se calculaba el número de los detenidos en treinta mil, pero pudo haber muchos más. El TPLF y el OLA habían sido declarados grupos terroristas en mayo lo que permitía y faciltaba las detenciones sin órdenes judiciales. Cualquier sospechoso de colaborar podía ser "legalmente" arrestado.

90. Abiy Ahmed compró drones chinos Wing Loong II y CH-4 y CH-5, turcos Bayraktar TB-2 e iranís Mohajer-6. La operación fue organizada por Emiratos Árabes Unidos y los drones fueron tranportados de bases emiratíes a bases etíopes por aviones de empresas ucranianas y españolas.

horas. Con los drones volando, el TDF se ve obligado en noviembre a iniciar un repliegue, una de las operaciones más difíciles de un ejército para evitar su aniquilamiento. Una operación que hacen con pérdidas limitadas, aunque llamarán a un alistamiento forzoso semanas después.

La guerra ha vuelto a dar otro vuelco dramático. No solo la toma de Addís Abeba ha fracasado, también el objetivo de romper el bloqueo a la ayuda humanitaria. A finales del 2021 las TDF están recluidas de nuevo en Tigray. La iniciatiava militar ha vuelto a pasar a manos del gobierno en Addís Abeba. Es el momento en que el TPLF accede a negociar con Abiy Ahmed para acabar la guerra. Líderes de las dos partes habían venido reuniéndose en encuentros organizados por el Departamento de Estado de los Estados Unidos mientras la Unión Africana había empezado también a moverse para encontrar una salida a la guerra. Hasta el verano del 2022 se puede hablar de una relativa pausa militar. Hay combates de baja intenidad en donde las TDF resisten. Camiones con ayuda humanitaria, no en las cantidades que se necesita, comienzan a llegar. A finales de agosto los ataques de las fuerzas etíopes se intensifican y el bloqueo total a la ayuda humanitaria es reintroducido, pero los tigriños no cortan las conversaciones con Addís Abeba. En Mekele los precios se disparan. El precio del aceite vegetal se multiplicó cinco veces. Es posible que Abiy Ahmed sintiera la necesidad de acabar pronto la guerra antes de que la falta de reservas estrangulara la economía. En la ofensiva el ejército de Eritrea (si alguna vez se había ido) estaba de regreso. Lo mismo ocurrió con las milicias FANO y las fuerzas especiales amharas que atacaron posiciones tigriñas desde el sur. Los frentes de guerra se multiplicaron. Pudo haber hasta 18 al mismo tiempo en el momento álgido de la ofensiva. La resistencia era cada vez más difícil de sostener. No faltaban soldados, pero sí suministros militares a causa del bloqueo. En octubre, tras la caída de Sheraro, donde muchos kunumas que no habían tomado parte en las batallas fueron asesinados por soldados eritreos, las fuerzas de Abiy Ahmed atacan Shire. Sin pertrechos militares, pero con suficientes soldados, las TDF defienden la ciudad mandando olas de soldados contra los enemigos bien posicionados y armados. Los muertos se cuentan por decenas de miles. El TPLF dijo que se retiraba de Shire por falta de munición. Testigos han dicho que había tantos cadáveres que no daban abasto para recogerlos. Las hienas los devoraban. La derrota tigriña en Shire cambió la situación de la guerra, abría a las tropas del gobierno un corredor hacia Mekele difícil de defender. Es cuando los líderes tigriños deciden aceptar las condiciones impuestas en las negociaciones por el gobierno para salvar la capital y a sus habitantes. El 2 de noviembre, tres semanas después de la derrota tigriña en Shire, ambas partes firman la paz en Pretoria[91].

Casi dos meses después de iniciarse la guerra había podido hablar con Gebrehivot. Había conseguido acceso en Mekele a un teléfono satélite de una organización humanitaria. Dijo que había bombardeos aéreos del gobierno con muertos en áreas residenciales. Llevaba 36 días sin saber nada de su familia. Había acabado mandándola a una comunidad en las montañas donde pensaba que estaría más segura. Dijo que los soldados etíopes y eritreos estaban disparando a cualquier hombre mayor de 13 años armado o desarmado con que se encontraban y que la situación era muy dificil, empezaba a faltar comida en Mekele.

Se habían ido filtrando historias parecidas, incluidas violaciones de mujeres por grupos de soldados, pero eran muy difíciles de verificar. El gobierno no había dejado entrar periodistas. Tigray estaba aislada del exterior.

A medida que avanzaba la guerra las noticias de brutales violaciones de los derechos humanos empezaron a confirmarse. Abiy Ahmed había decidido convertir a la población civil en objetivo militar, no solo en una víctima colateral del conflicto, algo prohibido por las leyes internacionales. La primera masacre de civiles que se confirmó fue siete días después de empezar la guerra, en la noche del 9 de noviembre en Mai Kadra, una comunidad cercana a Humera. Las milicias amharas FANO estaban aprovechando la guerra para limpiar de tigriños zonas de Wolkait, un área al oeste de Tigray que Amhara reclamaba como suya. Sólo en las primeras semanas de la guerra unos 60.000 tigriños huyeron de Wolkait refugiándose en campamentos humanitarios en Sudán, apro-

91. Abiy Ahmed, a pesar de su victoria militar, sabe que Mekelle puede ser defendida durante meses y necesita acabar la guerra cuanto antes. La economía está en muy mala situación. La guerra se está tragando las reservas. Dos grandes empresas, como son Ethiopia Airlines y el Comercial Bank, ambas controladas por el gobierno, estaban desviando recursos al esfuerzo de guerra en vez de pensar en las necesidades de las empresas y la economía. La inflación estaba disparada y las sanciones a las importaciones etíopes en Estados Unidos estaban matando las exportaciones. Una victoria total como sería la toma de Mekelle podría ser costosa personalmente para Abiy Ahmed si se demorara y la economía colapsara.

vechando que es su frontera. El TPLF se vengó asesinando en Mai Kadra a varios vecinos amharas vinculados con FANO. Amnistía Internacional redactó un informe en el que denunciaba los asesinatos como un crimen de guerra[92]. Human Rights Watch redactó otro acusando a FANO y al TPLF de los asesinatos[93]. No fue la única atrocidad reportada en la zona; en agosto del 2021, 50 cadáveres fueron recogidos flotando en el río Tekeze en Sudán, a escasos metros de la frontera con Etiopía. Tewodros Tefera, un cirujano que trabajaba para la Media Luna Roja dijo a al-Jazeera "que los cadáveres estaban terriblemente dañados, algunos llenos de balas". FANO había ido esos días casa por casa en Humera en busca de tigriños[94]. Las masacres de civiles siguieron durante todo el conflicto. En el primer año de guerra se habían documentado 283 masacres donde se asesinaron a 3.240 civiles[95]. Va a ser difícil al final documentar todas las masacres cometidas durante los dos años de guerra porque, en octubre del 2023, Naciones Unidas dio carpetazo al asunto[96]. En Chenna, una comunidad al norte de Bahir Dar, en la región amhara, a finales de agosto del 2021 soldados tigriños ejecutaron a más de 100 civiles cuando estaban en custodia en revancha de un ataque de guerrillas amharas. En junio, aviones etíopes habían bombardeado el mercado de Togosa en Tigray matando a 43 civiles. Pero sin duda la mayor masacre fue perpetrada en Axum, sede de una de las iglesias más veneradas del cristianismo ortodoxo, el 28-29 de noviembre del 2021. El número de asesinados se cuenta por centenares. Esta vez fueron soldados eritreos, enfurecidos por un ataque de guerrillas tigriñas, los perpetradores. En las calles aledañas al ataque hicieron una búsqueda casa por casa, llevándose lo que podían, violando a las mujeres y matando a los hombres que encontraban[97].

92. "Ethiopia: Investigation Reveals Evidence That Scores of Civilians Were Killed in Massacre in Tigray State", Amnistia International, 20 November 2020.
93. "Interview: Uncovering Crimes Commited in Ethiopia´ Tiggray region", Human Rights Watch, 23 December 2020.
94. https://www.aljazeera.com/news/2021/8/3/dozens-bodies-found-river-between-ethiopias-tigray-and
95. "Tigray: Atlas of the humanitarian situation", Ghent University, 27 december 2021.
96. https://edition.cnn.com/2023/10/05/africa/un-ethiopia-investigation-lapses-intl/index.html#:~:text=It%20will%20now%20officially%20conclude, the%20co
97. "Ethiopia: The Massacre in Axum", Amnesty International, 26 February 2021; "Ethiopia: Eritrean troops, Massacre of hundred of Axum civilians May Amount to Crime against Humanity", Human Rights Watch, 5 March 2021.

Las masacres de civiles formaron parte frecuente de la guerra y fueron diseñadas para amedentrar a la población, aunque posiblemente tuvieron efectos contrarios. Hay documentados episodios de limpieza étnica, asesinatos brutales, golpizas, la mayoría a manos de soldados etíopes y eritreos y milicias amharas. Los abusos sexuales y las violaciones merecen un comentario aparte por su extensión y brutalidad pero tenían el mismo objetivo: humillar y debilitar física y psicológicamente la resistencia en una sociedad patriarcal donde el honor es tan importante. Puede haber más de cien mil mujeres violadas[98]. No hay duda de que la población civil fue un objetivo militar desde el primer día. El avance de las tropas eritreas desde el norte fue acompañado del saqueo y robo en fábricas y almacenes desde que pusieron pie en Tigray. En Adwa destruyeron una empresa textil, Almeda, donde trabajaban 8.000 costureras. Soldados eritreos desmantelaron las máquinas de coser, las subieron a camiones y se las llevaron. Lo que quedaba de la factoría lo destrozaron. Periodistas que lograron visitar la región en medio de la guerra confirmaron que soldados etíopes y sus aliados eritreos robaron grano, ganado y fertilizante, quemaron cosechas y destrozaron aperos agrícolas. Tigray es una región de campesinos pobres que vive mayoritariamente de lo que producen. Muchos campesinos tuvieron que salir de sus comunidades para salvar la vida. En momentos álgidos del conflicto llegó a haber hasta 2 millones de desplazados. De 1,3 millones de hectáreas posibles de cultivo, en el año 2021 solo se sembraron 320.000. La producción cayó entre el 25-50% dependiendo de lugares, lo que explica la dependencia extrema que había de ayuda humanitaria para comer. A finales del 2021, 5,2 millones de tigriños no tenían la comida asegurada. El hambre se había convertido en un arma letal de guerra en manos de Abiy Ahmed con el fin de debilitar la resistencia.

Está documentado que los dos ejércitos cometieron masacres durante la guerra, pero eso no quita que la gran responsabilidad del terrible sufrimiento humano recayera sobre todo en el gobierno de Abiy Ahmed. No sólo porque sus soldados y aliados eritreos y amharas asesinaron y

98. No es nuevo que la violencia sexual sea utilizada como un arma de guerra pero su uso sobrepasó parámetros habituales. Hay acusaciones de violaciones cometidas por ambos bandos. Fueron violadas mujeres entre 8 y 69 años. Los perpetradores actuaron muchas veces en grupo. Algunas mujeres fueron mantenidas como esclavas sexuales en campos militares por soldados etíopes y eritreos.

violaron a muchas más personas que los soldados tigriños, sino sobre todo por el bloqueo a alimentos y medicinas que Abiy Ahmed impuso en Tigray durante los dos años que duró la guerra y que causó la muerte a decenas de miles de civiles. Era un castigo ilegal impuesto a la población por sus preferencias políticas. Es verdad que los dos bandos fueron acusados por Naciones Unidas de cometer masacres de civiles y asaltos sexuales, pero sólo Abiy Ahmed fue acusado de usar el hambre como arma de guerra, una práctica prohibida por las leyes internacionales, y de secuestrar mujeres en los cuarteles durante semanas para ser violadas por sus soldados a su antojo. Abiy Ahmed cerró el acceso de comida y medicinas en una situación ya de por sí difícil para la población. La epidemia de Covid seguía cuando empezó la guerra y una invasión de langostas había mermado las cosechas y los graneros de los campesinos. Los médicos denunciaron que desde junio del 2021 no había insulina en los hospitales y los tanques de oxígeno empezaban a escasear. A principios del 2022 simplemente no había medicinas en la mayoría de los hospitales. Los médicos hablaban de una situación crítica. En los momentos álgidos de la guerra nueve millones de personas en el norte de Etiopía, tigriños, amharas y afares, necesitaron ayuda alimentaria. Naciones Unidas denunció la muerte de civiles a causa del hambre organizada por soldados del gobierno al bloquear el acceso de comida. Hubo un relativo relajamiento del bloqueo en el primer semestre del 2022 que ayudó a mejorar la situación, pero fue temporal. El bloqueo se extremó durante los tres meses que duró la ofensiva militar final con efectos catastróficos para la población civil.

A principios de noviembre, después de diez días maratónicos de negociaciones en Pretoria, el gobierno etíope y el TPLF llegaron a un acuerdo para acabar la guerra. La Unión Africana había ganado la partida a los Estados Unidos. Era un acuerdo negociado y firmado en África entre africanos. Dos ex-presidentes africanos, el nigeriano Olusegun Obasanjo y el keniata Uhuru Kenyatta, habían sido los mediadores. Hacía justo dos años que había empezado la guerra. Redwan Hussein, el Consejero de Seguridad Nacional de Abiy Ahmed, y Getachev Reda, el portavoz del TPLF durante la guerra y nuevo gobernador de Tigray, se fotografiaron sonrientes dándose la mano en el acto de la firma del acuerdo. Dicen que bebieron y bailaron juntos después de firmarlo. Una semana después, el 12 de noviembre, en Nairobi, Berhanu Jula, jefe del ejército etíope, se fotografiaba dando la mano al general Tadesse Worede, el comandante de las fuerzas tigriñas. Los militares se habían reunido para discutir cómo implementar sobre el terreno el acuerdo. En ninguna de las reuniones participaron ni eritreos ni amharas.

La base del acuerdo era que el TPLF reconocía a Abiy Ahmed como el legítimo Primer ministro de Etiopía. Ya no había dos élites en lucha por el poder. La guerra había dado un ganador. Por su parte, Abiy Ahmed reconocía al TPLF su derecho a gobernar Tigray y a incorporarse al gobierno federal. En el acuerdo el TPLF reconocía que las elecciones de septiembre del 2020 celebradas en Tigray, prólogo de la guerra, habían sido inconstitucionales y en consecuencia Debretson Gebrenmichel, el lider del TPLF y gobernador electo que había liderado la resistencia contra Abiy Ahmed, tenía que irse.

La restauración de la "ley y orden" que presentó el acuerdo Olusegun Obasanjo era sin duda una victoria de Abiy Ahmed, pero sin consumar su objetivo de destruir al TPLF como habría querido. Ya hemos señalado que la victoria en la batalla de Shire había decidido la guerra al abrir el camino a Mekele a los soldados del gobierno. A partir de ese momento era una cuestión de tiempo su caída, pero el tiempo era algo que no tenía a su libre disposición Abiy Ahmed. La situación económica le presionaba. Tenía cerrado el grifo de los dólares por las sanciones impuestas por los Estados Unidos y el congelamiento de ayuda o préstamos del FMI y el Banco Mundial. A pesar de su victoria militar estaba en una esquina sin poder acceder a los dólares. El fin de la guerra abriría el grifo de nuevo. Pudo haber también cálculos políticos en su decisión de llegar a un acuerdo con el TPLF antes de aplastarlo. El poder amhara había crecido enormemente durante la guerra. Habían sido amharas quienes habían nutrido las ENDF de soldados y tanto las Fuerzas Especiales amharas como las milicias amharas FANO habían sido decisivas para la derrota de las Fuerzas de Defensa Tigriñas. Lo mismo había ocurrido con Isaías Afwerki. Posiblemente Abiy Ahmed calibraba que, tras la victoria, los amahras podrían reclamar más poder, tal vez después todo el poder, cuestionando que un oromo con cada vez menos base fuese apto para gobernar Etiopía. Podrían acusarle de que no era capaz de garantizar la seguridad de la población y en particular la amhara. El Ejército de Liberación Oromo seguía ganando terreno en Oromia, incluso había atacado a comunidades amharas masacrando a cientos de ellos. En este caso el TPLF podría equilibrar la balanza del poder a favor de Abiy Ahmed conteniendo las ambiciones amharas de recuperar el poder perdido desde la caída del Derg. La guerra había disparado el odio de los tigriños contra los amharas y sus milicias. Era muy probable que Abiy Ahmed pudiera contar con el apoyo del TPLF para que un amhara no gobernase el país. Los viejos enemigos podrían llegar a convertirse de nuevo en amigos en caso de necesidad.

Los acuerdos reconocían al ENDF como el único ejército que podría haber en Tigray. Las TDF tenían que ser desarmadas y desbandadas en 30 días. Eso significaba también que los soldados eritreos –Eritrea no fue nombrada en el acuerdo– y las fuerzas especiales y milicias amharas tenían que salir de Tigray. A su vez, soldados del gobierno entrarían sin resistencia en Mekele poniendo bajo su mando todos los aeropuertos y puntos estratégicos de Tigray. Una vez que los soldados del gobierno federal estuvieran en sus nuevos puestos, Addís Abeba levantaría el cerco. El switf eléctrico sería subido, las telecomunicaciones –incluida internet– conectadas, los bancos y sus clientes tendrían acceso al dinero y el bloqueo a la ayuda humanitaria sería levantado. Además, Addís Abeba se comprometía a reconstruir la infraestructura dañada y a reintegrar a los combatientes de las TDF una vez desarmados y desmovilizados en las ENDF. El acuerdo no cuestionaba el ordenamiento del territorio constitucional, lo que implicaba que Wolkait, la zona al oeste fronteriza con Sudán disputada con Amhara, ahora ocupada en parte por colonos amharas, seguía perteneciendo a Tigray. El 28 de diciembre, un avión de Ethiopian Airlines aterrizó en Mekele. Era el primer vuelo comercial en 18 meses desde que Abiy Ahmed impusiera el bloqueo. El día siguiente la policía federal regresó a la capital tigriña para guardar las instalaciones federales. Era un visible retorno a la normalidad si se hacía abstracción de las 600.000 personas que faltaban[99].

99. Cuando se firmó el acuerdo de Paz en Pretoria el expresidente nigeriano Obasanjo estimó los muertos ocasionados por el conflicto en 600.000. Parecía una cifra extraordinaria,Tigray tiene una población de 7 millones, pero Tim Vanden Bempt, quien investiga en la Universidad de Gante las atrocidades a civiles cometidas durante la guerra, dijo que pudiera estar en lo cierto. Basado en informes recolectados en Tigray durante

Hacía unos meses que la guerra había terminado cuando viajé a Addís Abeba. En Atlas, donde estaba el hotel donde me quedaba, varios edificios que llevaban años con andamios acababan de ser inaugurados. En torno a la renovada plaza Meskel y la avenida Churchill nuevos rascacielos daban un nuevo aire de modernidad. Lo mismo ocurría en Entoto. Parecía que el proyecto modernizador de Abiy Ahmed estaba dando resultados, pero a medida que los días pasaban y hablaba con más gente aparecía la idea de que la guerra había golpeado la fábrica social.

Uno de los días que estuve comí con un amigo en un nuevo restaurante cerca de mi hotel. Las mesas y sillas eran de estilo francés rococó a la busca de elegancia. La comida era italiana. El restaurante estaba adosado a una galería de arte. Uno de los cuadros, un retrato de una mujer, se vendía por 19.000 dólares. No parecía el mejor lugar para hablar de la guerra, o quizá sí. Era obvio que algunos empresarios se habían beneficiado con la misma, la mayoría oromos de Soha cercanos a Abiy Ahmed. Unos días antes me había encontrado con una amiga que había sido una admiradora de Abiy Ahmed. Ahora estaba desengañada con él hasta el punto que estaba pensando en salir de Etiopía. Creyó que iba a acabar con la corrupción, impulsar la economía y democratizar el país, ahora es pesimista sobre el futuro. Había empezado a ver a Abiy Ahmed como antes veía al TPLF, como la cabeza de un grupo que se ha apoderado del poder en beneficio propio, esta vez empresarios, sobre todo oromos que se enriquecían con negocios nacidos desde el poder. Eran los que frecuentaban los nuevos restaurantes de lujo que habían abierto en esta isla de clase media que quiere ser Bole. Este puñado se había hecho rico, pero el país se había empobrecido. Mi amigo me habló de un nuevo restaurante abierto en un edificio cercano. Un restaurante exclusivo de comida asiática donde hay un club restringido para fumadores de habanos cubanos. El whisky lo compras por botella a mil dólares cada una. "La guerra ha podido terminar, pero la situación económica no ha mejorado en estos meses. Hay 30 millones de pobres que necesitan ayuda", decía mi amigo

---

la guerra ha calculado el número de civiles muertos entre 300.000 y 400.000. Las causas, atrocidades, hambre y falta de atención médica. A ellos había que sumar los muertos en batalla, que él estima entre 200.000 y 300.000.

Hablamos de su empresa. Los efectos de la guerra le estaban pasando factura."La inflación ha sido producida por los gastos de la guerra. No han parado de imprimir dinero. Sería mejor que el FMI presionara a Estados Unidos para que levantase las sanciones arancelarias impuestas a los textiles", decía. Dos años atrás comprar un dólar costaba 30 birrs, ahora son 55. Las empresas necesitan importar y los precios suben con el precio del dólar. El FMI estaba aconsejando al gobierno que siguiese devaluando la moneda; en el mercado negro un dólar lo compraban al menos a 110 birr. Antes de la guerra, Etiopía había empezado a exportar a Estados Unidos ropa de marcas americanas cosida en Hawassa. Etiopía estaba atrayendo a inversores que buscaban bajos salarios, población educada, una infraestrutura decente, agua, tierra, pero con la guerra habían dejado de venir. Los acuerdos de paz no estaban ayudando a recuperar su interés por la inversión; esta seguía paralizada por las sanciones y la congelación de los créditos del FMI y Banco Mundial.

En todas las conversaciones que tuve esos días había una impresión generalizada de que el poder de Abiy Ahmed, a pesar de su victoria militar, había disminuido en vez de aumentar. Sonaba paradójico. La coalición con amharas y eritreos que había formado contra los tigriños se estaba rompiendo, desengañados con los acuerdos de paz. Ni amharas, ni eritreos estuvieron invitados a las negociaciones de paz. Abiy Ahmed había acudido con ellos a la guerra para acabar con la oposición tigriña pero ahora, a pesar de su victoria, tenía probablemente menos poder y estaba convirtiendo a viejos amigos en nuevos enemigos.

Me reuní con Ayele en el café en que solíamos vernos cuando vivía en Addís Abeba. "Los problemas no han acabado. Viene otra guerra peor", decía. Él cree que la guerra ha dado mucho poder a los amharas y Abiy Ahmed está obligado a recuperarlo si quiere seguir gobernando como un "monarca". Durante la guerra, campesinos amharas apoyados por las milicias FANO habían ocupado territorio de Wolkait, territorio tigriño según la Constitución pero que Amhara reclama como suyo. Ahora, los amharas a pesar de lo acordado se negaban a salir. Los acuerdos de Pretoria siguen considerando Wolkait territorio tigriño. Ayele está convencido de que tendrán que sacarlos a la fuerza. "El conflicto con los amharas será más duro que el de Tigray. Los amharas son guerreros que donde ponen el ojo ponen la bala", dice. Cree que los amharas guardan conocimientos mágicos en sus libros ortodoxos ancestrales de donde obtienen poder para cambiar las cosas, incluidas las guerras.

Había salido de Addís Abeba hacía un par de semanas cuando la guerra entre Abiy Ahmed y los amharas empezó. Se trataba de una guerra de baja intensidad entre milicias amharas y el ejército federal. De cualquier modo las milicias tomaron Gondar por unos días y el ENDF estaba usando drones y otras armas poderosas para bombardear comunidades que apoyaban a las milicias. La guerra la detonó una ley en la que se desmantelaban todas las fuerzas especiales regionales. Las Fuerzas Especiales amharas habían sido aliadas de Abiy Ahmed en la guerra de Tigray y se sentían traicionadas. Girma Yeshitila, el presidente amhara del Partido de la Prosperidad, se había opuesto a su disolución. Días después había sido asesinado a tiros en su coche en Bahir Dar. Semanas más tarde la guerra empezó.

Una mañana apareció en el hotel Gebrehivot, mi amigo de Mekele. Le había avisado de mi llegada. Habíamos quedado en vernos para hablar de los acuerdos de Pretoria. Llegó dos días antes de lo esperado. Había tenido que venir urgentemente a Addís Abeba porque estaba tramitando un visado para viajar a los Estados Unidos. Lo habían invitado a una reunión de organizaciones humanitarias para discutir cómo ayudar a reconstruir Tigray y necesitaba agilizar el trámite de su visado.

Dice que su familia cercana está toda bien, aunque no había ocurrido lo mismo con parientes más lejanos. Pudo sacarla de Mekele y mandarles dinero periódicamente, aunque se quejaba de que los intermediarios se quedaban hasta el 15% o más de lo que enviaba. “No hay una sola familia que no haya sido afectada de alguna manera por la guerra”, decía.

Parecía coincidir sobre la situación con Ayele: “Ninguno de los dos bandos pueden estar satisfecho. Abiy Ahmed no es más fuerte que antes y el TPLF es más débil”. Aseguraba que han muerto un millón cuatrocientas mil personas durante los dos años que ha durado la guerra. Es un número extraordinario. Olusegun Obasanjo, el negociador ex-presidente de Nigeria, había puesto su número en 600.000. Posiblemente esté más cerca de la realidad. Gebrehivot dice que este número no incluye a muchos civiles que sin guerra estarían vivos. “Destruyeron el 85% de los hospitales. No había insulina, ni retrovirales, no había diálisis; mucha gente que con tratamiento hubiera sobrevivido ahora está muerta”, añadía. De cualquier manera el sufrimiento ha sido extraordinario. Veinte mil personas han quedado inválidas. Todavía hay desplazados y refugiados. Decenas de miles de mujeres violadas no se han recuperado, los niños están traumatizados.

Por esto era difícil entender cómo después de una guerra tan brutal los líderes del gobierno y el TPLF se habían dejado filmar y fotografiar bebiendo, comiendo, abrazándose y bailando juntos tras la firma de los acuerdos de paz. ¿No tenían sensibildad por el sufrimiento humano de la población que habían llevado a la guerra? ¿Las víctimas habían sido nada más que instrumentales para sus intereses políticos?

Gebrehivot los defendía. Habían empezado ataques indiscriminados de artillería sobre Mekele. La ciudad hubiese sido destruida si continuaban los combates. Fue una de las razones poderosas que llevó al TPLF a la mesa de negociaciones. "Si algo necesitaba Tigray era acabar con la guerra. Eran mejor esas imágenes que pueden herir sensibilidades que otras donde siguen los tiros y los muertos. Los abrazos y los brindis son símbolos de que el acuerdo iba en serio", dice.

Semanas después de la firma del Acuerdo del Cese de Hostilidades Amnistía Internacional publicó un informe denunciando que, desde la firma en noviembre hasta enero de 2023, había documentado la ejecución extrajudicial de 24 civiles y continuaban las violaciones y la esclavitud sexual de mujeres por soldados eritreos en Tigray.

Gebrehivot no negaba estos casos. "Hay muchos problemas, pero la situación está mejorando rápidamente. Los acuerdos de paz se están implementando bien. Mekele está activa y los cafés llenos. Hay comida en el mercado. El bloqueo ha acabado, la asistencia humanitaria está llegando, la electricidad ha vuelto y los bancos están abiertos. Hay ganas de salir adelante", decía.

Al cabo de nueve meses de acabada la guerra un informe de Naciones Unidas seguía denunciando que el gobierno no estaba protegiendo a sus ciudadanos. Los abusos por soldados eritreos destinados en bases fronterizas continuaban. "El conflicto en Tigray, que aún no se ha resuelto mediante una paz integral, sigue produciendo miseria", decía el informe.

Los soldados eritreos se sentían impunes, pero parece que tenían buenas razones para ello. En octubre del 2023 Naciones Unidas cerró una investigación internacional sobre las atrocidades cometidas durante la guerra. La comisión había sido establecida en el año 2021 a propuesta de la Unión Europea. La Unión Africana se había negado a participar en la misma, posiblemente viendo lo que hace Europa cuando ella misma o sus aliados cometen crímenes de guerra: ignorarlos. La comisión fue disuelta después de que la Unión Europea retirara su propuesta anterior de investigar lo sucedido. Los crímenes no van a ser documentados y la impunidad de los perpetradores va a ser completa. Las heridas de una población que ha sufrido, enormemente ignoradas. Sin justicia es muy probable que la venganza encuentre de nuevo su sitio en un próximo ciclo de violencia étnica.

Vino Abraha a buscarme al hotel para llevarme al Parque de la Unidad. Abraha tiene un viejo taxi, un toyota que no deja de echar humo. Me dice que sabe que tiene que cambiar su coche, pero no tiene dinero ni ayuda para ello. El parque es una de las nuevas atracciones de Addís Abeba. Abiy Ahmed restauró el viejo palacio de Menelik II y lo abrió al público para convertirlo en un distintivo del panetiopismo. Menelik II es considerado en Shoa el forjador de la Etiopía moderna al integrar diferentes territorios étnicos en un Estado bajo su poder imperial. La vigilancia era extrema. La sede del gobierno todavía está en un edificio adyacente, aunque no hay acceso desde el parque. Las cámaras de fotos están prohibidas. Todavía hay más policía en la calle que antes de la guerra o al menos se puede identificar más.

Abraha me cuenta que durante la guerra la policía paraba a quien hablaba tigriño o tenía acento tigriño y se los llevaban para interrogarles. Durante dos años ser tigriño implicaba estar a merced de la policía. Pero no solo era el peligro de ser detenido, los bienes estaban amenazados. Hay muchas historias de gente que ha tenido que malvender por amenazas a sus propiedades o simplemente han sido robadas por gente sin escrúpulos. Los acorralaban por ser tigriños y no tenían otra alternativa que vender el apartamento o el negocio. La lógica era perversa. Si eras tigriño tenías que ser del TPLF y te llevaban detenido. El TPLF había sido declarado "terrorista". Si no querías ir preso tenías que pagar. Tras los acuerdos de Pretoria se pasó a considerar de nuevo al TPLF un partido más. "Era difícil seguir viviendo como si nada si sabías estas cosas y no querías el desastre humano que había en Tigray", decía.

He quedado en el hotel Hilton con un viejo conocido que trabaja en el gobierno. El hotel Hilton está en las proximidades del parque. Fue fundado en 1969 por el emperador Haile Selassie y, aunque se han construido hoteles más lujosos, ha quedado como una institución de la ciudad. Addís Abeba es la sede de la Unión Africana y durante años muchos jefes de Estado y diplomáticos han pasado por este hotel. Hablamos de la guerra. "Los líderes del TPLF hicieron un mal cálculo de su fuerza causando un mal enorme al país", dice. En su oficina había tigriños que ocupaban altos cargos. Dejaron todo para alistarse en las Fuerzas de Defensa Tigriñas. Lo interpretaba como que habían sido forzados por un compromiso étnico interiorizado del que no podían escapar. "Pensaban que podían repetir la historia de derrotar al poder otra vez o al menos no ser derrotados. No tuvieron en cuenta que existe una corriente ciudadana que está cansada de alinearse en términos de etnia o religión y quieren que Etiopía crezca y se modernice", dice.

La guerra había terminado, pero el conflicto entre panetiopismo y federalismo étnico seguía sin estar resuelto. Había ayudado a contener al TPLF, pero las hostilidades seguían en más lugares que cuando la guerra había empezado. El conflicto en Amhara seguía. Aunque de baja intensidad se podía hablar de la existencia de un conflicto militar en la mayor parte de Etiopía. Además del nuevo conflicto armado en Amhara, las hostilidades seguían en Oromia, donde el Ejército de Liberación Oromo seguía avanzando, en Benishangul-Gomuz y en otros lugares. Tigray no se había recuperado de las secuelas de la guerra y millones de personas seguían dependiendo de la asistencia humanitaria. Además, Tigray tenía que encontrar un nuevo lugar en Etiopía. Había el temor de que las brutalidades de la guerra hubiesen alimentado posiciones separatistas. Soldados eritreos seguían ocupando territorio etíope y la salida al mar, uno de los objetivos de la alianza con Isaías Afwerki, no estaba resuelta. El acuerdo entre Etiopía y Somalilandia por el uso etíope del puerto de Barbera añadía más incertidumbre al futuro. Hay quien hablaba de un conflicto futuro entre Etiopía, Eritrea y Somalia por acceso a los puertos marinos. Tampoco estaba resuelto el reparto del agua del Nilo con Egipto. A pesar de su victoria en la guerra de Tigray, la apuesta de Abiy Ahmed por reordenar Etiopía liberándola del camino abierto por los estudiantes etnonacionalistas no estaba ganada. Su proyecto de modernizar Etiopía, siguiendo la senda abierta por los últimos emperadores con un panetiopismo regenerado, le estaba costando que se abriera camino. La partida por reordenar una vieja civilización no estaba decidida y no estaba garantizado que siguiese unida.

# Bibliografía


–Adem, Minalu, *A guide to the Ethnic Groups Omo Valley Southern Ethiopia*, 2014.

–Aida, Edemarian, *The Wife's Tale, a personal history*, 4th ESTATE, London, 2018.

–Authority for Research & Conservation of Cultural Heritage, *A Catalogue on Ethiopian Archaeological and Paleontological Sites,* Addís Abeba, 2016.

–Ayalew, Yimam (Mukhtar), *Yankee Go Home!, The Life of an Ethiopian Revolutionary and the Fall of Assimba, EPRP'S Red Bae 1969-1981,* Addís Abeba University Press, Addís Abeba 2019.

–Bahru, Zewde, *The Quest for Socialist Utopia, The Ethiopian Student Movement c. 1960-1974*, Addís Abeba University Press, Addís Abeba, 2014.

–Bahru, Zewde, *A History of Modern Ethiopia 1855-1991*, Addís Abeba University Press, Addís Abeba, 1991.

–Bahru, Zewde, *Pioneers of Change in Ethiopia, The reformist intelectuals of the early twentieth century*, Addís Abeba University Press, Addís Abeba, 2002.

–Bricmont, Jean, *Imperialismo Humanitario. El uso de los Derechos Humanos para vender la guerra,* El Viejo Topo, Barcelona, 2015.

–Budge, E. A. Wallis (trad. de), *The queen of Sheba and Her Only Son Menyelek*, Cambridge, Ontario, 2000.

–Campbell, Ian, *The Plot to Kill Graziani, The Attempted Assassination of Mussolini's Viceroy*, Addís Abeba University Press, Addís Abeba, 2010.

–Clapham, Christopher, *The Horn of África, State Formation and Decay*, Hurst & Company, London, 2017.

–De Salviak, Martial, *The Oromo, Great África Nation, An Ancient People in the State of Menelik*, París, 1901.

–De Waal, Alex, *The Real Politics of the Horn of África, Money, War and the Business of Power,* Polity, Cambridge, 2017.

–Del Boca, Angelo *The Negus, The Life and Death of the last King or Kings,* Arada Books, 2015, Addís Abeba.

–Gebru, Tareke, *The Ethiopian Revolution, War in the Horn of Africa,* Eclipse Printing Press, 2017, Addís Abeba.

–González Núñez, Juan, *North of the Blue Nile, the Gumuz People,* Shama Books, Addís Aeaba, 2015.

–Hancock, Graham, *The Sign and the Seal, A quest for the lost ark of the covenanat,* Touchstone, New York, 1992.

–Henze, Paul B., *Layers of Time, A history of Ethiopia,* Hurst &Company, London, 2000.

–Hiwot, Teffera, *Tower in the Sky,* Addís Abeba University Press, Addís Abeba, 2012.

–Kapuściński, Ryszard, *The Emperor,* Penguin classics, London, 2006.

–Levine, Donald N., *Wax & Gold, Tradition and Innovation in Ehiopian Culture,* The University of Chicago Press, Chicago and London, 1965.

–Levine, Donald N., *Greater Ethiopia, The evolution of a Multiethnice Society,* The University of Chicago Press, Chicago and London, 1974.

–Manzo, Andrea; Zazzaro Chiara; Joyce de Falco, Diana, *Stories of globalisation. The Red sea and the Persian Gulf from late Prehistory to Early Modernity,* Brill, Boston, 2019.

–Marcus, Harold G, *A History of Ethiopia,* University of California Press, Berkeley, 1994.

–Markakis, John, *National and Class Conflict in the Horn Africa,* Shama Books, Addís Abeba1990.

–Markakis, John, *Ethiopia. The last two frontiers,* James Currey, Rochester NY, 2011.

–Marsden, Philip, *The Barefoot Emperor,* Harper pereninnial, 2008, London.

–Marsden-Smedley, Philip, *Travels in Ethiopia, A Far Country*, Arrow Books, London, 1990.

–Megaso, Gidada, *History of the Sayyoo Oromo of Southwestern Wallage, Ethiopia from about 1730 to 1886*, Frankfurt, 1984.

–Pawel, Wolf; Ulrike Nowotnick & Saskia Büchner, *The Almaqah Temple of Wukro in Tigrai* / Ethiopia, Wucro Museum.

–Phillipson, David W., *Aksum An archaeological introduction and guide, The British Institute in Eastern África*, Nairobi, 2003.

–Plaut, Martin & Sarah Vaughan, *Understanding Ethiopia's Tigray War*, Hurst & Company, London, 2023.

–Plaut, Martin, *Understanding Eritrea, Inside África's Most Repressive State*, Hurst & Company, London, 2016.

–Reid, Richard, *Shallow Graves, A memoir of the Ethiopia-Eritrea War*, Hurst & Company, London, 2020.

–Rowoldt Shell, Sandra, *Children oh Hope, The Odyssey of the Oromo Slaves from Ethiopia to Shouth África*, Shama Books, Addís Abeba 2019.

–Salvadori, Cynthia, *Slaves and Ivory continued, Letters of RCR Whaley British Consul Maji, SW Ethiopia 1939-1935,* Shama Books, Addís Abeba, 2010.

–Shah, Tahir, *In Search of King Solomon's Mines*, Secretum Mundi Publishing MMXIII, London.

–Spencer Trimingham, J., *Islam in Ethiopia*, Oxford University Press London 1952.

–Stranger, Yves-Marie (recopilación), *Ethiopia through writers' eyes*, Eland Publishing Ltd, London, 2017.

–Thesiger, Wilfred, *The Danakil Diary, Journeys through Abyssinia, 1930-34*, Flamingo, London, 1996.

–Weiss, Thomas G, *Humanitarian Intervention*, Polity Press, Cambridge, 2016.